KB169227

조선 궁궐 저주 사건

조선 궁궐 저주 사건

유승훈 지음

글항아리

조선의 흑黑역사, 궁궐 저주 사건

누군가가 "나는 너를 평생 저주할 거야"라고 말한다면 듣는 사람 기분이 어떨까. 무섭고 섬뜩하여 당장 내가 무슨 잘못을 했는지 뒤돌아보게 될 것이다. 이렇게 저주는 사람을 소름 끼치게 하는 말이다. 그래서인지 저주가 연상시키는 단어는 미움, 불안, 어둠, 공포, 악담, 증오, 원한, 복수, 살인 등 그늘지고 나쁜 것들 일색이다. 저주를 품으면 나쁜 마음이 일어나고 악독한 행동으로 이어진다는 것은 누구나 아는 사실이다. 하지만 안타깝게도 우리 역사에서 저주가 사라진 적은 한 번도 없었다. 감정과 욕망에 뒤덮인 자들은 지나친 질투와 시샘, 과도한 경쟁심과 권력욕에 빠져 결국 상대에게 불행이 닥치기를 바라는 저주를 품고, 그것을 악랄한 방식으로 실행에 옮겼다. 한 치의 혀에서 돋아난 저주는 숱한 생명과 사회를 짓밟는 거대한 공룡이 되었으니 그 대표적 사례가 바로 '조선 궁궐 저주 사건'이다.

조선 궁궐의 저주 사건을 처음으로 접하게 된 것은 2001년이었다. 박사과정 수업에서 이능화의 『조선무속고』(1927)를 같이 읽고 번역하는 작업을 하게 되었는데, 이 책의 한 장이 조선 궁궐의 무고巫蠱 사건에 관한 것이었다. 이능화는 『조선왕조실록』을 비롯한 여러 문헌을 검토하여 6건의 저주 사건에 관한 기록을 뽑아서 『조선무속고』에 실었다. 왕이 거처하는 신성하고 근엄한 궁궐에서 발생했다고는 믿기지 않을 만큼 끔찍한 사건들이었다. 하지만 이 사료들은 아주 단편적 기록에 불과하여 저주 사건의 맥락을 제대로 파악하기 어려웠다. 박사과정을 마친 뒤 틈날 때마다 자료들을 찾아서 전후의 스토리를 연결해보았다. 저주 사건의 검은 윤곽에 밝은 빛을 비춰 그 실체를 알아갈수록 궁궐사회의 이중성과 위선이 해괴하게 느껴졌다.

조선시대의 저주 사건은 주술과 저주가 결합되어 나타난다. 저주는 반드시 주술적 행동으로 표출된다. 그런데 저주는 정치 투쟁과 맞물려 그 양상이 복잡해졌던 탓에 피해자와 가해자, 원인과 결과를 정확히 파악하기 어려운 사건이 많았다. 이 책에서는 비교적 역사적 배경과 그 결과에 접근하기 용이한, 조선 궁궐에서 발생한 9건의 저주 사건을 뽑아 탐구했다. 성종 대 저주상자 배달 사건, 중종 대 작서 사건, 중종 대 목패 저주 사건, 광해군 대 무녀 옥사 사건, 인조 대 저주 사건과 번침, 효종 대 조귀인의 뼈 저주 사건, 숙종 대 장희빈의 저주 사건, 영조 대 무신당의 저주 사건, 정조 대 존현각 자객 침입 사건 등은 모두 들춰내기 민망한 조선의 참혹한 흑역사이자 궁궐의 치욕스런 민낯이다. 하지만 이 책이 조명한 저주 사건도 조선 궁궐 역사의 일단에 불과하다는 점을 미리 밝혀두고자 한다. 자신이 조명하는 일부가 전부라고 주장하는 것만큼 위험한 일도 없다. 모든 역사에는 공과와 음양이 있는데, 필자는 그동안 드러나지 않았던 궁궐 사건의 음지에 손전등을 비추어봤을 뿐이다.

'역사는 오늘의 거울'이라는 말처럼 진부한 표현도 없을 것이다. 그럼에도 이 말이 오늘날까지 힘 있게 회자되는 이유는 무엇일까. 아마도 그 가치가 여전히 소중한 까닭이며, 역설적으로 역사가 오늘의 거울이 되지 못하고 있기 때문이리라. 오늘날에도 한편에서 바라본 역사만을 가르치거나, 좋은 역사를 선택하여 보여주려는 식의 일방적 태도가 팽배해 있다. 이렇게 해서는 역사가 오늘의 거울이기는커녕 왜곡과 오류의 드라마에 불과하게 될 것이다. 밝은 면뿐만 아니라 어두운 면까지 보여주고 성찰하며 반성하는 역사야말로 진정한 역사다. 그런 점에서 저주에 대한 조명은 지금까지 유효하다. 우리나라 현대사에도 엄연히 '저주의 시대'가 있어왔고, 암울하고 지긋한 '폭정의 시대'에서 숱한 인명이 죽어나갔다. 역사적 인물들이 권력에 낙인찍혀 저주를 당하다가 이슬로 사라진 일들은 예나 지금이나 마찬가지 아니던가.

무엇보다 이 책을 탈고하게 되어 후련하다. 머릿속을 온통 휘감았던 저주를 훌훌 털어내게 되었으니 말이다. 글항아리 이은혜 편집장에게 이 책의 출판을 제안했던 때가 벌써 3년 전이다. 이제야 글 빚을 갚게 되어 기쁘다. 늘 못난 원고를 잘 다듬어 멋진 책으로 만들어주는 글항아리 출판사 식구들에게 감사드린다. 주말이면 도서관에 가서 도무지 나오지 않는 필자를 묵묵히 기다려준 아내, 그리고 아들과 딸에게도 고마움을 전하고 싶다. 그동안 장유의 대청천 산책로를 걸으며 저주 사건에서 받은 스트레스를 털어내고 생각을 가다듬었다. 멈춤 없이 졸졸 흘러가는 냇물 소리를 들으며 어둠 속에서도 밝게 빛나는 별을 보면서 걸으니 저주 대신 사랑이 보였다. 언젠가 우리 세상도 저주를 깨끗이 밀어내고 사랑과 희망으로 빛날 때가 있지 않겠는가.

2016년 8월
한여름 김해 장유에서
유승훈

제1부

익명의 저주

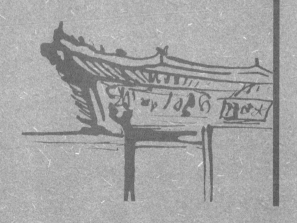

첫
번
째
이
야
기

성종 대
저주상자 배달 사건

"지난 정유년丁酉年(1477)에 윤씨가 몰래 독약을 품고 사람을 해치고자 하여, 곶감과 비
상을 주머니에 같이 넣어두었으니, 이것이 나에게 먹이고자 한 것인지도 알 수 없지 않
은가. 아이를 낳지 못하게 하는 일이나 혹은 반신불수가 되게 하는 일. 사람을 해하는
방법을 작은 책에 써서 상자 속에 감춰두었다가 일이 발각되었다. 대비께서 지금까지도
이것을 가지고 있다."(『성종실록』 10년 6월 5일, 성종의 말 중에서)

성종은 조선의 법과 제도를 정비하고, 유교사회의 기틀을 잡
은 성군으로 일컬어진다. 성종은 열세 살에 즉위했는데, 서른
여덟의 젊은 나이로 죽었다. 그럼에도 세조의 권력 찬탈 이후
혼란스러웠던 정국을 안정시키고, 유학을 진흥시켰다. 그런데
낮과 밤이 다른 임금으로 알려진 성종은 공公과 사私도 달랐
다. 공적으로 유교를 숭상했던 성종이 사적으로는 무속의 주
술에 상당한 관심을 가졌다는 것은 역설이다. 물론 당시의 주

술은 의술이기도 했다. '고독蠱毒'이라는 흑주술이 성행하자 성
종은 이를 치료하는 법을 의녀들에게 가르쳐 전수시키려 했
다. 성종 시절에는 유달리 왕비와 후궁들 간에 질투와 시기로
인한 다툼이 많았다. 왕비 윤씨와 후궁들 사이의 갈등이 첨
예하게 대립되던 어느 날, 누군가 권숙의 집에 몰래 저주상자
를 놓고 사라졌다. 상자 안에는 주술서와 비상砒霜, 그리고 왕
비 윤씨를 저주하는 편지가 들어 있었다. 대왕대비는 왕비 윤
씨를 질투했던 정소용의 소행으로 여기고 저주 사건을 조사하
기 시작했다. 과연 이는 정소용이 왕비 윤씨를 저주하려고 꾸
민 짓이었을까.

의문의 저주상자

성종은 한명회의 딸 공혜왕후와 결혼했다. 한명회는 수양대군
의 책사策士로서 권력 찬탈의 일등 공신이었다. 그는 왕실과 혼
인관계를 맺어 권력과 부를 누렸다. 한명회는 예종에게 첫째 딸
을, 성종에게 둘째 딸을 시집보내 모두 왕비의 자리에 오르게 했
다. 그러나 아버지가 지은 업보는 딸들에게 불행으로 돌아왔다.
예종의 원비인 장순왕후는 열일곱 살의 나이로 요절했고, 성종
의 원비인 공혜왕후도 열아홉 살에 자식 없이 숨졌다. 왕비가 일
찍 세상을 떠난 것은 성종에게도, 조선 조정에도 안타까운 일이
었다.

성종은 공혜왕후 등 3명의 왕비와 명빈 김씨를 비롯한 9명의 후궁을 두었다. 왕비와 후궁이 많으니 자연히 낳은 자식만도 28명에 달했다. 여자를 가까이한 성종에게는 '주요순 야걸주晝堯舜 夜桀紂'란 별명이 붙었다. 낮에는 태평성대를 이룬 요순 황제와 같고, 밤에는 하나라의 걸왕, 은나라의 주왕처럼 폭군 같다는 뜻이다. 하지만 후궁이 많다고 해서 성종을 호색한으로 부르는 것은 옳지 않다. 정치적인 영향으로 후궁이 뽑히는 일이 허다했기 때문이다. 한데 후궁이 많아질수록 임금의 총애를 두고 시기와 암투가 일어날 가능성은 높았다. 왕의 총애를 얻는 이가 곧 권력을 손에 넣었기 때문이다.

우찬성 손순효孫舜孝는 성종의 여자와 후사 문제를 두고 걱정을 하던 터였다. 하루는 성종과 신료들이 인정전仁政殿에서 술자리를 벌였다. 성종이 술에 취하자 손순효가 용기를 내서 "친히 아뢸 일이 있습니다"라고 말했다. 성종이 어탑御榻(임금이 앉는 평상)으로 올라오게 했더니 손순효는 임금의 평상을 만지면서 "이 자리가 아깝습니다"라고 했다. 손순효는 세자(훗날 연산군)가 임금의 책임을 감당하지 못하리라 여겼다. 성종도 이 사실을 알고 있지만 세자를 폐하게 할 순 없다고 잘라 말했다. 그러자 손순효는 후궁 이야기를 꺼냈다.

"대궐 안에 사랑하는 여자가 너무 많고, 신하들이 임금에게 아뢸 수 있는 길은 넓지 못합니다."

이를 목격한 신하들이 손순효를 옥에 가둘 것을 청했다. 신하가 임금의 용상으로 올라가거나 임금에게 소곤거리는 것은 불경

하고 무례한 일이었다. 또, 아무리 술자리라 해도 조정의 일은 공개적이어야 하므로 왕과 신하가 귓속말하는 것은 용납될 수 없었다. 하지만 성종은 호탕하게 넘어갔다.

"순효가 나를 사모하여 여색을 경계하고, 금주하라고 말해주었으니 무슨 죄가 될 것이오."

손순효의 염려에는 이유가 있었다. 이미 왕비와 후궁들, 그리고 임금 사이에서 차마 말하지 못할 저주 사건들이 벌어지고 있었던 것이다.

1477년(성종 8) 3월, 권숙의權淑儀(숙의는 내명부 종2품) 집으로 의문의 상자 하나가 배달되었다. 흰모시 보자기로 포장한 상자였다. 어떤 사람이 감찰 집에서 보냈다며 상자를 던져놓고 황급히 사라졌다. 권숙의는 성종의 부친인 덕종의 후궁이었다.[1] 내명부內命婦의 어른이 된 권숙의는 후궁을 다스리는 역할을 맡았다. 권숙의 집에 배달된 의문의 상자는 후궁들과 관련된 내용물을 담고 있을 것이었다. 조심스럽게 상자를 열어보니 안에는 한글로 쓴 두 통의 편지와 비상, 그리고 책 한 권이 들어 있었다. 편지 내용은 엄숙의嚴淑儀와 정소용鄭昭容(소용은 내명부 정3품)이 꾀를 써서 중궁中宮(왕비)과 원자를 해치려 한다는 것이었다. 엄숙의와 정소용은 왕비와 갈등관계에 있는 후궁들이었다. 두 후궁이 연합하여 왕비 윤씨와 원자를 공격하고 있는 상황이었다.

상자 안의 책은 방양서方禳書였다. 방양은 재앙을 막으려고 기도한다는 뜻이다. 방양서에는 굿을 하고, 저주하는 방법이 적혀 있다. 후궁을 비방하는 편지와 방양서는 그렇다 쳐도 비상은 왜

넣었을까. 엄숙의와 정소용이 중궁과 원자를 독극물로 죽이고 싶어한다는 증거로 비상을 넣은 것이다. 비상은 치명적인 맹독성 약품이다. 조선시대에는 사람을 죽이는 사약을 제조하는 재료로 쓰였다.

권숙의는 이 사실을 대왕대비 정희왕후(성종의 할머니)에게 보고했다. 정희왕후는 특히 질투가 심했던 정소용을 의심했다. 그리하여 "생각건대 정소용이 한 짓인 듯하다. 그러나 바야흐로 임신했으니 해산한 뒤에 국문하려 한다"고 했다. 그녀는 정소용이 중궁을 음해하기 위해 벌인 자작극으로 판단했다. 하지만 저주 사건의 용의자라도 임금의 자식을 임신한 후궁을 함부로 국문할 수는 없었다. 정희왕후는 정소용이 출산하기를 기다렸다. 정희왕후의 생각대로 정소용이 이 저주 사건을 벌인 것일까.

🦠 고독의 치료사, 황을과 귀금

조선은 이율배반적 사회였다. 성리학을 국가 이념으로 채택했지만 문화 저변에는 고대로부터 이어져온 불교와 무속이 자리잡고 있었다. 가부장제를 지향한 유교가 조선의 왕과 엘리트 사이에서 확산될수록 불교와 무속은 여성들 속으로 파고들었다. 조선 궁궐의 여성사회를 지배한 것도 불교와 무속 신앙이었다. 왕비에서 나인에 이르기까지 대부분이 불교와 무속에 심취했다.

특히 무속은 궁궐 여성들에게 경직되고 피로한 궐내 생활로부터 평안을 주는 현실적인 신앙이었다. 주술적 행위나 기도문을 외움으로써 안도감을 찾았다. 왕비 윤씨도 몸이 아프거나 마음이 편치 않을 때면 갑자기 기도를 했다고 한다. 그런데 무속의 주술적 행위는 경쟁자를 가해하는 저주의 역할도 했다. 주술은 초자연적 힘을 이용하여 길흉화복을 해결하는 방법이다. 흔히 주술을 '백주술'과 '흑주술'로 나눈다. 사실 둘 사이엔 차이가 없고, 어떤 목적으로 쓰는가가 다를 뿐이다. 자신이 잘되기를 빌면서 할 때는 백주술이요, 남이 잘못되기를 바라면서 할 때는 흑주술이다.

성종은 이상적 유교 정치의 실현을 위해 힘썼다. 조선을 유교 사회로 만들기 위해 한양 도성 내로 무당이 들어오거나 굿하는 일은 금지시켰다. 그런데 성종이 병에 걸리자 정희왕후는 무당을 시켜 성균관 뜰에서 굿을 했다. 유학을 상징하는 기관의 마당에서 굿을 하자 성균관 유생들은 발끈했다. 그들은 무당을 내쫓고 무구巫具를 부쉈다. 그러나 궁궐의 최고 어른인 대왕대비가 주도한 행사를 방해한 것은 큰 죄였다. 더구나 국왕의 병을 고치기 위한 굿이 아니었던가. 정희왕후가 대역무도라고 질타하며 격노했음은 물론이다. 반면 성종은 선비의 바른 습속을 행한 유생들이라며 치켜세우고, 가상히 여겨 술까지 내려주었다고 한다. 이런 성종이 무속의 주술에 상당한 관심을 가졌으니 이는 이율배반이다. 성종 시절에는 '고독蠱毒'이란 저주술이 유행했다. 고독은 고蠱를 태우고 갈아서 분말로 만든 뒤 음식과 음료수에 몰래 넣어 누군가에게 먹이는 일이다.[2] 봉해진 그릇 안에서 같은 종을 잡아먹고 최후까지 살아남은 벌레를 '고'라고 한다. 이것을 사람에게 몰래 먹이면 병들거나 죽음에 이른다고 믿었다. 고독이 크게 유행

하자 성종은 이를 다스리는 방법을 의녀들에게 전수시키려 했다. 성종도 주술이 실제로 사람에게 영향을 미친다고 믿었기 때문이다.

평안도 중화군에 사는 황을黃乙과 그의 아우 황말동黃末同은 고독으로 생긴 병을 잘 고치기로 유명했다. 조정에까지 그 소문이 퍼지자 성종은 이들 형제를 서울로 불러오게 했다. 여의女醫들에게 그 기술을 가르치기 위해서였다. 고독으로 인해 궁궐 내에서 병이 자꾸 생겨나므로 이를 치료할 수 있는 방법을 터득하게 했다. 남을 저주하는 고독이나, 고독을 치료하는 치고독治蠱毒은 별반 차이가 없었다. 고독은 더 강한 고독으로 치료할 수 있는 법이다.

성종은 황을 형제를 보자마자 선물 보따리를 풀었다.

"네가 상세히 가르쳐서 배워 익힌 자가 과연 신기한 효험을 보인다면 네 집의 부역을 면제해주겠다."(『성종실록』 16년 3월 11일)

부역을 면제해주겠다는 성종의 제안에도 불구하고 황을은 그 기술을 감추고 의녀들에게 가르쳐주지 않았다. 심지어 임금이 불러서 물어봐도 아뢰지 않고 속였다고 한다. 황을은 자신만이 그 기술을 보유하고 싶은 욕망이 컸으므로 임금의 명령이라도 따르지 않았다. 결국 황을은 세 차례나 형문을 당한 뒤 어쩔 수 없이 입을 열었다.

제주도에 사는 의녀 장덕張德도 고독으로 생긴 병을 치료하는 데 능한 자였다. 장덕은 충치를 제거하고, 얼굴에 난 부스럼을 없앨 수 있었다. 장덕은 죽을 무렵에 여종 귀금貴金에게 그 기술을 전수해줬다. 황을과 마찬가지로 귀금도 그 치료법을 다른 의녀들에게는 물려주려 하지 않았다. 성종은 귀금을 잡아오게 하여 다

그쳤다.

"여의 두 사람을 따라다니게 했음에도 네가 숨기고 전해주지 않고 있다. 그 이익을 독차지하고자 함이 아니냐. 네가 만약 끝까지 숨긴다면 마땅히 고문을 가하여 국문하겠으니 다 말하라."(『성종실록』 23년 6월 14일)

귀금은 이 고독의 기술을 일곱 살 때부터 배우기 시작해 열여섯이 되어서야 익혔다. 무려 10년이 걸려서 배운 치료법이었다. 설령 왕명이라 해도 큰 이익을 볼 수 있는 치료법을 남들에게 쉬이 가르쳐줄 수 있겠는가. 국문을 하겠다는 성종의 엄포에도 불구하고 귀금은 그 잘못을 의녀 탓으로 돌렸다.

"지금 제가 마음을 다해 가르치지 않는 것이 아니고 그들이 익히지 못할 뿐입니다."

▨ 말뚝을 박고 있는 왕비

성종의 둘째 왕비 윤씨는 봉상시 판사를 지낸 윤기견尹起畎의 딸이다. 성종보다 나이가 몇 살 많았던 그녀는 원래 후궁 출신이었다. 윤기견은 문과에 급제한 뒤로 집현전 등에서 근무했는데 일찍 죽었으며 요직을 차지하지 못했다. 윤씨 집안의 형편도 넉넉지 못했다. 그래서인지 윤씨는 평소 옷차림이 허름하고 항상 검소함이 몸에 배어 있었다. 또, 겸손하고 현명했기에 대왕대비와 대비의 사랑을 한껏 받았다. 그리하여 성종의 원비 공혜왕후가 숨지자 다음 왕비로 정해진 인물이 윤씨였다. 성종 시절 궁궐의 실력자인 삼전三殿이 모두 윤씨를 좋아했다. 삼전은 대왕대비인 정희왕후를 비롯해 인수대비(성종의 어머니)와 인혜대비(예종의 계비)를 아울러 일컫는 말이다.

성종은 열세 살의 나이로 즉위했다. 그리고 조선 최초로 세조의 왕비 정희왕후가 펼친 수렴청정과 훈구 대신들이 정치를 보좌해주는 원상제院相制 아래서 국정 운영을 배워야 했다. 어린 왕에게 이 두 가지는 국정의 교실이 되었지만 성장할수록 이로부터 탈피하고, 친정 체제를 구축하는 데는 큰 고통이 따랐다. 왕비와 후궁들도 성종의 고충을 똑같이 겪어야 했다. 옥상옥의 권력 아래에서 눈치를 봐야 하는 것은 성종과 마찬가지였다.

어려운 궁궐생활에서도 윤씨는 각별히 조신한 덕분에 삼전과 성종의 환심을 샀다. 1476년(성종 7) 7월, 정희왕후가 윤씨를 왕비로 책봉하고자 내린 의지懿旨(대왕대비의 명령서)에는 윤씨에 대한 애틋한 심정이 드러나 있다.

"숙의 윤씨는 주상이 중히 여기는 바이며, 나도 그가 적당하다고 여긴다. 윤씨가 평소에 허름한 옷을 입고 검소함을 숭상하며, 일마다 정성을 다하고 조심스럽게 행했으니, 큰일을 맡길 만하다."
(『성종실록』 7년 7월 11일)

정희왕후는 특히 윤씨의 겸손함이 마음에 들었다. 그녀에게 왕비 자리를 맡기려 하자 "저는 본래 덕이 없을뿐더러 과부의 집에서 자라나 보고 들은 것이 없어 주상의 거룩한 덕에 누를 끼칠까 두렵습니다"라며 사양했다. 윤씨의 이러한 겸손함이 왕비로 책봉되는 데 주요한 이유가 되었다. 성종과 나머지 삼전도 정희왕후의 뜻과 다르지 않았다. 정희왕후는 "중궁이 숙의로 있을 때 지나친 행동이 없었으므로 주상이 중하게 여겼고, 삼전도 중히 여겼으며, 모든 빈의 우두머리였기에 왕비로 책봉했다"고 했다. 다들 겸손하고 착한 왕비 윤씨가 다른 후궁에 대해서 어떤 질투와 시샘도 하지 않을 것이라고 생각했다. 그리하여 성종은 행실이 바른 윤씨를 애지중지하여 자주 찾았다. 결국 그녀는 아기를 잉태했다. 태아가 무럭무럭 커가던 차에 윤씨는 왕비가 되었고, 그해 11월에는 원자(훗날 연산군)까지 출산했다. 윤씨에게 더없이 행복한 시간처럼 보였다.

그런데 과연 그러했을까. 겉으로 드러난 모습과 속사정은 달랐다. 성종이 사랑한 여자는 윤씨만이 아니었다. 윤씨가 출산을 앞두고 있을 때 정소용의 배도 불러오고 있었다. 성종은 윤씨가 임신한 뒤로 다른 후궁들에게 눈을 돌렸고, 정소용까지 아이를 갖게 되었다. 산모인 윤씨는 자신과 경쟁자인 정소용이 임신한 사실을 알았을 때 성종에게 배신감을 느꼈을 것이다. 왕비로 책봉되기 위해서 극도로 함구하며 조심했지만 마음속에는 정소용에 대한 저주의 씨앗이 자라고 있었다. 출산 이후 심리적으로 더욱 불안해진 윤씨는 저주의 문을 두드리기 시작했다.

왕비 윤씨는 눈에 띄게 달라졌다. 궁궐에 철따라 생산되는 먹거리가 들어오면 설령 천신薦新(새로 난 곡물이나 과일을 신께 올리는 일)을 했다 해도 종묘에 올린 뒤에 맛보는 게 예의였다. 그런데 윤씨는 궁궐 어른들이 간곡하게 타일렀음에도 불구하고 천신하기도 전에 다 써버렸다. 성종이 조회를 받는 날에는 마땅히 왕비가 침전에서 먼저 일어나야 했다. 그런데 윤씨는 임금이 조회를 끝내고 안으로 돌아오면 그제야 일어나곤 했다. 성종은 이것이 부부지도夫婦之道에 크게 어긋난 일이라고 생각했다. 윤씨는 성종에게 공손하지 않았으며, 온화한 태도를 취하지도 않았다.

그뿐만이 아니었다. 윤씨는 친정에 거짓 편지를 보냈다. '주상이 내 뺨을 때리니 장차 아들을 데리고 집으로 가서 여생을 편안하게 살겠다'는 황당한 내용이었다. 이 글을 본 성종은 윤씨에게 허물을 고치는지 두고 보겠다며 경고까지 했다. 삼선도 윤씨의 달라진 행실에 놀랐다. 성종이 아픈데도 개의치 않고 뜰에서 새를 희롱하고 꽃을 즐기며 놀았다. 반면 자신의 몸이 좀 불편하면 "내가 죽지 않기를 바라며, 꼭 보여주기를 원하는 일이 있다"며 기도를 드렸다. 윤씨가 성종과 심각하게 멀어진 사실을 알고 있는 삼전에게 이는 섬뜩한 행동으로 느껴졌다.

왕비 주변에서는 수상한 일들이 발생했다. 어느 날 봉보부인(왕의 유모)이 왕의 침실에 갔더니 이상한 소리가 들렸다. 사람의 발소리가 다가오자 곧 그쳤다. 다시 조심스럽게 살펴보니 왕비 윤씨가 신다울루목神茶鬱壘木을 가지고 말뚝을 박는 소리였다. 궁궐에서 왕비가 말뚝을 박고 있다니 참 기괴한 일이었다. 신다와 울루는 잡귀를 쫓아내는 문신門神이었다. 중국의 전설에 따르면 이들은 상고시대에 살았던 형제로, 힘이 세고 눈에서 광채가 반짝반짝 빛나며, 악귀를 물리쳤다고 한다. 이후로 사람들이 문을 지키는 신으로 생각하여 그의 얼굴을 문에 그려 악귀를 쫓아냈다. 우리나라에서도 섣달그믐에는 '신다울루神茶鬱壘'라는 네 글자를 크게 써서 대문에 붙임으로써 잡귀의 출입을 금지하고 집 안을 청정하게 했다. 왕비 윤씨는 왜 이런 문신의 나무를 가지고 말뚝을 박은 것일까.

저주물이 든 상자

저주상자를 확인한 권숙의는 즉시 인수대비에게 바쳤다. 인수대비도 이를 정희왕후에게 보고했으며, 범죄의 증거를 찾으려던 중이었다. 그러던 어느 날이었다. 성종의 침실에는 쥐구멍이 하나 뚫려 있었는데, 왕비가 이 쥐구멍을 종이로 막아두었다. 책을 가위질하다 남은 종이를 가지고 쥐구멍을 막았던 터였다. 봉보부인이 침실에 갔다가 쥐구멍을 막은 종이를 빼본 뒤에 의심스런 마음이 들어 인수대비에게 보여줬다. 인수대비는 지난번 저주상자에 들어 있던 책이 떠올랐다. 상자 속에서 책을 꺼내 보니 쥐구멍 종이와 똑같은 단자單子 종이였다. 종이 빛깔도 일치했으며, 가위질하여 들쭉날쭉한 부분도 서로 맞아떨어졌다. 그렇다면 저주상자를 보낸 범인은 정소용이 아니고 왕비 윤씨란 말이었다. 삼전은 왕비가 말뚝을 박는 소리를 냈던 것도 이 책을 만들 때 주위 시선을 다른 데로 돌리기 위한 것으로 의심했다.

한편, 윤씨는 비상을 소지하고 있다가 성종에게 발각되었다. 윤씨는 작은 상자를 숨겨두고 자꾸 열어보았다. 다른 사람이 보면 화들짝 놀라서 감추기에 바빴고, 심지어 성종이 보려 해도 허락하지 않았다. 윤씨를 의심한 성종은 그녀가 세수하러 간 사이 몰래 상자를 열어보았다. 그 속에 든 물건을 확인한 성종은 까무러칠 뻔했다. 상자 안에는 방양서와 비상이 든 주머니, 그리고 곳감 2개가 들어 있지 않은가. 성종은 그때의 참담한 마음을 이렇게 털어놓았다.

"지난 정유년(1477)에 윤씨가 몰래 독약을 품고 사람을 해치고자 하여, 곶감과 비상을 주머니에 같이 넣어두었으니, 이것이 나에게 먹이고자 한 것인지도 알 수 없지 않은가. 아이를 낳지 못하게 하는 일이나 혹은 반신불수가 되게 하는 일, 사람을 해하는 방법을 작은 책에 써서 상자 속에 감춰두었다가 일이 빌각되었다. 대비께서 지금까지도 이것을 가지고 있다."(『성종실록』 10년 6월 5일)

윤씨는 후궁을 저주하기 위한 주술서를 가지고 있었다. 여기에 적힌 아이를 낳지 못하게 하는 일, 반신불수가 되게 하는 일, 사람을 해하는 방법 등은 다름 아닌 후궁을 저주하기 위한 것이었다. 이 저주의 책과 비상은 지난번 저주상자 속에 들어 있던 것들과 동일했다. 상자를 만들어 저주물을 보관하는 방식도 비슷했다. 저주상자 배달 사건의 배후에는 왕비 윤씨과 그 일당이 있었다는 증거다. 윤씨 일당은 정소용과 엄숙의를 궁궐에서 쫓아내기 위해 거짓으로 저주 사건을 꾸몄다. 정소용과 엄숙의가 자신을 해치고자 모의한다는 내용을 편지에 적고 저주한 증거물들과 함께 상자에 담아 권숙의 집에 배달시켰던 것이다.

윤씨의 저주 사건이 드러나자 삼전은 누구보다 성종이 걱정되었다. 정희왕후는 처음에는 "중궁이 어찌 주상을 가해하려고 하겠는가. 이것은 첩들을 제거하려는 것이다"라고 했다. 그러나 윤씨의 행동이 그릇될수록 성종에게 해를 가할 수도 있다고 여겼다. 정희왕후는 성종이 아플 때 윤씨가 몰래 수라상에 독을 넣을까봐 두려웠다. 그리하여 왕비가 지나가는 곳에 수라상을 두지 말라고 명하기도 했다. 성종도 윤씨의 행동에 겁이 났다. 윤씨가 음식에 독을 넣거나 비상을 묻힌 과일을 넌지시 줄 수도 있지 않은가.

윤씨의 독설은 저주보다 더 날카로웠다. 윤씨는 여종이 잘못을 저지르면 "지금은 비록 너를 죄줄 수 없다 하더라도 장차 너를 족멸族滅시키겠다"며 험담을 했다. 하물며 윤씨는 성종에 대해 '용렬庸劣(변변치 않고 졸렬)한 무리'라고 했다. 윤씨의 거짓말도 혀를 내두를 정도였다. 윤씨가 잘못된 일을 하다가 삼전에게 들키면 임금이 가르친 것이라 답했고, 이를 안 성종이 화가 나서 꾸짖으면 다시 대비가 가르친 것이라고 말했다.

🟦 방양서를 베끼다

정희왕후가 왕비를 불러서 그 죄를 추궁했다. 윤씨는 친잠親蠶(왕비가 몸소 누에를 치던 일)할 때 삼월이가 바쳤다고 대답했다. 중궁전에 소속된 여종 삼월三月이와 사비四非 그리고 윤구尹遘(왕비의 오빠)의 아내가 국문장에 끌려왔다. 삼월이는 공초供招(진술한 내용)에서 자신이 모든 일을 꾸몄다고 진술했다.

"방양서는 전 곡성 현감 첩의 집에서 얻었으며, 사비를 시켜 베껴 옮기게 했습니다. 한글 편지 중에 큰 것은 윤구의 아내가, 작은 것은 사비가 썼는데 제가 생각해냈습니다. 비상은 대부인이 내주셔서 작은 버드나무 상자에 담았습니다. 편지와 비상을 버드나무 상자에 담아 석동石同으로 하여금 심부름꾼이라 속이고 권숙의 집에 던지게 했습니다. 모두 제가 꾸민 짓입니다."(『성종실록』 8년 3월 29일)

조선시대 여성들은 이런 방양서를 은밀히 간직하여 누군가를 저주하는 데 사용했다. 그러다가 친한 사람에게 보여주고, 서로 필사함으로써 여성사회에 유통되었다. 삼월이는 이웃에 사는 곡성 현감 이길분 첩의 집에 놀러 갔다가 한글로 쓴 방양서를 발견했다. 삼월이가 흠칫 놀라 첩에게 물었다. 이런 책은 귀할뿐더러 구하기가 쉽지 않았던 모양이다.

"이 책은 어떤 일에 쓰이는 것이냐."

첩이 대답했다.

"재앙을 막으려고 기도할 때 쓴다."

방양서는 자신에게 오는 재앙을 막기도, 남에게 재앙을 주기도 하는 주술서다. 주술을 써서 사랑을 독차지하고 운명을 바꾸고자 했던 첩들에게는 특히 방양서가 필요했다. 안방마님을 물리적으로 해치지 않으면서도 효과적으로 해를 입힐 수 있는 게 방양이었다. 무속을 신봉하는 궁녀들도 방양에 상당한 관심을 가졌다.

일주일 뒤에 삼월이는 다시 그 집으로 갔다. 첩이 안방에 들어간 사이 몰래 이 책을 소매 속에 감춰 들고 나왔다. 이것은 궁궐의 왕비에게도 꼭 필요한 책이었다. 삼월이는 윤구의 아내를 만나서 그 책을 보여주며 말했다.

"이것은 악서惡書입니다."

윤구의 아내는 책을 보자 얼른 소매 속에 감추었다. 그들은 후궁들에게 해악을 끼칠 수 있는 방양서를 절실히 찾던 중이었다. 이튿날 삼월이는 윤구의 아내와 사비로 하여금 이 책을 베끼도록 했다. 삼월이는 왕비와 원자를 해치려 한다는 내용의 편지도 쓰도록 시켰다. 그때 방에는 윤씨의 어머니인 대부인 신씨도 함께 있었다. 비상을 준 사람은 다름 아닌 신씨였다. 나중에 삼월이는 대부인이 이 일을 지휘했다고 진술했다.

"그달 20일 새벽을 틈타 석동에게 주고 거짓으로 권 감찰이 보내는 바라고 하여 권숙의 집에 던져넣도록 했습니다. 이로 인해 대궐에 들어가게 한 것이니, 이것은 모두 대부인의 지휘입니다."
(『성종실록』 10년 6월 5일)

시녀에 불과한 삼월이가 후궁들을 저주하는 중대한 일을 스스로 꾸밀 리 있겠는가. 삼월이가 방양서와 비상, 그리고 편지를 넣은 상자를 석동에게 주어 새벽에 권숙의 집에 보내도록 한 사람은 신씨였다. 실은 신씨가 모두 지휘했다는 것도 신빙성이 부족했다. 윤구의 아내를 심문했을 때 자신은 한글을 모르며, 자기가 쓴 것이 아니라고 했다. 윤구의 아내와 삼월이의 자백이 일치하지 않자 심문관이 다시 삼월이에게 엄하게 물었다. 삼월이는 그제야 의미심장한 말을 남겼다. "제가 마땅히 실정을 다 말해야 하나, 다만 이것이 대내大內를 침노할까 두렵습니다." 대내는 왕비를 가리킨다. 윤씨가 이 사건을 주도했음을 가리키는 암시다. 저주상자를 배달시키고 후궁들을 무함한 죄로 삼월이는 목을 매게 하여 죽였고, 사비는 곤장을 친 뒤 유배 보냈다.

▓ 민가로 내친 윤씨

왕비 윤씨는 용서를 받기 어려웠다. 1477년(성종 8) 3월 29일, 정희왕후는 왕비의 폐위 문제를 논의하라는 명령을 조정에 내렸다. 그런데 윤씨가 이미 원자를 낳았기 때문에 바로 폐하라고 하명하지는 않았다. 윤씨가 왕비 자리에서 물러난다면 원자의 자리까지 위태로울 뿐만 아니라 조정은 큰 파란을 겪어야 했다. 복잡한 셈법에 직면한 대왕대비는 왕비의 폐위 문제를 두고 왕과 신하들을 논란의 장으로 끌어들였다. 정희왕후는 먼저 왕비 윤씨의 질투를 문제로 삼았다.

"부인이 투기妬忌(질투)하는 것은 아름답지 못한 일이다. 하물며 제후는 아홉 여자를 거느리는 것인데 지금은 그 수數가 차지 않았다. 국모로서 규범이 되어야 함에도 하는 짓이 이와 같아서야 되겠는가."

조선의 태종은 중국의 예를 따라 '일취구녀제―娶九女制'를 택했지만 이것은 신하의 나라에 맞지 않는 제도라 하여 '제후부인삼궁諸侯婦人三宮'의 예로 변경했다. 하지만 세 명의 후궁을 두어야 한다는 규정을 지킨 조선의 왕은 거의 없었다. 임금의 마음에 들거나 정치적 선택으로 후궁을 들이는 일이 잦았기 때문이다.

신하들은 후궁의 시샘을 두고 정희왕후와 생각이 달랐다. 그들은 후궁이 많은 궁궐에서 여성의 질투는 당연하다고 보았다. 후궁을 들인 당사자는 성종과 삼전이 아니던가. 반면 정희왕후와 성종은 질투를 하여 저주를 벌인 윤씨를 폐비시키는 데 대신들의 동의를 얻고자 했다. 하지만 신하들은 '투기란 여성의 상정常

^情이라며 반발했다. 임사홍은 대신들의 의견을 모아 성종에게 직언했다.

"중궁이 비록 덕을 잃었다고 하나 종묘사직에 관계된 것이 아니고, 다만 투기에서 나온 것일 뿐입니다. 투기는 부인의 상정이며, 원자元子가 있는데 하루아침에 중궁을 버릴 수 없습니다. 청컨대 폐하지 마옵소서."

신하들은 눈물까지 흘리며 왕비의 폐위를 끝까지 반대했다. 왕비의 질투가 여성의 인지상정이기 때문만은 아니었다. 원자가 정해진 마당에 왕비를 폐한다면 곧 나라의 근본이 흔들릴 것이라 염려했기 때문이다. 왕비가 비상을 소지하고 있었으나 실제로 해를 입은 사람은 없었다. 저주상자를 배달한 죄도 삼월이와 사비가 책임지는 선에서 일단락되었다. 신하들이 끝까지 왕비의 허물을 용서해달라고 빌자 마침내 성종도 한발 물러섰다. 왕비를 빈으로 강등시켜 자수궁慈壽宮에 머물게 함으로써 저주 사건을 종결지었던 것이다.

하지만 윤씨는 반성하는 태도를 보이지 않았으며, 예전의 겸손한 모습으로 돌아가지 않았다. 2년의 세월이 흐른 1479년(성종 10) 6월 2일, 성종은 급하게 승지를 불러 삼정승을 비롯한 신하들을 모두 입궐시키라고 명했다. 이튿날 원로인 한명회, 영의정 정창손鄭昌孫 등 모든 대신이 이른 아침부터 선정전宣政殿에 모였다. 이 자리에서 성종은 왕비 윤씨가 자신을 능멸했다며 분통을 터뜨렸다.

"중궁의 소행은 말하기가 어려울 지경이다. 내간內間에는 시첩

侍妾의 방이 있다. 일전에 내가 이 방에 갔는데, 중궁이 갑자기 들어왔으니 어찌 이런 일이 있단 말인가."(『성종실록』 10년 6월 2일)

성종이 후궁의 방에서 잠자리를 같이하려고 하는데 왕비가 이 방을 찾아와 방해를 했던 모양이다. 빈으로 강등된 이후로도 윤씨는 뉘우치는 기색을 보이지 않았다. 성종에게 더 강력한 저주의 막말을 퍼부었다. 성종을 보면 "발자취까지 없애겠다"는 말을 하거나, 성종이 거처하는 곳의 장막을 가리켜 '소장素帳'이라 했다. 소장은 장사를 지내기 전에 영좌靈座 둘레에 치는 흰 포장이다. 이것은 무도함을 넘어 성종이 죽기를 바란다는 말이다. 비상을 지녔던 왕비가 이런 발언을 하자 성종은 자신의 목숨까지 위태롭다고 느꼈다. 그러던 차에 임금이 찾은 후궁의 처소에 왕비가 들어오자 성종의 분노는 극에 달했다.

『연려실기술』에서는 '윤비尹妃가 교만하고 방자하여 후궁들을 투기하고 임금에게 공손하지 못했다'고 지적하면서 윤씨가 일으킨 큰 사고를 기록했다.

"어느 날 임금의 얼굴에 손톱자국이 났으므로 인수대비가 크게 노하여 임금의 화를 돋우어 바깥뜰에서 대신에게 보이도록 했다. 윤필상 등이 임금의 뜻을 받들어 윤비를 폐하고 민가로 내치도록 했다."(『연려실기술』 성종조 고사본말)

『성종실록』과 『연려실기술』의 기록을 이어 보면, 후궁의 처소까지 침입해온 왕비가 달려들어 성종의 얼굴을 손톱으로 할퀴었던 것으로 보인다. 용안에 난 윤비의 손톱자국을 본 인수대비는 당연히 대로했을 터이다. 결국 인수대비는 더 이상 윤씨의 행실을 용인하지 못하고, 임금을 움직여 신하들로 하여금 윤씨를 민가로 보내도록 한 것이다.

하지만 2년 전처럼 대신들이 성종과 인수대비의 주장을 따르지 않았다. 성종은 아내를 내쫓을 수 있는 칠거지악을 하나씩 외우다가 마침내 왕비를 폐하여 서인庶人으로 만들겠다고 했다. 그러자 대신들은 원자가 있으므로 왕비를 폐할 수 없다며 물러서지 않았다. 심회沈澮는 선대의 태종이 원경왕후를 싫어했음에도 담을 높게 쌓은 별궁에 머무르게 할 뿐, 서인으로 삼지 않았다는 예를 들었다. 성종은 한나라 성제成帝의 전례를 들어 반박했다.

"한나라 성제가 갑자기 붕어崩御(임금의 죽음)한 것은 누구의 소행이던가. 무릇 부덕한 사람은 나쁜 짓을 많이 행하는데 일의 자취가 드러날 때는 이미 화가 몸에 미친 뒤이다."

한나라 성제는 경국지색傾國之色인 조비연趙飛燕을 후궁으로 들였다가 10년이 지나 숨을 거뒀다. 조비연은 천출賤出이지만 가무에 뛰어난 절세미인이었다. 그녀는 성제의 총애를 받아 황후의 자리까지 올랐다. 그런데 자식을 낳지 못한 탓인지 출산을 한 궁녀들을 질투해 모두 죽이는 악행을 저질렀다. 조비연은 음탕하여 성적으로 문란했음에도 성제는 그녀를 버리지 못했다. 성제가 숨을 거둔 이후에 조비연은 서인으로 폐출되었으며 자살로 생을 마감했다. 성종은 질투의 화신이었던 조비연을 왕비 윤씨와 비교하며 빨리 조치하지 않으면 임금이 화를 당한다는 사실을 각성시켰다.

그럼에도 대신들은 꿈쩍도 하지 않았다. 중국의 황제로부터 허락을 받은 왕비를 갑자기 폐하여 사제私第로 보낼 수 없다며 거세게 반대했다. 신하들이 모두 난색을 표하자 성종은 버럭 화를 냈다.

"경들은 출궁할 일만 주선하면 그만인데 무슨 말이 이리도 많은가."

끝내 성종은 반대하는 신하들에 대해선 대죄로 다스리겠다고 엄포를 놓았다. 대왕대비의 뜻을 한번 물어보자는 승지들을 옥에 가두라는 명을 내렸다. 2년 전과 비교하면 성종의 태도는 너 강고했다. 성종은 신속히 중궁 폐출의 교서를 내렸고, 윤씨의 출궁 논란은 매듭지어졌다. 사실 이것은 삼전의 의견으로 성종과 신하들이 뒤집을 수 있는 문제가 아니었다.

▒ 비상만 한 것이 없습니다

윤씨가 궁궐에서 쫓겨난 지 3년이 지났다. 1482년(성종 13) 8월 11일, 강론을 마친 자리에서 시독관 권경우權景祐가 폐비 윤씨의 사정에 대해 아뢰었다. 몇 년의 세월이 지나자 폐비 윤씨의 선처를 부탁했던 것이다.

"지은 죄악이 매우 크므로 폐비되어야 마땅합니다만, 그래도 국모國母였던 분입니다. 여염집에 살고 있어 온 나라의 신하와 백성 중 안타깝게 여기지 않는 이가 없습니다."(『성종실록』 13년 8월 11일)

대사헌 채수蔡壽도 윤씨가 한때 국모였던 사람인데 흉년이 들어 가난할 수 있으니 따로 처소를 마련해주고, 관청에서 물품을 공급해주자며 거들었다. 한명회도 채수의 의견에 동조했다. 신하들은 윤씨가 사제로 나간 지 3년이 지났으므로 성종의 분노가 어느 정도 풀렸을 것이라 생각했다. 하지만 이것은 큰 오산이었다. 성종은 언성을 높이며 화를 냈다. 윤씨를 가리켜 국모라고 말한 것이 성종의 잦아든 감정을 자극했다.

"이미 서인이 되었는데 여염집에 사는 게 어찌 잘못되었다고 하는가. 그런데 경들은 어찌 국모라고 말하는가. 이것은 원자에게 아첨하여 훗날의 지위를 도모하려는 것이 아니냐."

조정의 분위기가 싸늘해졌다. 그러잖아도 성종은 자신이 죽고 원자가 즉위하면 어머니 폐비 윤씨를 복위시킬까봐 걱정했다. 자신에게 반기를 들 수 있는 원자에게 벌써부터 아첨을 한다면 이는 불충의 죄였다. 하지만 신하들은 폐비 윤씨에게 옷과 음식을 공급해주자는 의견을 굽히지 않았다. 신하들이 윤씨의 오빠들(윤구, 윤후, 윤우)과 내통한 사실을 간파한 성종은 정곡을 찔렀다.

"경들은 어떻게 윤씨가 가난한 줄 알고 있는가? 누가 말해주었는가."

폐비 윤씨는 유폐幽閉 중이었으므로 부모 형제도 함부로 만날 수 없었다. 누군가 폐비 윤씨의 근황을 보고 전달하지 않고서는 이런 말이 나올 수 없었다. 다급해진 채수는 윤씨가 원래부터 가난했다며 궁색한 논리를 폈다. 안윤손安潤孫은 올해는 흉년이 들었기에 다른 백성과 마찬가지로 윤씨도 궁핍할 수밖에 없었다며 둘러댔다. 한편 권경우는 폐비 윤씨의 집에 도둑이 침입한 것을 들었다며 사실을 감추지 않고 말했다.

성종은 신하들이 윤씨의 오빠들에게 조종을 당하고 있다고 확신했다.

"폐비 윤씨는 목숨을 보존한 것만도 다행이다. 그대들이 윤씨의 가난과 헐벗음을 불쌍히 여긴다면 어찌하여 그대들의 녹봉祿俸으로 도와주지 않는가. 그대들은 윤씨의 신하인가, 이씨의 신하인가. 이는 윤씨의 오라비와 연결된 무리들이 말을 퍼뜨려서 전하기 때문이다."

윤씨가 폐위된 이후 성종은 내시를 보내 윤씨를 염탐하고 있었다. 윤씨가 잘못을 뉘우치는지 궁금했으며, 윤씨 친정과 결탁한 세력들의 동향을 감시하기 위해서였다. 그런데 『연려실기술』에는 인수대비가 성종과 윤씨 사이를 이간질시켰다고 나온다. 인수대비가 내시로 하여금 성종에게 거짓을 보고하게 했다는 것이다. 윤씨를 염탐한 내시는 성종에게 "윤씨가 머리를 빗고 낯을 씻어 예쁘게 단장하고서 자기 잘못을 뉘우치는 뜻이 없습니다"라고 대답했다. 성종은 내시의 참소를 믿고 반성이 없는 윤씨를 더 미워했다.

윤씨에 대한 앙금이 풀리지 않던 차에 조정의 신하들은 윤씨의 오빠와 내통하여 윤씨의 선처를 부탁했다. 그리하여 성종은 아예 화근을 없애야 한다고 마음을 굳혔다. 권경우의 요청은 되레 큰 화로 돌아왔다. 성종은 윤씨의 오빠들을 의금부에 가두도록 하고, 윤씨와 원자에게 아부를 한다고 여긴 채수와 안윤손 등은 국문하도록 했다.

다시 5일이 지났다. 삼전을 문안하고 온 성종은 대신들에게 윤씨에 대한 계책을 마련하라고 명했다. 이것은 윤씨를 죽일 방책을 내놓으라는 뜻이었다. 눈앞에서 국문장에 끌려가는 장면을 본 대신들은 성종의 말에 감히 반대하지 못했다. 심회와 윤필상 尹弼商이 나서서 말했다.

"마땅히 대의로써 결단을 내리고, 큰 계책을 정하셔야 합니다."

이파李坡도 기다렸다는 듯이 말했다.

"옛날 구익부인鉤弋夫人은 죄가 없는데도 한 무제가 그를 죽인 것은 만세를 위한 큰 계책이었습니다. 이제 마땅히 하루빨리 큰 계책을 정하셔야 합니다."

한 무제의 후궁이었던 구익부인은 한 소제를 낳았다. 늙은 한 무제는 자신이 죽은 이후에 구익부인이 어린 소제를 데리고 조정을 흔들까 두려워 아무 죄도 없는 그녀를 죽였다. 이파는 이러한 사례를 들어 폐비 윤씨를 죽이자는 뜻을 내비친 것이다.

재상들도 이파의 의견에 동조하자 성종은 흐뭇해졌다. 성종은 좌승지 이세좌李世佐에게 명하여 윤씨를 사사賜死하게 했으며, 우승지 성준成俊에게는 이 뜻을 삼전에게 아뢰도록 했다. 그런데 이세좌는 윤씨를 죽이는 일을 혼자 집행했다가는 뒷날 원자에게서 해를 입게 되리라 생각하여 겁이 났다. 그는 성종에게 윤씨의 얼굴을 알지 못하니 내시와 함께 가기를 청하여 허락을 받았다. 한숨을 돌린 이세좌는 곧 내의內醫 송흠宋欽을 불러다 물었다.

"어떤 약이 사람을 죽일 수 있는가?"

송흠이 대답했다.

"비상砒霜만 한 것이 없습니다."

그는 전의감典醫監(조선시대 의료 행정을 맡은 관아)에서 비상을 챙겨서 윤씨가 사는 여염집으로 향했다.

사형 집행관들이 윤씨 집으로 출발한 당일에 성종은 빈청에 모인 재상들에게 음식을 내렸다. 성종은 자신의 뜻이 관철된 것에 대해 만족해하며 이런 말을 남겼다.

"윤씨가 전일에 비상으로 사람을 죽이고자 했다가 이제 도리어 자기 몸을 죽인 것이다."

성종은 비상으로 다른 후궁을 저주하려던 윤씨가 비상을 탄 사약을 먹고 죽는 것을 업보라고 여겼다. 하지만 윤씨에게 사약을 내린 성종도 스스로 엄청난 업보를 남겼다는 생각은 미처 하지 못했다.

저주의 수건과 갑자사화

성종은 원자가 왕위에 오르면 윤씨가 이에 편승하여 권력의 칼을 휘두를까봐 두려웠다. 하지만 윤씨를 죽임으로써 원자가 선왕과 조정에 대해 품을 저주와 잇따른 화란에 대해서는 왜 생각하지 못했을까. 한 나라의 지도자인 임금에게 최고의 덕목은 관용이다. 조선의 성군인 성종의 아들이 조선 최악의 폭군인 연산군이라는 사실은 '저주가 잉태한 역사의 아이러니'다. 원한과 저주를 끊는 유일한 방법은 용서와 화해다. 그러니 성종은 최소한 윤씨의 목숨만큼은 부지해줬어야 했다. 훗날이 두렵다면 오히려 윤씨를 포용하여 화해하는 조치를 취해야 했다.

윤씨는 사약을 들이켜면서도 뒷날 저주를 남기려 했다. 그녀는 눈물을 흘리며 사약을 마시다가 피를 토하면서 죽어갔다. 윤씨는 피 묻은 수건을 어머니인 신씨에게 주면서 말했다. "우리 원자의 목숨이 다행히 보존되거든 이 손수건을 보여 나의 원통함을 말해주소서. 그리고 나를 임금이 거둥하는 길 옆에 묻어서 임금의 행차를 보게 해주시오."(『연려실기술』 연산조 고사본말)

윤씨는 죽어서까지 성종이 거둥하는 길 옆에 묻혀서 왕을 저주하려 했다. 또 자신의 원통한 죽음을 원자에게 꼭 알려 그 억울함에 대한 앙갚음을 기대했다. 20여 년 뒤 연산군이 일으킨 갑자사화甲子士禍는 그녀의 저주가 잉태한 '피의 잔치'라 해도 과언이 아니다.

어린 연산군에게 생모 윤씨는 철저한 금기였다. 성종은 연산군에게 생모 윤씨에 대해 일체 말하지 말라는 함구령을 내렸다. 연산군은 계비인 정현왕후를 어머니로 알고 자랐다. 하지만 피는 속일 수 없는 법. 하루는 연산군이 궁궐 밖에 나가고 싶어하자 성종이 허락을 해줬다. 성종이 거리를 다녀온 연산군에게 특별한 일이 있었냐고 묻자 그가 대답했다.

"송아지 한 마리가 어미 소를 따라가고 있었는데, 어미 소가 소리를 내면 그 송아지도 소리를 내어 응했습니다. 어미와 새끼가 함께 살아 있으니 이것이 가장 부러운 일이었습니다."

이 말을 들은 성종은 슬퍼하지 않을 수 없었다. 연산군이 처음 왕위에 올랐을 때는 자못 슬기롭고 총명했다. 조정과 백성도 모두 그를 지혜롭고 총명한 임금이라 칭송했다. 한데 김종직金宗直은 벼슬을 그만두고 고향으로 돌아갔다. 동향同鄕 사람이 그 이유를 궁금해하며 물었다.

"임금이 총명하고 영리한데 어찌하여 선생은 벼슬을 그만두고 왔습니까."

김종직이 대답했다.

"새 임금의 눈동자를 보니 나처럼 늙은 신하는 목숨이라도 보전하면 다행이지 싶소."

앞날을 예견한 김종직은 고향에서 편히 숨을 거두었다. 하지만 이후 김종직이 지은, 수양대군의 왕위 찬탈을 비난한 「조의제문弔義帝文」이 발단이 되어 1498년에 무오사화戊午士禍가 일어났다. 이때 김종직은 부관참시를 당했다.

연산군은 오래가지 않아 조선 최대의 폭군으로 변했다. 임사홍任士洪으로부터 폐비 윤씨가 죽은 이유를 들은 연산군은 곧 폭군의 나락으로 떨어졌다. 광폭해진 왕은 윤씨가 폐위되고 처형당하는 데 연루된 인물들을 싹쓸이식으로 죽였다. 윤씨와 겨뤘던 엄숙의와 정소용을 궁궐 안뜰에서 참혹하게 때려죽이고, 정소용의 아들 안양군과 봉안군도 죽였다. 이는 저주의 시대, 폭압의 정치를 알리는 서막이었다.

성종 시절, 막대한 권력을 행사했던 인수대비도 저주를 품은 손자를 당해내지 못했다. 연산군은 "선왕의 후궁들에게 어찌 이러실 수 있습니까"라며 반발하는 인수대비를 머리로 들이받아 숨지게 했다. 희대의 패륜아인 연산군은 아버지 성종에게까지 복수를 하고자 했다. 성종이 아껴 기르던 사슴을 직접 화살로 쏘아 죽였던 것이다.

1504년(연산군 10) 윤씨가 사약을 받은 일에 연관된 신하들에

게는 대역죄의 올가미를 씌워 피의 숙청을 단행했다. 살아 있는 윤필상, 이세좌, 성준 등은 극형을 당했고, 이미 죽은 사람이라면 관을 쪼개 목을 베거나 뼈를 부수어 바람에 날려 보냈다. 그뿐만 아니라 연좌제를 철저히 적용하여 그 자식들을 죽이고 부인은 종으로 삼았으며, 사위는 귀양 보냈다. 이것이 바로 연산군 시절 폭정의 상징으로 일컬어지는 '갑자사화'다. 저주가 잉태한 저주의 거대한 폭력이었다.

중종 대 작서 사건은
저주인가, 액땜인가

"은금과 같이 세자궁 북쪽 담장 밖의 동산에 있는 당향목 아래로 가서 올려다보니 과연 삼끈으로 허리를 묶은 쥐가 거꾸로 매달려 있었습니다. 진어의 머리통과 수청목도 함께 묶여 있었습니다. 은금에게 쥐가 매달린 가지 끝을 휘어잡게 한 뒤 내가 손수 풀어서 조사 해보았습니다. 그 쥐의 꼬리는 반쯤 잘렸고 주둥이는 불로 지져 있었습니다. 두 귀, 두 눈, 네 발도 모두 불에 지져 있었습니다."(『중종실록』 22년 3월 24일, 중월의 진술 중에서)

중종은 연산군을 몰아내고 반정을 성공시켰지만 사랑하는 조
강지처 신씨를 버려야 했다. 그런데 첫째 계비인 장경왕후는
원자를 낳은 뒤 산후병으로 바로 숨졌다. 장경왕후의 전례에
따라 후궁인 경빈 박씨가 왕비의 자리를 노렸지만 원자를 위
태롭게 한다는 반대가 일어 무산되었다. 경빈 박씨는 중종의
장남인 복성군福城君을 낳은 바 있다. 중종은 경빈 박씨를 포
기하고 둘째 계비인 문정왕후를 간택했다. 그 와중에도 중종

의 사랑을 독차지했던 경빈 박씨는 거만하고 행실이 바르지 않았다. 경빈 박씨와 복성군의 존재로 인해 어머니가 없는 세자의 지위가 위태롭다는 여론이 확산될 무렵이었다. 세자궁 근처 동산에서 잔인하게 '불에 지진 쥐'를 나무에 걸어둔 작서 灼鼠 사건이 발생했다. 심정과 이유청 등은 이것이 세자를 저주하기 위한 저주 사건이라 규정짓고 그 배후로 경빈 박씨를 지목했다. 그런데 왕이 기거하는 강녕전康寧殿 인근에서도 작서가 발견된 사실이 추가로 밝혀졌다. 정말로 경빈 박씨와 복성군 일당은 힘없는 세자를 저주하여 권좌에서 밀어내기 위해 흉측한 작서 사건을 벌인 것일까.

당향목에 매달린 작서

봄이 기지개를 켜는 파릇파릇한 날이었다. 1527년(중종 22) 2월 25일, 세자(뒷날의 인종)의 열세 번째 생일을 맞아 세자궁은 하루 종일 떠들썩했다. 세자의 앞날을 향해 찬사가 쏟아졌던 하루도 어느새 지나가고 있었다. 세자궁을 지나치던 내은덕은 요기 妖氣를 느꼈다. 그녀는 중종의 후궁인 창빈 안씨의 계집종이었다. 세자궁 담장 바깥쪽에 있는 동산東山 쪽을 슬그머니 쳐다봤다. 그곳에는 궁녀들이 뒷간으로 이용하는 당향목唐香木이 있었다.

궁녀들은 이 당향목 뒤에서 자주 소변을 봤다. 그런데 내은덕이 오줌을 누다가 고개를 드니 나뭇가지에 검은 물체가 대롱대롱 매달려 있는 게 아닌가. 불로 지져서 죽인 흉측한 모양의 작서灼鼠(불에 지진 쥐)였다. 갑자기 두려워진 내은덕은 치마를 올려 입고 재빨리 동산을 내려왔다.

그런데 작서를 본 사람은 내은덕만이 아니었다. 이튿날 세자궁의 시녀 은금銀今도 소변을 보려고 동산의 당향목에 갔다가 죽은 쥐를 보았다. 은금은 그때 상황을 이렇게 진술했다.

"지난 2월 26일 오후 소변을 보기 위해 세자궁 북쪽 동산 당향목 아래로 갔습니다. 소변을 보면서 올려다봤더니 삼끈에다 죽은 쥐를 묶어 나뭇가지에 매달아놓은 것이 보였습니다. 거기에는 진어眞魚의 머리통과 수청목이 함께 매달려 있었습니다. 또 무수리 현비玄非도 소변을 보기 위해 그곳에 갔다가 봤다고 했습니다."(『중종실록』 22년 3월 24일)

은금은 궁궐의 감찰을 맡고 있었다. 궁에서 발생한 일들을 상궁尙宮과 아지阿之(궁중 유모)에게 보고하는 것이 그녀의 임무였다. 은금은 또 다른 감찰 시녀 중월을 데리고 당향목에 다시 가보았다. 가지 끝에는 불에 그슬려 죽은 쥐만 매달려 있는 게 아니었다. 진어(준치)의 머리통과 수청목(물푸레나무)도 함께 묶인 채로 매달려 있었다. 흉측한 쥐와 함께 물푸레나무와 준치를 걸어둔 것은 무슨 이유일까. 준치와 물푸레나무는 치성을 드리거나 제사를 지낼 때 사용되었다. 물푸레나무는 마을굿에서 신장대(신이 내리는 장대)를 만드는 재료로 이용되고, 준치는 당집 입구에 매달아두기도 한다. 은금은 서둘러 쥐가 매달린 가지 끝을 휘어 잡았고, 중월은 삼끈을 풀어서 쥐의 상태를 확인했다.

중월은 참혹한 쥐의 상태를 "쥐의 꼬리는 반쯤 잘렸고 주둥이는 불로 지져 있었습니다. 두 귀, 두 눈, 네발도 모두 불에 지져 있었습니다"라고 묘사했다. 쥐의 꼬리를 자르고 눈과 귀, 그리고 발까지 잔혹하게 불에 지져서 죽였던 것이다. 궁녀들이 쥐를 잡기도 어렵거니와 잔인하게 불로 지진다는 것은 더 힘든 일이다. 누가 이런 해괴한 짓을 했을까. 그런데 흉측한 쥐를 본 나인들은 이구동성으로 "저것은 필시 액땜하려는 짓이다"라고 수군거렸다. 다른 사람을 해하려는 저주가 아니라 자신에게 다가올 액을 물리치기 위해서 미리 가벼운 곤란을 겪는 액땜 관습이라는 것이었다.

하지만 중월은 이를 세자에 대한 저주로 여겼다. 죽은 쥐가 걸린 2월 25일은 세자의 생일이었다. 쥐가 매달린 당향목의 위치도 방위로 따지면 세자가 태어난 생년과 일치했다. 중월은 불에 그슬려 끔찍하게 죽은 쥐에서 세자를 연상했다. 즉시 달려가 상궁에게 보고하자 대비전(중종의 어머니 정현왕후)에게 전해졌다. 곧 정현왕후의 지시에 따라 동산으로 통행하는 문이 굳게 닫혔다.

🔲 어머니가 없는 세자

조선 궁궐에서는 세자를 저주하는 사건이 자주 발생했다. 이런 저주 사건의 대부분은 궁궐의 지하 혹은 침실 아래에 더러운 저주물을 보이지 않게 묻는 것이었다. 세자에게 나쁜 기운을 은밀히 접촉시키게 하려면 이런 저주 방식이 효과적이었다. 세자궁 근처 동산에다 죽은 쥐를 매달아 세자를 저주한다는 방법은 납득하기 어려웠다. 더욱이 궁녀들이 소변을 보는 장소에다 죽은 쥐를 매달았고, 궁녀들은 소변을 보다가 작서를 발견했다. 의도적으로 궁녀들에게 보이고자 작서를 매어둔 것이 확실했다. 그렇다면 이것은 궁녀들 사이에서 일어난 주술 관습으로 보는 게 맞다. 하지만 작서 사건은 정치적으로 이용되면서 엉뚱한 방향으로 흘러갔다.

조정에서 작서 사건이 불거진 때는 사건 발생일로부터 한 달이 지난 3월 22일이었다. 정현왕후와 중종에게는 이미 보고가 되었으나 조용히 지나가기를 원했던 것이다. 하지만 세자의 외조부인 윤여필尹汝弼은 이 사건을 그대로 지켜볼 수 없었다. 중종반정(1506)에 참여한 윤여필은 아들 윤임과 함께 조선 중기의 정국을 주도한 외척 세력이다. 딸 장경왕후는 후궁으로 궁궐에 들어왔다가 단경왕후가 폐위됨으로써 첫째 계비에 올랐다. 장경왕후는 1515년 원자를 낳았으나 산후병을 이기지 못한 채 숨지고 말았다. 다시 단경왕후를 복위시켜야 한다는 논란에도 불구하고 중종은 둘째 계비인 문정왕후와 혼례를 치렀다.

윤여필은 어머니가 없는 어린 세자를 생각하면 좌불안석이었다. 만약 문정왕후가 아들을 출산한다면 훗날의 왕권이 바뀔지 몰랐다. 그 와중에 세자를 저주하는 것으로 보이는 작서 사건이 발생했다. 윤여필은 좌의정 심정沈貞과 우의정 이유청李惟淸으로 하여금 이 문제를 공론화시키도록 했다. 1527년(중종 22) 3월 22일, 이유청과 심정을 비롯한 대신들이 중종에게 면대面對를 청했다. 심정은 반드시 이 사건의 범인을 색출해야 한다고 주장했다.

"동궁에 모후母后가 없으면 으레 이런 괴변이 있었습니다. 이보다 더 경악스러운 일이 어디 있겠습니까. 이는 내간內間의 일이므로 밖에서 추문推問하자고 청할 수가 없습니다. 내간에서 자체로 추문하여 범인을 색출해야 합니다."(『중종실록』 22년 3월 22일)

내간은 궁궐 여성들이 생활하는 사회를 뜻한다. 심정은 궁궐 내간에서 발생한 저주 사건이므로 대비와 왕이 나서서 해결해야 한다고 촉구했다. 중종이 미적거리는 태도를 취하자, 심정이 강하게 밀어붙였다.

"세자 생신날에 죽은 쥐를 가져다 사지를 찢어 불에 지진 다음, 세자의 침실 창문 밖에다 매달아놓았다고 합니다. 그런데 이달 초하룻날 또 그랬다고 합니다. 조금이라도 의심이 가는 사람이 있으면 숨기지 말고 치죄治罪해야 할 것입니다."

저주 사건은 공포를 낳고 의혹을 확산시켰다. 급기야 사실과 다른 소문까지 횡행했다. 불에 지져진 쥐가 세자의 침실 창문 밖에 걸렸다는 것은 헛소문이었다.

중종은 세자궁에 이 사건을 물어보겠다며 면대를 마친 후에 곧 정현왕후의 뜻을 대신들에게 전달했다. 정현왕후는 증거가 없는 일로 궁궐 내에서 옥사獄事를 일으킬 수 없다고 했다. 이 저주 사건을 캐다보면 죄 없는 궁녀들이 목숨을 잃을 게 뻔했다.

중종은 작서 사건을 익명서匿名書 사건으로 취급하면서 범인을 잡으려 하지 않았다. 익명서 사건은 자신의 이름을 감추고 국가의 실정失政을 지적하거나 남을 비난하는 사건이었다. 익명서 사건이 가장 많이 발생한 것은 중종 대였다.[3] 중종은 익명서 사건을 가능한 한 불문에 부치고자 했다. 반정을 통해 왕위에 오른 그는 권력 기반이 취약하거니와 연산군 때 익명서 사건으로 수많은 신하가 옥사를 당했던 전철을 밟지 않기 위해서였다. 하지만 익명서 사건과 같다고 말하는 중종에게는 또 다른 이유가 있었다. 중종은 신하들이 작서 사건을 파헤쳐 국청鞫廳에 올리고자 하는 후궁이 누구인지를 잘 알고 있었기 때문이다.

작서 사건에 대한 중종의 미온적 대응은 모든 관원이 벌떼처럼 달려들어 심문을 요구하게 만들었다. 동궁을 보호해야 한다는 여론에 힘을 실어준 결과가 된 것이다. 사헌부와 사간원도 모두 범인을 색출할 것을 요청했고, 세자의 측근들도 중종을 찾아와 아뢰었다. 그때까지도 중종이 꿈쩍하지 않자 우의정 심정은 대신들의 의견을 모아 전달하기도 했다. 여론이 점점 악화되자 중종도 어쩔 수 없이 일단 궁녀들에 대한 국문만을 허가했다.

네발이 잘린 쥐의 발견

내은덕을 비롯해 은금, 현비, 중월 등이 심문 대상이 되었다. 이들은 죽은 쥐를 발견하여 보고했던 궁녀들로, 이미 내간에서 한 차례 조사를 받은 후였다. 중월을 심문하는 과정에서 또 하나의 작서 사건이 드러났다. 그런데 그 작서 사건은 공교롭게도 임금의 침실 앞에서 일어났다. 중월은 이렇게 진술했다.

"이달 초하룻날에 대전大殿의 침실 곡란曲欄 아래에 네발과 꼬리가 끊기고 불에 지져진 쥐가 버려져 있었습니다. 대전의 시녀들이 세자궁으로 가져와 보이면서 '처음에는 생기生氣가 있었지만 가지고 오는 사이에 죽었다'고 했습니다. 시녀들이 모두 보고 나서 '필시 앞서 쥐를 매단 사람의 짓일 것이다'라고 했습니다."

임금이 일상적으로 생활하는 강녕전에서 작서가 발견되었다
는 증언이다. 강녕전에 불에 지져진 쥐가 버려졌다면 이것은 세자
가 아닌 왕을 겨냥한 저주 사건이란 말인가. 중월의 진술이 사실
이라면 이 사건은 반역죄로 다스려야 했다. 그런데 사실 최초로
이 쥐를 발견한 사람은 다름 아닌 중종이었다. 당시 쥐는 지져지
거나 다리가 잘린 상태가 아니었으니 중종은 예삿일로 치부하고
넘겼다.

3월 초하룻날 오후에 중종은 남고란南高欄(건물 끝이 굽은 남쪽
난간)으로 가서 경빈 박씨가 올린 세숫물로 세수를 했다. 세수를
마친 중종이 난간 아래를 살펴보니 쥐가 납작 엎드려 있는 것이
아닌가. 중종은 섬돌 사이의 벌어진 틈으로 쥐구멍이 생긴 것이
겠거니 여겨 대수롭지 않게 생각했다. 중종이 "이곳에 쥐가 있다"
라고 말하자 경빈 박씨와 안씨 등이 몰려갔다. 중종은 쥐를 가져
다 버리라고 명한 뒤 곧 공사청公事廳(내시가 근무하는 곳)으로 나
갔다.

이 쥐는 살아 있었지만 힘이 빠졌는지 움직이지 못했다. 처음
에는 시녀 김씨가 치마로 덮어 싸서 서쪽 뜰에다 버렸다. 한데 뜰
에 쥐가 있으면 솔개가 날아와 낚아챌 수 있었다. 그래서 시녀 돈
일頓逸은 움직이지 못하는 쥐를 종이로 싼 뒤에 세수간에서 일하
는 수모手母 종가이從加伊로 하여금 수구水口에다 버리라고 시켰다.
그때까지만 해도 쥐는 흉측한 상태가 아니었다.

그런데 이 쥐는 집쥐가 아니라 사향麝香쥐였다. 사향쥐는 사향

노루처럼 특이한 냄새를 풍기기에 금방 식별할 수 있었다. 물가에 사는 사향쥐가 궁궐 내에서 발견되는 것은 이상한 일이었다. 쥐를 버리고 돌아오다 종가이는 소주방燒廚房(음식을 만드는 곳) 앞에서 시녀 금비金非와 무수리 오비吳非 등의 일행과 마주쳤다. 오비가 종가이에게 물었다.

"무슨 일 때문에 다녀오니?"

"침실의 시녀가 쥐를 버리라고 시켜서 다녀오는 길이야."

"그거 무슨 쥐였니?"

"여우 냄새가 나는 걸 보니 사향쥐 같아."(『중종실록』 22년 4월 3일)

사향쥐란 얘기를 들은 오비와 금비 등은 종가이로 하여금 다시 그 쥐를 가져오게 했다. 오비와 금비는 왜 버린 쥐를 다시 가져오라고 시켰을까? 종가이가 오비에게 쥐를 넘겨줄 때만 해도 이상 징후는 발견되지 않았다. 종가이는 "오비가 나에게 (쥐를) 도로 가져오라고 했습니다. 그래서 저는 즉시 가져다가 금비에게 준 뒤 세수간으로 돌아갔습니다"라고 진술했고, 오비는 "그 쥐를 도로 가져오라고 하여 금비에게 주었습니다. 금비가 손으로 쥐를 받았을 때 등만 보였을 뿐이고, 이를 소주방으로 들고 갔습니다"라고 했다. 종가이와 오비의 진술대로라면 쥐를 도로 가져왔을 때까지 이상한 낌새는 없었던 것이다.

그런데 이 과정에 대한 진술이 서로 어긋났다. 종가이의 증언과 달리 칠금과 금비는 종가이가 가져온 쥐의 네발이 끊어져 있었다고 진술했다. 칠금은 네발이 끊어진 쥐를 보고 황당하게 여겼다고 답했다.

"그 쥐를 도로 가져오게 하여 시녀 금비가 손으로 받아 보았고 저도 보았습니다. 그랬더니 네발이 끊어져 있었으므로 황당하게 여겨 자세히 보려 할 즈음, 시녀 향이가 와서는 무슨 일이냐고 묻기에 시녀 금비가 쥐라고 대답했습니다. 향이가 와 보고 '황당하기 짝이 없구나' 하며 침실 쪽으로 가져갔습니다."

칠금의 말대로라면 종가이가 범인일 가능성이 높았다. 하지만 수구에 쥐를 버린 그 짧은 시간에 종가이가 쥐의 네발을 모두 끊을 수 있겠는가. 시녀들 가운데 실로 의심스런 인물은 금비와 오비였다. 종가이로 하여금 사향쥐를 다시 가져오라고 시킨 데에는 특별한 이유가 있었기 때문이다. 하지만 금비와 오비에 대한 더 강한 심문은 이뤄지지 않았다. 향이는 잔인하게 죽은 쥐를 고란에 두었다가 안씨를 불러서 함께 보았다. 그런 뒤 이 황당한 사실을 즉시 중궁전과 대비전에 알렸다.

대전의 침실에서 사지가 찢긴 쥐가 발견되었다는 사실을 들은 심정은 중종을 다시 압박했다. 심정은 성종 때 일어난 저주상자 배달 사건을 환기시켰다. 왕비와 후궁들 사이에서 벌어진 저주는 결국 참혹한 숙청으로 이어졌다. 심정은 성종 때의 일을 되짚음으로써 작서 사건에도 다름 아닌 후궁들이 연루되어 있다는 뜻을 내비쳤다. 그는 왕이 후궁에게 은혜를 베풀었다가 참사를 당하기 전에 미리 싹을 잘라야 한다는 본심을 드러냈다.

세자 시강원侍講院(세자의 교육을 맡은 기관)의 황사우黄士祐는 상소를 올려 중종이 장杖 한 대 때리지 않고 말로만 힐문한다며 지적했다. 황사우는 희대의 모사꾼인 김안로金安老와 한패가 되어 어머니가 없는 동궁을 보호한다는 구실로 정적을 제거하는 일들을 도모한 자였다. 황사우는 중종을 대놓고 비판했다. 중종이 이미 범인을 알면서도 죄주지 않는다고 말했다. 옛사람이 "나쁜 줄 알면서도 버리지 않으면 아예 무식한 것만도 못하다"고 했다는 말까지 들어가며 도를 넘는 표현을 썼다. 간사한 사람이 내전內殿에 있어 요사스런 모의를 하고 있을지도 모르는데 진상을 규명하지 않는다면 또 다른 무함이 벌어질 것이라 덧붙였다. '요사스런 모의를 하는 내전'은 경빈 박씨를 가리키는 것이었다. 직제학 임권任權, 대사헌 손중돈孫仲暾, 대사간 임추任樞 등도 깊숙한 내전에서 사건의 단서가 드러났다며, 화의 씨앗을 영원히 단절시켜야 한다는 상소를 줄줄이 올렸다.

▨ 조강지처와 경빈 박씨

중종은 후궁들의 일을 대신들에게 숨길 게 뭐가 있냐며 솔직하게 털어놓았다. 왕비와 후궁, 그리고 세자가 서로 화목한 관계를 유지하고 있으므로 후궁 가운데 누구라도 세자를 저주할 이유가 없다고 했다.

"지금 왕비(문정왕후)는 세자를 지극히 도탑게 키우고 있고, 또 장경왕후는 살았을 적에 비빈들을 후하게 대접했으므로 사람들이 잊지 못하고 있다. 장경왕후는 아들이 없었을 때 박빈朴嬪(경빈 박씨)이 복성군을 낳자 친자식처럼 돌보았다. 그래서 장경왕후가 죽은 뒤에도 그 후한 은혜를 잊지 못하여 갓의 수식修飾을 손수 만들어주었던 사실은 모두 알고 있는 바다. 궁궐 안의 모두가 세자의 현명함에 칭찬을 아끼지 않고 있는데, 어찌 세자를 해치려는 마음을 품을 수 있겠는가."(『중종실록』 22년 4월 3일)

중종은 경빈 박씨가 갓의 수식을 만들어 세자에게 주려고 하자 이를 하지 못하게 막았다. 왜냐하면 경빈 박씨와 세자의 정다운 관계가 되레 다른 후궁들의 시기와 질투를 불러일으킬 수 있기 때문이었다. 그는 죽은 장경왕후, 그리고 지금의 왕비인 문정왕후, 후궁인 경빈 박씨 등이 모두 화목한 관계를 유지하고 있는 것으로 믿고 싶었다. 그 사이에서 세자도 무난히 왕위를 계승하리라 생각했다. 하지만 현실은 중종의 믿음과 달랐다. 왕비가 되고자 했지만 탈락했던 경빈 박씨, 그리고 그의 아들 복성군은 동궁에게 위협적인 존재였다. 복성군은 중종이 낳은 장남으로 세자보다 여섯 살이 많은 건장한 청년이었다.

중종이 반정으로 왕위에 오르면서 불안한 정국이 예견되었다. 중종은 왕좌에 앉는 대가로 조강지처였던 단경왕후 신씨를 버려야 했다. 신씨는 좌의정 신수근愼守勤의 딸이었다. 신수근의 누이는 연산군의 왕비였는데, 신수근은 자신의 딸을 진성대군(훗날 중종)에게도 시집보냈다. 이렇게 얽히고설킨 사돈관계가 화근이었다. 박원종, 유순정, 성희안이 연산군을 몰아내려고 반정을 모의하고 있을 때 우의정 강구손을 시켜 신수근의 생각을 떠봤다. 신수근은 이렇게 말했다.

"매부를 폐하고, 사위를 세우는 것이니 나는 말할 수가 없소."

만약 신수근이 사위인 진성대군을 택했다면 죽임을 당하지는 않았을 것이다. 반정이 일어난 후에 신수근은 칼을 맞고 숨졌다. 그런데 아비인 신수근이 죽임을 당하자 다시 그 험한 세파는 딸에게 밀려갔다. 반정 공신들은 아버지를 죽였으니 딸이 왕비로 있는 한 어떤 보복을 당할지 모를 일이었다. 그리하여 왕비가 된 신씨를 폐위시키자고 주청했다.

젊었을 적부터 부부는 원앙처럼 애정이 깊었다. 백척간두의 위기를 극복하면서 부부의 애정은 심해深海처럼 깊어져갔다. 중종은 반정이 일어나던 날을 잊을 수 없었다. 반정을 일으킨 군사들이 중종의 집을 에워싸자 중종은 자결하려고 했다. 중종을 왕으로 옹립하기 위해 보호하고자 한 것인데 미처 그 사실을 몰랐던 것이다. 현명한 부인 신씨는 이런 중종의 소매를 붙잡고 말리며 간청했다.

"군사의 말 머리가 이 궁을 향해 있으면 우리 부부가 죽지 않고 무엇을 기다리겠습니까. 허나 말 꼬리가 궁을 향하고, 말 머리가 밖을 향해 있다면 반드시 공자를 호위하려는 뜻입니다. 알고 난 뒤에 죽어도 늦지 않습니다."(『연려실기술』 중종조 고사본말)

바깥을 살펴보게 했더니 과연 말 머리가 밖을 향해 있었다. 현명한 신씨는 연산군이 쫓겨나는 과정에서 자신의 아비가 죽임을 당할 것을 잘 알았다. 그럼에도 중종의 자결을 막아내고 왕위에 오르게 한 조강지처가 바로 신씨였다. 이런 부인을 향한 중종의 사랑은 말로 다 표현할 수 없는 것이었다. 공신들이 신씨를 빨리 내치라고 주장하자 그는 이렇게 대답했다.

"아뢴 일이 매우 당연하나 조강지처를 어찌하겠는가."

사랑하는 조강지처를 살려달라는 간청이었다. 하지만 왕위를 둘러싼 싸움에선 사랑도, 눈물도 용인되지 않았다. 공신들의 압력에 무릎을 꿇은 중종은 결국 신씨를 폐비시키고, 별궁으로 보내고 말았다. 그러나 신씨가 살아 있는 한 과거는 잊히지 않고 되살아났다. 후궁이었던 숙의 윤씨가 계비로 책봉되었으나 세자를 낳은 직후에 숨을 거두자 신씨를 복위시키자는 주장이 거세게 일어났다. 하지만 중종은 냉철하게 대응하며 이러한 시도를 통렬히 꾸짖었다. 신씨의 복위를 주장했던 박상과 김정을 멀리 귀양 보냈다. 신씨 복위 문제는 이렇게 일단락되었지만 누구를 계비로 책봉할 것인가는 해결되지 않았다.

계비 자리가 불안한 상황에서 장경왕후의 예를 거론하면서 계비로 책봉되기를 기도했던 인물이 바로 경빈 박씨였다. 중종도 전례에 따라 후궁 중에서 가장 총애했던 경빈 박씨를 계비로 책봉하려 했다. 하지만 좌의정 정광필鄭光弼의 강한 반대에 부딪혔다. 정광필은 사리가 밝고 소신 있는 인물이었다. 그는 "국본國本은 이미 정해졌다"며 후궁 중에서 계비를 책봉하려는 시도를 반대했다.

국본은 장경왕후가 낳은 원자였다. 경빈 박씨가 계비가 되면 복성군과 죽은 장경왕후가 낳은 세자의 운명이 바뀔 수 있었다. 중종이 정광필의 뜻에 따라 경빈 박씨를 포기하고 새로 간택한 젊은 계비가 문정왕후였다. 경빈 박씨 입장에서 이는 억울한 일이었다. 후궁이었다가 계비가 된 장경왕후의 사례도 그러하거니와 중종의 어머니인 정현왕후 윤씨 역시 숙의淑儀에서 계비로 책봉되었기 때문이다.

경빈 박씨는 후궁 가운데 중종의 사랑을 독차지했다. 그래서
인지 거만하고 뇌물을 좋아하는 등 행실이 좋지 않았다. 권력욕
이 대단한 그녀를 보는 주변 시선도 곱지 않았다. 대신들의 견제
를 받아 계비가 되지 못한 그녀에게는 복수의 씨앗이 자라고 있
었다. 작서 사건이 발생했을 때 정적政敵들은 경빈 박씨와 복성군
을 제거할 수 있는 호기라 여겼다. 작서 사건은 두 사람을 저주의
함정에 빠뜨리기 좋은 사건이었다.

▨ 쥐를 지지는 액땜 풍속

작서 사건을 반전시킬 만한 사건이 연이어 발생했다. 먼저 궁
궐의 문안비자問安婢子 천비千非가 평시서平市署(시장과 물가 등을 담
당하던 관청)의 우물에 빠져 죽은 사건이 일어났다. 그런데 천비
는 환부環符(고리 모양의 부신符信)를 차고 있었다. 부신은 조선의
관청에서 발행한 신표信標의 일종이다. 신표는 두 조각으로 나누
어 서로 하나씩 보관했다가 뒷날 이를 맞추어 증거로 삼는 패찰
이었다. 천비가 환부를 들고 있었다면 공무를 행하는 중이었을
텐데 무슨 까닭으로 우물에 빠져 죽은 것일까. 더욱이 이 사건
은 대신들이 급히 중종에게 면대를 청한 다음 날 발생했다. 정광
필, 이유청, 심정을 비롯한 대신들은 천비 사건이 작서 사건과 깊
이 연관되어 있을 거라 믿었다. 대신들은 이 사건을 형조에서 조
사하는 것이 마땅하지 않다며 의금부로 넘겨야 한다고 주장했다.
그만큼 사건이 위중하다는 뜻이었다.

조선시대에는 이런 사건이 발생하면 가까운 이웃 중 세 집을

증인으로 삼았다. 경우에 따라서는 연대 책임도 졌다. 이를 '삼절린三切隣'이라 한다. 삼절린은 천비가 쌀을 훔치다가 주인에게 걸려서 매를 맞았다고 했다. 화가 난 천비가 스스로 샘에 빠졌다고 증언했다. 중종은 삼절린의 증언이 명백하다며 이를 단순한 자살 사건으로 보고 불문에 부치려고 했다. 하지만 매를 맞았다고 자살한다는 것은 이해가 되지 않는 대목이었다. 한편 이 사건에 복성군 휘하의 종과 궁궐의 나인도 연루되어 있어 석연치 않았다. 홍문관弘文館에서는 천비가 샘에 빠져 죽은 사건이 작서 사건과 연관되어 의심된다는 상소를 올렸다. 천비는 작서 사건에 연루된 누군가에 의하여 살해를 당한 것일까.

천비의 사건은 중종의 태도를 바꾸어놓았다. 그동안 중종은 범인을 색출하라는 상소가 빗발쳤음에도 허락하지 않던 터였다. 하지만 이 사건이 발생한 후부터 중종은 형장刑杖을 가하는 심문을 시켰다. 경빈 박씨의 종인 범덕凡德을 비롯해 잔심부름을 하던 방자房子 일곱 명이 그 대상이었다. 중종은 방자들이 침실을 출입했으므로, 쥐를 잡아서 지질 적에 모를 리 없다면서 강한 심문을 명한 것이다.

하지만 이런 형신刑訊은 애꿎기가 이를 데 없었다. 방자는 궁궐에서 아래 일을 맡고 있는 비자婢子에 불과했다. 진술이 서로 어긋나 강력한 심문을 받아야 했던 궁녀들은 오히려 그 대상에서 제외되었다. 중종은 마지못해 힘 있는 궁녀들은 제외하는 대신 잡일을 하는 비자들을 국문장에 올린 것이다. 특히 범덕은 경빈 박씨의 하인이라는 이유로 모진 형장을 받았다.

방자들에게 수차례 형장이 가해지고 있을 때였다. 사건의 결정적 단서가 될 만한 고발이 들어왔다. 사옹원司饔院(궁중의 음식과 식기 등을 담당하는 기관)에 속한 장인들이 승정원을 찾아와서 이렇게 말했다.

"쥐를 잡아가지고 궁내로 들어간 사람을 임금께 아뢰려고 합니다."

승정원은 즉시 중종에게 보고했다. 하지만 중종도 이미 이 사건의 내막을 알고 있었다. 중종은 궐 밖으로 사람을 풀어 제보를 받던 중이었으며, 용의자들을 심문하여 공초를 받고 있었다. 쥐를 잡아달라고 부탁한 사람은 안상궁安尙宮 밑에서 일하던 계집종 은이銀伊였다. 은이는 무엇 때문에 쥐를 잡아달라고 부탁한 것일까. 대전과 세자궁의 작서 사건에 쓰일 쥐가 필요했던 것일까.

하지만 은이가 작서 사건의 범인은 아니었다. 은이에게 쥐가 필요했던 이유는 다른 데 있었다. 궐내에 도난 사고가 발생했는데 시녀들이 은이를 도둑으로 몰았다. 억울하고 화가 난 은이는 액땜을 해야겠다고 다짐했다.

"나를 도둑으로 여기는구나. 이렇게 억울한 일이 어디 있는가. 액땜을 해야겠다."(『중종실록』 22년 4월 10일)

값비싼 물건이 많은 궁궐에서는 도난 사건이 잦았고, 하녀들이 누명을 쓰는 일도 숱했다. 그리하여 억울한 일이 닥치면 액땜을 했다. 액땜은 주술적 처방으로서 재앙을 물리치고 불행을 예방하는 일이었다.

조선시대에는 인형을 만들어 길가에 버리는 액땜 풍속이 유행했다. 이를 타추희打鄒戲라고 한다. 액년厄年(액이 돌아오는 해)을 당한 사람이 자신의 성명과 출생 시기를 적고, 머리에 동전을 넣은 인형(제웅 혹은 처용이라 부른다)을 만들어둔다. 정월 대보름이 돌아오면 마을 아이들이 집집마다 돌면서 이런 인형을 받아서 파헤친 뒤 돈만 꺼내 가지고 길에다 버렸다. 이것은 자신의 액운을 떨쳐버리는 풍속이었다. 궁궐 내에서는 궁녀들이 쥐를 잡아 잔인하게 죽여 액땜을 하는 관습이 유행했다. 그리하여 세자의 생일에 불에 지져진 쥐가 당향목에 걸렸을 때 이를 본 궁녀들이 "저것은 필시 액땜하려는 짓이다"라고 말한 것이다. 물에 빠져 죽은 천비도 도둑으로 몰리자 쥐를 잡아 액땜을 했을 수 있다. 그런데 이행위는 엄중한 시국에 작서 사건과 연결되어 충분히 파국을 일으킬 만했다. 천비는 화근의 씨앗으로서 희생되었을 가능성이 높다.

한편, 궁궐에서는 쥐 모습을 연출하는 액땜 풍속이 전래되었다. 이것은 어린 궁녀들이 입궐하면 섣달그믐에 치르는 통과의례였다.[4] 한 해의 마지막 날, 궁궐에서는 귀신을 쫓아내는 나례儺禮와 불꽃놀이를 하고, 처용무를 추는 등 여러 행사가 벌어졌다. 이날 어둠이 짙게 내리면 입궐한 어린 궁녀들을 뜰에 세운다. 궁녀는 마치 쥐처럼 다뤄진다. 입안에는 밀떡을 물리고, 마치 마스크를 쓴 것처럼 수건을 접어 삼실로 끈을 달아 귀에 걸게 한다. 그런 다음 젊은 내시들이 횃불을 들고 와서 궁녀들의 입을 지지는 흉내를 낸다. "쥐 부리 지져, 쥐 부리 글려" 하며 쥐의 입을 지지듯이 횃불을 궁녀의 입 가까이 대면서 위협했다. 어린 궁녀들은 소스라치게 놀라며 울부짖었다. 왕비 이하 후궁과 궁녀들은 이를 멀리서 구경했다. 어린 궁녀들에게 말조심을 시키는 의식이자 잡귀를 몰아내고자 한 관습이다. 이 행사는 내명부를 통해 전하는 액땜 관습이었다. 궁녀가 말을 잘못 꺼내면 궁궐에 커다란 화를 몰고 왔다. 이를 막기 위해 어린 궁녀들을 쥐처럼 여겨, 쥐의 입을 태우는 시늉을 하면서 입단속을 강화시키는 통과의례를 치른 것이다.

이처럼 쥐는 궁궐에서 액땜을 치르는 희생물이었다. 궁녀들은 쥐의 입을 지지고, 발과 꼬리를 끊는 주술적 의식을 통해 자신에게 오는 액운을 몰아냈다. 하지만 액땜은 때에 따라 저주로 해석되기도 했다. 쥐를 지져 죽이는 잔인하고 끔찍한 행위인 탓이다. 그리하여 자신의 액땜을 하고자 했건만 남을 해하려는 저주 사건의 소행으로 오해받을 수 있었다. 게다가 왕과 왕비가 생활하는 궁궐에서 쥐를 죽이는 행위는 자칫 흉악무도한 범죄로 여겨졌다. 그럼에도 위험을 무릅쓰고서 쥐를 제물로 삼아 자신의 액을 물리쳐야 하는 이유는 이것이 자신의 안전과 궁궐생활의 평온을 기원하는 종교적 행사였기 때문이다.

그런데 은이를 조사해보니 2월 14일에 이미 출궁한 사실이 밝혀졌다. 도난 사건에 연루되어 궁궐에서 쫓겨났던 것이다. 그녀가 내관內官(내시) 김귀인金貴仁에게 쥐를 잡아달라고 부탁한 날은 2월 10일이었다. 김귀인은 임금의 은그릇을 맡아보는 귀석과 함께 쥐를 잡아오는 일을 상의했지만 실행에 옮기지는 못한 사실이 밝혀졌다. 그렇다면 2월 25일 및 3월 1일에 발생한 작서 사건과 무관함이 증명된 셈이다. 또 결정적으로 은이는 이 일을 공개적으로 여러 시녀에게 스스럼없이 말한 바 있기 때문에 작서 사건과는 무관함이 입증되었다. 하지만 은이가 궁궐 내에서 요괴스런 사술邪術을 쓰려고 했으며, 김귀인이 쥐를 잡아서 들여보내려고 했던 사실은 용서받지 못했다. 정범正犯인 은이는 장 100대, 종범從犯인 김귀인은 장 70대의 처벌을 받았다.

🔳 인형에 참형을 저지르다

작서 사건은 세자를 저주하려는 사건으로 규정되었다. 사대부들까지 동궁東宮(세자)을 음해하는 세력으로 경빈 박씨 일파를 꼽았다. 저주 사건은 속성상 반드시 희생을 찾아 공격한다. 경빈 박씨가 희생되지 않는다면 작서 사건은 수그러들지 않을 터였다. 경빈 박씨는 자신의 발목에 걸린 올가미를 피하기 위해 애를 썼다. 분을 이기지 못하여 "사람들이 모두 나를 의심하고 있다"며, 주위에 욕설을 퍼붓기도 했다. 하지만 경빈 박씨의 무죄가 입증된다고 해도 이 사건에서 완전히 벗어나기는 어려웠다.

논란을 종식시킬 수 있는 인물은 궁궐의 최고 어른인 정현왕후였다. 처음에 정현왕후는 중종과 같이 작서 사건의 범인을 색출하는 데 반대해왔다. 그러던 정현왕후가 갑자기 태도를 바꿔 작서 사건의 배후자로 경빈 박씨가 의심된다고 했다. 경빈 박씨에게는 폭탄선언과 다름없었다. 정현왕후가 경빈 박씨를 의심한 이유는 "경빈이 오랫동안 (대전 근처에) 혼자 앉아 있었고, 그의 계집종 범덕이 두 번이나 뜰 밑을 왕래했다"는 것이었다. 경빈 박씨에게서 특별한 단서를 발견한 것은 아니었다.

초하룻날 경빈 박씨는 강녕전 대청의 남쪽에 있는 분합문分閤門 밖에 앉아 있었다. 나인들이 임금의 퇴선退膳(수라상에서 물려 낸 음식)을 먹으려고 모여들자 그녀는 동쪽 침실로 자리를 옮겼다. 경빈 박씨는 중종이 세수를 끝내면 자기 아버지 일에 대해 상의하려던 참이었다. 아버지가 위중한 터라 의원에 관해서 아뢰려고 할 때 중종이 갑자기 쥐를 발견한 것이다. 경빈 박씨가 강녕전 인근에 앉아 있었고, 범덕이 뜰을 왕래했지만 쥐를 잡아 해코지를 했다는 증거는 없었다. 당시 경빈 박씨는 아버지의 병환을 중종에게 알려 도움을 받고 싶어했다. 그렇다면 정현왕후는 확증도 없으면서 왜 경빈 박씨를 의심한 것일까.

이는 정현왕후가 궁녀들을 추문하는 과정에서 또 다른 사건이 발각되었기 때문이다. 혜순옹주의 계집종들이 인형을 만들어 참형을 저지른 사건이다. 혜순옹주는 경빈 박씨가 낳은 첫째 딸로 복성군의 여동생이었다. 이 인형 참형 사건에 놀란 정현왕후는 경빈 박씨가 작서 사건에도 연루되었을 것이라 의심했다. 정현왕후는 대신들에게 이렇게 말했다.

"지난 3월 28일 신시申時(오후 3~5시)에 경빈의 딸 혜순옹주의 계집종들이 인형을 만들어 참형에 처하는 일을 했다. '수레가 몇 대나 왔는가' '쥐 지진 일을 발설한 사람은 이렇게 죽이겠다' 하고서 온갖 저주를 하느라 매우 떠들썩했다고 한다. 나는 그 말을 듣고 그들을 추문했더니 자복한 사람도 있고 자복하지 않은 사람도 있었다."(『중종실록』 22년 4월 14일)

인형을 죽임으로써 사람에게 저주를 가하는 흑주술이었다. 흑주술은 주술을 악용하여 남을 해하거나 사회를 혼란시키는 술법이다. 참형을 당한 인형은 작서 사건에 관하여 언급하는 자들을 가리켰다. 혜순옹주의 여종들이 작서 사건의 범인으로 경빈 박씨를 지목한 자들을 저주하려고 한 것이다. 혜순옹주의 종들이 이런 저주를 했다면 경빈 박씨나 복성군까지도 꼼짝없이 작서 사건의 배후자로 걸려드는 셈이었다.

실제로 혜순옹주의 여종들은 송백당松柏堂 동쪽 뜰에 모여 인형을 만들어 흑주술을 저질렀다. 먼저 빗자루와 참나무로 인형을 만들고, 저고리를 입혔다. 이 인형을 죄인처럼 여겨 수레를 가지고 오라고 했다. 참형을 집행하는 과정을 실제처럼 연출한 것이다. 그리고 칼로 잔인하게 목을 벤 뒤 불에 태워 이리저리 끌고 다니면서 말했다.

"너희 가운데 이 인형처럼 될 사람은 누구인가."(『중종실록』 22년 4월 18일)

"자식과 족속들도 모두 이렇게 만들겠다."

또 불에 그슬린 작대기로 땅을 때리고 인형의 목을 찢으면서 저주했다.

"쥐의 일에 대해 말한 사람은 그 몸을 이 모양으로 찢겠다."

이 저주 사건이 발각되자 대신들은 경빈 박씨에 대한 책임과 처벌을 강력히 요구했다. 경빈 박씨와 혜순옹주의 시녀들에 대한 참혹한 형벌이 가해졌다. 혜순옹주의 종인 모이강, 자귀, 귀인과 함께 경빈 박씨의 시녀인 사비, 춘월, 덕복 등에게 일곱 차례의

형문이 가해졌다. 남자들도 죽음의 문턱을 오르내릴 만한 형신이었다. 작서 사건까지 뒤집어씌우려고 심하게 고문했음에도 그들은 끝까지 자복하지 않았다.

그러자 중종은 작서 사건과 인형 참형 사건을 별개로 다뤄 심문하자고 제안했다. 일종의 중재안이었다. 두 사건을 연결시켜 추문한다면 시녀들이 참형에 처해질 게 뻔한 자복을 절대로 하지 않을 것이기 때문이었다. 하지만 두 사건의 고리들은 이미 꿰어졌다. 심문을 했던 추관推官이 그들의 자복을 받지 못한다면 중종이 책임지고 죄를 주라고 청했다. 이즈음에서 경빈 박씨에게 벌을 주고 마무리를 짓자는 뜻이었다. 중종은 인형 참형 사건이 일어나자 앞서 경빈 박씨를 궁궐에서 내보냈다. 책임 소재를 이미 물었다고 생각한 중종은 추관의 제안을 거부했다. 중종은 경빈 박씨와 혜순옹주를 죽음으로 몰고 가기는 싫었다.

▨ 화의 씨앗을 없애소서

중종이 추관의 말을 따르지 않자 정광필과 이유청 등 주요 대신들이 찾아왔다. 경빈 박씨를 서인庶人으로 폐하고 복성군의 작호爵號를 삭탈하라는 요청이었다. 중종은 벌이 과하지만 그들의 목숨을 살려줄 수 있는 유일한 길이라 생각했다. 인형 참형 사건을 저지른 시녀들은 대죄를 받았다. 흑주술을 주도한 귀인은 수범首犯으로서 참형을 당했고, 공모했던 모이강과 금이는 장 100대의 벌을 받았다.

지금의 법정증거주의처럼 조선시대에도 증거에 입각하여 벌을

췄다. 증거가 없으면 문서를 작성하기 어려웠다. 그리하여 경빈 박씨를 폐하려는 공문서를 작성하던 승정원은 그 사유가 명확하지 않아 곤혹스러웠다. 중종이 말한 사유를 문서에 기록해야 승정원도 후환을 당하지 않을 수 있었다.

"(경빈을 폐하는) 구체적인 사연을 어떻게 만들면 좋을지를 여쭙니다."

경빈 박씨의 혐의를 부인해왔던 중종은 그 사유를 일러주지 않고 정현왕후에게 미뤘다.

"자전慈殿(정현왕후)의 전지傳旨(임금과 왕후의 뜻을 담은 글)에 따라 작성하도록 하라."

그러자 정현왕후는 경빈 박씨를 범인으로 의심했던 자신의 말을 부정하기 시작했다. 자신의 뜻을 근거 삼아 경빈 박씨를 서인으로 만들려고 하자 부담스러웠던 모양이다. 또 대간이 경빈 박씨에게 큰 벌을 주기를 열한 번이나 청하자 정현왕후는 태도를 완전히 바꾸었다. 자신의 뜻을 비망기備忘記(승지에게 전하는 문서)로서 중종에게 전달했다.

"대신들이 나에게 추문하기를 청했으므로 의심스런 단서를 대신에게 말한 것이다. 따라서 내가 정범正犯을 알았다고 확정지은 것은 아니다. 추문하면 실정을 알아낼 수 있을 것이라 여겼으나 추관이 알아내지 못했다. 지금 들건대 대간臺諫(사헌부와 사간원)이 내가 분명히 지적했다고 하던데, 내가 분명히 범인을 안다고 여기는 것인가."(『중종실록』 22년 4월 23일)

왕과 조정은 물론이고, 경빈 박씨와 복성군의 입장에서 황당한 내용이었다. 자신의 전지가 발단이 되어 경빈 박씨와 복성군이 처벌받게 되었음은 누구나 아는 사실이었다. 그런데 이제 와서 자신은 경빈 박씨를 범인으로 의심한 것도 아닐뿐더러 대신들이 추문을 청하기에 의심스런 단서를 이야기한 것뿐이라고 말하다니. 이렇게 단순한 의심으로 시작된 저주 사건은 터무니없는 결과를 낳게 마련이었다.

그럼에도 결국 경빈 박씨는 사제로 쫓겨나고, 복성군은 지위를 빼앗겼다. 하지만 경빈 박씨를 죄인으로 몰았던 대신들은 더 큰 처벌을 요구했다. 아예 화근을 잘라버리라는 상소가 수시로 중종에게 올라왔다. 그동안 경빈 박씨와 복성군을 내치라고 주장했던 시강원이 앞장섰다.

"예전의 명철한 임금은 사랑을 끊고, 법을 바루어 화란禍亂을 없애려고 했습니다. 끝까지 조처하지 않았을 적엔 뜻밖의 불측한 화를 면치 못했습니다. 궁 밖으로 내쫓고 작호만을 삭탈했을 뿐이니 화란을 불러들일 수 있습니다. 삼가 바라건대 종통宗統과 국본國本의 중대함을 생각하시고 대법에 의거하여 결단하시며, 의율擬律로 죄를 정하소서."

'의율'은 범죄의 조건과 행위가 있는 상황에서 법을 적용하는 것이다. 경빈 박씨의 죄가 드러나지 않았는데 의율을 할 수는 없는 법이었다. 게다가 대법에 의거하여 결단하라는 것은 경빈 박씨를 죽이라는 뜻이었다. 중종이 따르지 않자 대간이 대신들을 탄핵하고, 사직하기를 청하며 임금에게 압력을 행사했다. 자신들이 직분을 제대로 수행하지 못해 경빈 박씨를 죄주지 못했으므로 자리에서 물러나겠다는 것이었다.

대간은 말로 아뢰면 누설될 우려가 있기에 비밀 단자單子(이름과 물건의 품목 등을 적은 글)를 올렸다. 여기에는 그동안 숨겨왔던 신하들의 마음이 적나라하게 드러나 있었다.

"박씨는 분수에 넘치게 상上(임금)의 측근에 있으면서 화를 일으키려는 마음을 품었습니다. 권세가 넘쳐나 문 앞이 시장과 같았습니다. 이들은 서로 굳게 정으로 맺고, 나라 안팎에 뿌리를 박고 있습니다. 평소 전하를 가까이 모실 때 온순한 체하면서 몰래 세자를 해할 생각을 잠시도 잊지 않았으니 어찌 섬뜩하지 않을 수 있겠습니까. 그 세력이 조정에 뿌리를 박고 있으니 뒷날의 여지를 마련하는 것입니다. 혹시라도 전하께서 춘추가 많아지시고 경계하는 마음이 해이해져 다시 인연을 얻게 되면, 조정에 미치는 화를 차마 말할 수 있겠습니까."(『중종실록』 22년 4월 27일)

신하들이 경빈 박씨를 제거하려는 목적은 그녀의 권세에 있었다. 경빈 박씨는 권력과 뇌물을 좋아하고 분수에 넘치는 짓을 했다. 그리하여 그녀를 싫어하는 정적들이 조정에 그득했다. 경빈 박씨는 왕비가 되지 못했어도 중종의 사랑을 독차지했고, 문밖에는 줄을 대려는 사람들로 넘쳐났다. 게다가 건강하고 나이가 찬 아들, 복성군까지 있었다. 경빈 박씨와 복성군이 어린 세자를 몰아내고 권력을 차지할 수 있는 상황이 엄습할 가능성은 충분했다.

이때 동궁 근처에서 흉측한 쥐가 발견되었고, 대전에서도 불에 지져진 쥐가 나왔다. 경빈 박씨를 견제하던 세력들에게는 호기였다. 쥐를 불에 지져 액땜을 하는 궁궐의 풍속은 전혀 고려하지 않았다. 우습게도 저주 사건의 진정한 피해자는 저주의 대상자가 아니었다. 저주 대상자였던 세자가 이 작서 사건으로 입은 피해는 아무것도 없었다. 이 사건을 정치공학적으로 이용한 정적들에 의해서 내쫓긴 경빈 박씨와 관직이 삭탈된 복성군이 피해자라면 진정한 피해자다. 그런데 저주 사건은 이런 처벌로 끝나지 않았다. 대신들은 "화의 씨앗을 없애소서"라며 연이어 간청했다. 누군가가 죽어야 저주 사건은 종결된다. 경빈 박씨가 살아 있으므로 작서 사건은 끝난 게 아니었다.

중종 대
목패 저주 사건

시강원의 필선 조인규 등이 아뢰기를, "동궁 빈청의 발 위에 사람 머리 모양으로 만든 물건이 있었습니다. 전체를 종이로 바르고 머리, 눈, 코, 입을 새긴 목패를 달았습니다. 목패 양쪽 면에 모두 글씨가 쓰여 있는데, 한쪽에 석 줄씩 나눠 썼습니다. 모두가 흉역 凶逆스럽고 부도한 말로 입으로 형용할 수 없는 내용입니다."(『중종실록』 28년 5월 17일)

1519년 기묘사화를 일으킨 주역인 심정은 임기응변에 강하여 꾀주머니로 불렸다. 작서 사건이 일어났을 때 동궁 보호를 외치면서 경빈 박씨를 제거하는 데 앞장섰다. 심정의 권력은 영원할 것 같았다. 그런데 한낱 유생에 불과한 이종익李宗翼이 경빈 박씨로부터 심정이 뇌물을 받았다는 상소를 올렸다. 심정은 유배형에 처해졌다가 아들 심사순沈思順이 익명서 사건으로 누명을 쓰는 바람에 결국 사약을 마셔야 했다. 정국의 급격한 변화를 일으킨 배경에는 또 다른 모사꾼 김안로가 있었다. 유배지에서 고배를 마시던 김안로는 아들 김희와 심언광沈彦光의 도움을 받아 다시 조정에 돌아왔다. 김안로가 자신을 귀양 보내고, 서용에 반대했던 자들에게 복수의 칼을 휘두를 무렵 목패 사건이 발생했다. 세자와 신하들이 모여 있는 동궁의 빈청에 임금과 세자를 죽이겠다는 글을 적은 목패와 저주의 인형이 버젓이 걸렸다. 그런데 목패에는 한충보韓忠輔라는 인물이 이 사건을 저지른 범인이라고 쓰여 있었다. 알고 보니 이와 유사한 익명서 사건이 이미 두 건이나 발생한 터였다. 중종은 한충보에게 개인적 원한을 가진 인물이 일으킨 사건으로 보고 용의자들에 대한 수사를 진행시켰지만 신하들의 생각은 전혀 달랐다.

▨ 신기전을 쏘고 싶다

유생 이종익은 상소왕이다. 그는 사마시司馬試(생원진사시)에 합격한 생원이었다. 이종익은 상소로 조정에 널리 알려졌다가 상소로 인해 목이 잘려나갔다. 그는 자기가 옳다고 생각하는 바를 줄기차게 상소로 올렸다. 그는 유배형에 처해졌을 때도 상소를 올렸으며, 심지어 옥에 갇혀서도 상소를 올렸다. 사관史官은 이종익을 "사람됨이 경망하고 조급하여 자기의 어리석음을 옳다고 여겨 제 생각하는 바를 곧이곧대로 행함으로써 당시 일에 저촉되어 마침내 큰 죄를 받았다"고 평했다.(『중종실록』 27년 3월 26일) 사관

의 말처럼 이종익은 생각하는 바를 통쾌하고 직설적으로 말하다
가 죽었다.

이종익은 1529년(중종 24)에 개최된 과거시험에 부정이 만연했
다며 분개했다. 하급 관원이 마음대로 시험지의 봉함封緘을 열어
보았고, 시험지를 가지고 돌아다니면서 사사로이 먹으로 표시하
며 평가를 했다. 이를 본 이종익은 화가 나서 추궁하고 힐난했다.
결과적으로 생원 홍섬이 수석을 차지했고 이종익은 입격하지 못
했다. 그는 참시관參試官 심언광이 자신을 시기하고 미워한 탓에
등급을 억지로 낮췄다고 생각하고 상소를 올렸다. 과거시험의 마
지막 단계인 전시殿試로 나아가지 못한 이종익은 심언광뿐만 아니
라 조정에도 원한을 품었다. 사헌부가 조사한 바에 따르면, 이종
익은 벗들에게 보내는 편지에서 이런 말을 했다고 한다.

"요망한 귀신들이 대궐에 가득하니 신기전神機箭을 쏘아대고 싶
다."

신기전은 로켓형 화기火器다. 이는 신기전을 쏘아 대궐을 불바
다로 만들고 싶다는 저주였다. 중종은 당장 이종익을 의금부로
하옥하라는 명을 내렸다. 하지만 이종익의 저주는 여기서 그치
지 않았다. 잡혀온 이종익이 난데없이 폭탄 발언을 한 것이다.

"경빈 박씨가 서울에 있을 적에 남곤南袞, 이항李沆, 심정, 김극
핍金克愊의 집으로 각각 비단 다섯 필을 보냈습니다. 남곤만 받지
않고 그 나머지는 모두 받았습니다."(『중종실록』 25년 9월 28일)

한낱 유생이었던 이종익이 조정의 뒷담화를 직접 들을 수 있
었겠는가. 고양高陽에 갔다가 사마시 합격 동기였던 군수郡守 임계

중으로부터 이 이야기를 들은 터였다. 엄청난 말을 듣고서도 꾹 참고 있었던 이종익의 분노는 의금부로 잡혀오자 터지고 말았다. 남곤은 이미 죽었고, 이항과 김극핍은 죄를 얻어 물러났으니 궁지에 몰린 인물은 좌의정 심정이었다. 심정은 왕을 찾아가 뇌물을 받지 않았다며 하소연했다.

"신은 작서 사건을 듣고 그 일이 국본에 관계된 것이므로 제 몸을 잊고 아뢰었습니다. 신이 박씨의 뇌물을 받았다면 어찌 제 몸을 잊고서 아뢸 수 있겠습니까. 아뢴 뒤로는 박씨가 물건을 줄 리가 없습니다."

구설수에 올라 체면이 구겨진 심정은 세 번이나 사직을 청했다. 중종은 이종익이 사사로운 원한을 품어 터뜨린 말이라며 받아들이지 않았다. 하지만 그 뒤에 김안로의 일파인 대사헌 김근사金謹思와 대사간 권예權輗가 경빈 박씨의 뇌물 사건으로 심정을 논박했을 때 중종은 심정을 유배 보냈다. 중종도 일찍이 그의 행실에 대해 눈치를 챘던 것이다. 이 폭탄 발언을 한 이종익도 변방으로 유배를 당했다. 대죄로 논하자는 주장이 들끓었음에도 영의정 정광필이 이종익은 정상이 아닌 미치광이라며 선처를 호소한 까닭에 살아남았다. 상소를 올린 선비를 죽이는 일은 중종에게도 큰 부담이었기에 목숨만은 살려둔 것이다.

저주의 인과응보

심정은 정말로 경빈 박씨에게 뇌물을 받았을까. 작서 사건이 막 일어났을 때 심정은 동궁을 보호해야 한다며 경빈 박씨에게

혐의를 씌웠다. 그런데 막상 사건의 진상에 대한 조사가 시작되고 국문이 벌어지자 심정은 슬그머니 뒷자리로 물러났다. 경빈 박씨로부터 뇌물을 받고 이렇게 했는지는 알 수 없다. 그런데 경빈 박씨의 계집종에게 사심을 품어 그녀를 요구한 사실이 드러났다. 심정은 멀리 유배를 당했다가 결국에는 아들의 익명서 사건에 걸려들어 사약이 내려졌다.

심정은 1519년에 발생한 기묘사화己卯士禍의 주역이었다. 심정과 남곤, 홍경주洪景舟는 기묘사화를 일으켜 조광조를 비롯한 신진사류新進士類들을 대거 숙청시켰다. 남곤과 심정은 홍경주의 딸인 희빈 홍씨를 이용했다. 홍씨는 아침저녁으로 '온 나라 인심이 조씨에게 돌아갔다'고 중종에게 말하여 조광조와의 끈끈했던 관계를 균열시켰다. 또 궁궐 동산의 나뭇잎 위에 '주초위왕走肖爲王'이란 글자를 즙으로 묻혀두어 벌레들이 이를 갉아먹게 했다. '주초'를 합치면 곧 '조趙'가 되므로 이것은 조광조가 왕이 된다는 섬뜩한 뜻이었다. 궁녀를 시켜 이 잎을 따 중종에게 바치자 중종이 조광조를 미워했다.(『기묘록』 보유 권상) 이렇게 신진사류들을 저주했던 훈구 세력들은 무함으로 중종의 마음을 뒤흔들어놓았다가 기묘사화를 통해 그들을 제거하는 데 성공했다. 하지만 이로 인해 심정은 사림들에게 저주의 대상이 되었다.

심정은 임기응변에 강해 '꾀주머니'로 불렸고, 교활하며 아첨을 잘한다는 평가를 받았다. 그의 아우 심의沈義와는 우애가 돈독했다. 이조좌랑 심의는 형의 권세가 성하고 지위가 높아 논밭을 많이 가진 것이 달갑지 않았다. 어느 날 심의는 거짓 꿈 이야기로 형을 속여 논밭 문서를 받아냈다. 얼마 후에 심정은 동생이 자신을 속인 것을 알았지만 그냥 웃어넘겼다. 심의는 자리에서 일어나면서 형에게 말했다.

"형님의 꿈은 춘몽이니 믿을 것이 못 됩니다."

심정의 권세가 일장춘몽으로 사라질 것이라는 암시였다.

『기재잡기寄齋雜記』에는 이런 일화가 있다. 심의는 심정이 언젠가 큰 화를 입을 것을 두려워했다. 그럼에도 어리석은 형이 자신의 말을 듣지 않을 듯해 입을 다물고 말을 아꼈다. 하루는 심정의 집에 갔다가 쥐구멍을 보았다. 심의가 형에게 말했다.

"이 쥐구멍은 훗날 형님이 나가고 싶어도 나가지 못할 구멍입니다. 오늘 시험 삼아 한번 나가보는 것이 어떻습니까."

심정은 묵묵부답이었다. 권력욕이 과했던 심정은 이런 말을 이해할 수 없었다.

마침내 심정이 죄에 걸려 죽임을 당하자 심의는 울면서 말했다.

"쥐구멍은 저기 있는데 형은 어디로 갔는고."

저주는 죄와 벌의 순환 고리다. 저주의 가해자와 피해자는 인과응보로 맺어진다. 저주를 펼쳐 정권을 잡은 중종 시대의 권신權臣들은 다시 앙심을 품은 세력들에게 죽임을 당했다. 심정이 그 대표적인 인물이다. 저주로 남에게 죄를 씌워 벌을 주었지만 다음번에 자신도 똑같이 저주를 당했다. 심의가 말했던바 심정의 탐욕은 허황된 것이며, 권력은 덧없는 것이다. 다시 득세한 김안로 일파에 의해 심정은 경빈 박씨의 뇌물을 받았다는 혐의를 입고 유배를 당했다. 또 1531년(중종 26) 종루鍾樓에 조정과 왕을 모욕하는 익명서가 붙는 사건이 일어나자 김안로 일당은 심정의 아들인 심사순에게 누명을 씌웠다. 필체를 감정하기 위해 집을 수색하다가 책 표지에서 '남산에 올라 똥을 눈다'는 시가 발견되었다.(『기묘록』 속집 화매)

한 소리 뇌우가 천지를 흔드니　　　　　　一聲雷雨掀天地
향기는 장안 백만 집에 가득하도다　　　　香滿長安百萬家

중종은 조정을 경멸하는 듯한 이 시를 보고 분노했다. 이로 인해 심씨 집안은 파국을 맞았다. 심정은 사약을 마시고 죽었으며, 심사순은 모진 형벌을 받다가 죽었다. 심정은 사약을 마시기 전에 '원수 김안로'라고 뇌까렸지만 때는 이미 늦었다. 남을 저주하여 배척했던 꾀주머니도 인과응보에서 빠져나가지 못했다. 신씨 집안이 망했을 때 한 사관이 이렇게 언급했다.

"기묘의 화는 실상 심정이 공모한 것이다. 어찌 모략으로 선비들을 얽어서 일망타진한다는 말인가. 사손의 살이 썩기도 전에 심정이 죽임을 당하고, 사순이 매를 맞아 죽었으니, 한집안의 세 사람이 모두 좋지 못하게 죽었다. 어찌 악을 쌓은 응보가 아니리요. 천도天道가 옳게 돌아온 것이니 두려워할 만하도다."

심정의 또 다른 아들인 심사손沈思遜은 변방에 갔다가 야인들의 습격을 받고 죽었다. 선비들은 심씨 일가 세 명이 맞은 참혹한 결과는 심정이 뿌린 화의 씨앗이 재앙의 열매로 돌아온 것이라고 혹평했다. 권력에 눈이 멀어 저주를 일삼을 때 세력가들은 인과

응보를 예상하지 못한다. 이것이 저주가 되풀이되는 비극적 배경이다.

🎖️ 익명서와 목패

1533년(중종 28) 5월 12일, 사헌부 지평인 신거관愼居寬은 집에서 휴식을 취하고 있었다. 1525년 문과에 급제한 신거관은 젊은 엘리트였다. 그는 삼촌인 신극성의 집에 머물면서 출퇴근을 했는데, 하루는 하인들이 모두 밖으로 나가 집이 한적했다. 모처럼 편안히 쉬고 있던 그에게 어린 여자아이가 창문으로 단자單子 한 장을 넘겨줬다. 이 종이를 받아든 그는 경악을 금치 못했다. 임금과 세자, 그리고 왕비를 죽이겠다는 글이었다. 이 단자를 누구로부터 받았냐고 여자아이에게 물어봤더니 집 앞 길에서 어떤 사람이 건네주었다고, 글을 준 뒤에 곧바로 돌아가서 누군지는 잘 모르겠다고 답했다. 마침 좌랑 정대년鄭大年도 함께 있다가 이를 '익명서'라고 여겨 즉시 찢어버렸다. 대역무도大逆無道한 내용이라도 익명서는 조정에 알리지 않아야 했다.

익명서 사건. 조선시대에는 자신의 이름을 드러내지 않은 채로, 남의 비리를 들춰내는 편지를 보내거나 조정의 실정을 비판하는 대자보를 붙이는 사건들이 있었다. 언로가 통제되거나 전제정치가 지배하는 사회에서는 이런 방식이 유행한다. 그런데 익명서는 남을 저주하거나 모함하기 위한 것이 많았다. 그리하여 『경국대전』에서는 익명서가 비록 국사國事에 관계된 것일지라도 부자 사이에조차 말을 옮겨서는 안 되며, 즉시 불태울 것으로 규정하고 있다. 그럼에도 조정과 임금에게 알려지는 익명서 사건들이 비일비재했다. 연산군 대에는 익명서로 인해 환란이 일어났으며, 수많은 선비가 목숨을 잃었다.

중종 초기 익명서 사건은 논공행상에 불만을 품은 것이 많았다. 반정에 참여한 자들이 생각보다 공로를 크게 인정받지 못하자 불만을 품고 익명서 사건을 일으킨 것이다. 이후에는 훈구와 사림 간의 정치적 싸움으로 인해 익명서 사건이 발생했다. 발생 장소는 주로 대궐과 사헌부였다. 한편 중종 시기에는 남을 비방하는 익명서를 화살에 달아 쏘는 사건이 잦았다. 대궐 안에 직접 익명서를 붙이기 힘들기 때문에 먼 곳에서 화살로 쏘아 전달하는 방법을 택한 것이다.[5] 익명서는 자신을 철저히 감추되 비방하고 싶은 이야기가 널리 퍼지도록 해야 했다. 그리하여 세력가들이 몰려 있는 대궐과 감찰 행정을 맡고 있는 사헌부가 익명서 사건을 일으키기에 마땅한 장소가 되었다. 사헌부 관리인 신거관에게 익명서가 배달된 것도 이런 이유에서였다.

그런데 신거관 집의 투서에는 이상한 점이 있었다. 익명서에는 한충보와 노경종 등 10여 명이 아무 날에 한 것이라며 범인을 밝히고 있었다. 그렇다면 이것은 개인적인 원한 때문에 한충보와 노경종을 무함하려는 익명서라는 말인가. 익명서에 대한 의문이 꼬리에 꼬리를 물었지만 신거관은 사태를 관망할 수밖에 없었다. 신거관에게 보낸 익명서가 조정에 전달되지 않자 범인은 닷새 뒤에 더 대담한 일을 벌였다.

동궁의 빈청賓廳(신하들이 모여 회의를 하는 곳)에 왕과 세자를 저주하는 인형을 매단 것이다. 그날은 서연書筵을 열어 시강원의 선생들이 세자에게 강의를 하는 날이었다. '아침 강의朝講'를 끝내고 '오후 강의晝講'를 다시 시작할 무렵 빈청의 발 위에 무엇인가 걸려 있는 게 아닌가. 그것은 사람의 얼굴 모양으로 만든 나무 인형이었다. 나무에 종이를 발라서 눈, 코, 입, 귀와 머리카락을 그려넣은 기괴스런 인형이 목패에 매달려 있었다. 목패 양쪽 면에는 임금을 죽이겠다는 흉악한 내용을 썼다.

"이와 같이 세자의 몸을 능지陵遲할 것. 이와 같이 세자 부주父主의 몸을 교살할 것. 이와 같이 중궁을 참할 것. 5월 16일 병조의 서리 한충보 등 15인이 행한 일임."(『중종실록』 28년 5월 17일)

신하로서는 눈으로 보는 것조차 금해야 하는 글이었다. 세자를 능지처참하고, 임금과 왕비의 목을 베어 죽인다는 끔찍한 내용이었다. 마지막에는 범인의 성명을 스스럼없이 밝혀두었다. 신거관의 투서에 적힌 내용과 같았으니 동일범의 소행이었다. 하지만 신거관이 익명서를 조정에 알리지 않았던 터라 중종은 그 사실을 모르고 있었다.

시강원 필선弼善 조인규趙仁奎 등을 비롯해 서연에 참가했던 신하들이 즉시 임금을 찾았다. 임금과 세자를 저주하는 목패가 버젓이 동궁에 걸렸는데, 익명서로 치부하여 그냥 넘길 순 없었다.

병조의 서리 한충보

익명서 사건을 여러 차례 경험했던 중종이건만 이번 사건은 황당했다. 어떻게 왕과 세자, 그리고 왕비를 처참히 죽이겠다는 저

주의 목패가 버젓이 궁궐에 걸린다는 말인가. 그것도 신하들이 모여 강론을 하는 대낮의 동궁에서 말이다. 이것은 왕실을 향한 대범한 저주이며 공개적 모독이 아닐 수 없었다.

이 사건에 관해 보고를 받은 중종은 즉시 목패를 봉해서 들고 오게 했다. 대신들을 비롯해 의정부의 신하들과 의금부의 당상관들을 소집시켰다. 중종은 그 흉측한 목패를 내려줬다. 감히 볼 수 없는 내용이지만 누가 쓴 것인지 글씨체를 보이기 위해서였다. 그런데 목패는 물에 흥건히 젖어 있었다. 목패를 본 김근사는 "이 목패는 통판桶板인 것 같다"고 했다. 나무통을 제작하는 데 사용한 부재로 목패를 만들었다는 것이다. 중종은 목패에 '병조의 서리 한충보가 한 일'이라고 쓴 것에 대해 의심을 했다.

"이 목패를 보니 '병조의 서리 한충보가 한 일'이라 쓰여 있었다. 전일 승지들이 서문西門으로 들어올 적에 그 문에도 화살이 꽂혀 있었고, 역시 '병조 서리 한충보'라고 쓰여 있었다. 한충보를 미워하는 자가 그에게 죄를 받게 하기 위해 한 짓일 것이다. 이자를 잡아서 상세히 묻는다면 틀림없이 단서가 드러날 것이다."(『중종실록』 28년 5월 17일)

같은 내용의 글을 화살에 매달아 쏜 사건이 서문에서도 발생했다. 설령 한충보가 범인이 아니더라도 이 사건의 실마리는 확실했다. 서문에 화살로 쏜 익명서, 신거관의 삼촌 집에 보내온 익명서, 동궁에 걸린 목패. 이 세 사건 모두 한충보가 거론된 것으로 보아 동일범의 소행이었다. 중종은 병조의 서리胥吏(행정 실무를 보는 하급 관리) 가운데 실제로 한충보라는 자가 있는지를 파악해서 아뢰게 했다.

익명서에 기재된 대로 한충보는 병조에서 서리로 근무했다. 한충보가 실제 인물이라면 그에 대한 원한으로 범죄를 저질렀을 가능성이 높았다. 중종은 한충보를 빨리 잡아들여 '너를 미워하는 사람이 누구인지'를 심문하라고 다그쳤다. 심문을 해보니 주변에서 그를 미워하는 인물은 '한유손, 박장손, 이효진, 한세걸' 네 명으로 압축되었다. 하지만 한충보가 원한에 이끌려 자기가 평소 싫어하는 이들을 발설했을 수도 있었다. 정광필은 한충보의 공초를 올리면서 이 문제를 신중히 제기했다.

"한충보가 말한 사항이 매우 중요한 것은 아닙니다. 이런 혐의를 가지고 감히 그런 일을 저지를 수 있겠습니까."

처음에 정광필은 목패에 쓰인 글을 보고 탄식하면서 "혹시 정사政事를 할 적에 원망을 품은 사람이 이런 극단적인 짓을 한 게 아닐까"라고 말했었다. 정광필은 범인이 한충보에게 개인적 원망을 품은 자라기보다 조정과 정치에 원망을 품은 자라고 여겼다. 그러나 이 역시 추측에 불과했다. 조정과 정적에 대한 원한으로 벌인 일이라면 굳이 하급 관리에 불과한 '한충보'의 실명을 거론할 까닭이 없었기 때문이다. 조정과 임금을 비방하는 내용을 직접 적어 익명서로 보내는 것이 낫지 않은가.

한충보가 목패 사건의 범인이 아니라는 것은 확실했다. 범인이 익명서에 자신의 이름을 밝힐 리는 만무했다. 그럼에도 한충보는 흉측한 목패에 자신의 이름이 적힘으로써 이 사건에서 벗어날 퇴로가 없었다. 이래도 저래도 한충보는 사건을 해결하는 단서였기 때문이다. 그는 사건이 종결될 때까지 의금부에 갇히거나 종종 국문장으로 끌려나가야 했다. 이것만 해도 그에게는 엄청난 고초이자 억울한 일이었다.

▒ 돌아온 김안로

심정 세력을 제거한 뒤 정권을 잡은 인물은 김안로다. 당대의 사대부들은 김안로를 조정에서 가장 교활하고 악독한 자로 여겼다. 심정과 마찬가지로 김안로도 번번이 큰 옥사를 일으켜 많은 사대부를 처형시켰다. 김안로는 1506년(중종 1) 문과에 장원 급제하여 등용된 이후로 탄탄한 벼슬길을 걸었다. 아들 김희金 禧를 장경왕후의 딸인 효혜공주에게 장가보낸 이후 그의 권세는 더욱 막강해졌다. 그런데 1524년(중종 19)에 탄핵을 받고 귀양 가면서 그의 앞길은 막히게 되었다. 김안로는 자신을 멀리까지 유배 보낸 신하들을 원망하고 저주했다. 서용敍用(죄를 지었던 사람을 다시 등용)이 된다면 그들을 모두 죽이거나 쫓아내겠다며 앙심을 품었다.

김안로는 귀양살이하면서도 궁궐의 분위기를 살피고, 세도가와 결탁했다. 조정으로 돌아가기 위해 온갖 계책을 동원했다. 그러던 중 경빈 박씨가 쫓겨나고 자신을 몰아낸 남곤이 죽었다는 소식을 들었다. 이에 그는 얼굴에 화색이 돌면서 "돌아갈 길이 이로부터 놓였구나"라고 말했다. 남곤과 경빈 박씨 등은 자신의 서용에 큰 걸림돌이었다. 작서 사건이 발생했을 때 김안로는 용의자로 의심을 받았다. 김안로의 며느리인 효혜공주는 세자의 친동생이었다. 작서 사건으로 세자의 지위가 위협받자 김안로는 동궁을 보호해줄 수 있는 마땅한 인물로 여겨졌다. 간교한 김안로가 작서 사건을 일으켜 '동궁 보호'를 쟁점화하고, 주도권을 쟁탈할 수 있는 정국을 조성했다는 뒷말이 무성했다. 김안로는 자신의 서용을 위해 아들 김희를 적극 이용했다. 대궐에 잔치가 있는 날에는 김희가 대비를 모시면서 아버지의 억울함을 눈물로 호소했다.

"아버지는 죄가 없습니다. 단지 당로자當路者(요직에 있는 자)들에게 미움을 받아 쫓겨난 것입니다."

김희의 연기가 얼마나 능란했는지 이를 들은 주위 사람들이 함께 비통해하고 한스러워했다. 김희에 이어 심언광이 김안로가 서용되는 길을 열어줬다. 심언광은 심정이 자신에게 분을 품은 것을 알고 위태로움을 느끼며 말했다.

"심정이 사대부들에게 분노를 품고 있으니 그 화를 예측할 수 없다. 김안로는 드러나지도 않은 죄 때문에 귀양을 간 지 오래되었다. 그를 조정으로 끌어들여 심정을 물리치면 사대부들이 안심할 수 있을 것이다."

심언광은 이이제이以夷制夷의 전략을 택했다. 심정을 견제하기 위해 김안로를 끌어들인 건 조정을 저주의 텃밭으로 만든 최악의 선택이었다. 1529년(중종 24) 마침내 동굴에서 세상 밖으로 나온 김안로는 복수의 칼을 쥐고 휘둘렀다. 자신을 귀양 보냈던 이들 외에도 서용에 반대했던 이들에게 죽음의 저주를 퍼붓고 공포정치를 일삼았다. 감히 누구도 김안로에게 대항할 수 없는 정국이 조성되었다.

그런데 일개 시골의 생원 이종익이 김안로에게 맹공을 퍼부었다. 심언광에게 울분을 품고 상소를 올리기 시작했던 이종익은 조정의 실력자들을 차례로 공격했다. 심정이 뇌물을 받았다는 폭탄선언을 한 이종익은 다음 공격 대상자로 김안로를 택했다. 멀리 기장으로 유배되었던 이종익은 1532년(중종 27) 경상도 관찰사 김인손金麟孫에게 조정의 잘못을 지적하는 상소를 올렸다. 이 상소를 조정으로 보낸 김인손은 애꿎게 파직되었고, 이종익은 곧 의금부로 압송되었다. 하지만 상소왕 이종익은 여기서 멈추지 않았다. 그는 자신이 활활 타오를 것을 각오하고 뛰어드는 불나방이었다. 옥중에서도 상소를 올렸다. 김안로를 등용시키기 위해 심언광이 모사를 꾀했고, 작서 사건은 김희가 벌인 짓이라는 충격적인 내용이었다.

"연성위延城尉 김희는 양송梁松보다 더 간사한 인물로 죄악이 너무 심하여 하늘의 베임을 받았습니다. 전일 작서의 변이 일어나자 전하와 조정이 누구의 소행임을 알지 못했습니다. 범인을 찾지 못하고 많은 궁중 사람이 원통한 죽임을 당했습니다. 이는 김희가 사심私心을 일으켜 요사를 부린 소치所致에 불과합니다."(『중종실록』 27년 3월 20일)

정말로 김희가 작서 사건을 벌인 것일까? 아버지를 조정에 재등용시키는 데는 성공했지만 김희 자신의 운은 오래가지 못했다. 1531년 효혜공주가 산후병으로 죽었고, 같은 해 김희 역시 저승으로 갔다. 그리하여 이종익은 간사한 김희가 인과응보로서 하늘로부터 벌을 받았다고 했다. 양송은 후한 광무제의 사위로 간사하기 이를 데 없는 인물이었다. 김희를 양송에 비유한 것은 극도의 저주였다. 중종은 맏딸인 효혜공주를 사랑했고, 사위인 김희도 아꼈다. 효혜공주가 이질을 앓았을 때는 신하들의 거친 반대를 무릅쓰고 직접 문병을 할 정도였다. 이런 딸과 사위가 젊은 나이에 모두 사망했으니 안타깝고 슬픔 감정을 억누르기 힘들었을 것이다. 이종익의 상소는 중종의 애타는 마음에 기름을 붓는 격이었다. 이종익이 김희를 작서 사건의 용의자로 지목한 것은 중요하지 않았다. 더욱이 김안로가 중종 곁에서 총애를 받으며 권력을 행사하던 때가 아닌가. 중종은 이종익을 살려둬서는 안 되는 미치광이로 보았다. 의금부가 이종익을 참대시斬待時(죄수를 추분 때까지 기다려 참형하는 일)로 벌주자고 했으나 중종은 부대시不待時(기다리지 않고 참형하는 일)를 명했다.

▨ 사건의 단서인 수통의 발견

목패 사건이 터진 다음 날, 신거관은 익명서에 관해서 중종에게 아뢰었다. 목패에 한충보의 이름이 적힌 것을 듣고서 더는 묵인할 수 없었다. 그런데 신거관의 익명서에는 한충보 외에 노경종의 이름도 거론되어 있었다. 노경종은 한충보의 후처後妻의 동생이었다. 한충보와 노경종의 이름이 함께 적혔다는 것은 중요한 사실이었다. 한충보를 사이에 두고 전처와 후처 집안의 갈등으로 인해 벌어진 사건일 수도 있었기 때문이다. 한충보는 자신이 후처를 얻은 이후 전처의 동생과 집 문제로 크게 다투었다고 진술했다. 중종은 한충보에게 얽힌 원한으로 인해 목패 사건이 발생한 것이라고 판단했다.

하지만 개인적 원한 탓이라면 굳이 궁궐에 목패를 걸 이유가 있을까? 보복을 하려면 한충보에게 직접적으로 해를 가하는 게 효과적이다. 중종과 달리 신하들은 이 사건이 개인적 원한 때문에 일어난 일이 아니라고 생각했다. 특히 정광필은 이 사건이 조정과 정치에 대한 원한에서 발생한 것으로 여겼다.

"신의 생각에 한충보에게 원한을 품은 이들의 소행은 아닌 것 같습니다. 충보라는 이름을 거론하는 것은 사람들의 의심을 다른 곳으로 돌리기 위한 수단입니다. 충보가 이웃집 여자를 아내로 삼은 것 때문이라고 말하지만 집안일로 싸운 실상이 없습니다. 부득이 동궁의 하인들을 추문할 수밖에 없습니다. 아직까지 단서를 잡지 못하고 있으니 정범正犯이 곁에서 보고 몰래 웃고 있을 것입니다. 민망하기 짝이 없습니다."(『중종실록』 28년 5월 18일)

정광필은 범인이 한충보를 거론한 것은 자신에게 쏠릴 의심을 다른 데로 돌리기 위한 수단이라고 했다. 평소와 달리 정광필은 인명人命을 아낄 것 없이 용의자들을 철저히 형신刑訊하자고 주장했다. 그런데 정광필의 이 말은 목패 사건이 정치적으로 이용되는 도화선이 되었다. 기다렸다는 듯이 김희열金希說이 말을 꺼냈다.

"소소한 원한 때문에 대궐에다 그런 일을 저질렀겠습니까. 동궁은 정사에 참여하지 않기 때문에 원망을 받을 일이 없는데도 이런 일이 야기되었습니다. 이것은 전일 작서의 변이 있을 적에 왕법王法을 바로잡지 않았기 때문입니다. 아직까지 화근이 남아 있어서 그런 것입니다. 종묘사직의 대계를 위해 조처해주기를 바라는 것이 아랫사람의 뜻입니다."

김희열과 상진尚震 등은 작서 사건의 화근을 완전히 뿌리 뽑지 않아서 생긴 일이라고 주장했다. 채무택도 그 의견에 적극 동조했다. 이들은 김안로의 일당들로서 작서 사건에서 꺼져가던 환란의 군불을 지폈다. 6년이란 세월이 지났지만 경빈 박씨와 복성군이 살아 있는 한, 작서 사건은 잊히지 않았다. 마치 각본을 짠 듯 그들은 목패 사건을 작서 사건의 쇠고리에 단단히 걸었다.

경빈 박씨와 복성군을 제거하려고 혈안이 되었던 김안로 일당은 목패 사건이 작서 사건의 연장선상에 있다고 주장했다. 그러자 조정에서는 목패 사건의 배후자로 자연히 경빈 박씨와 복성군이 지목되었다. 그래서인지 당대의 야사野史들은 작서 사건과 목패 사건을 연관시켜 설명하고 있다. 일례로, 이정형이 저술한 『동각잡기東閣雜記』에서는 "임진년(1532) 동궁 근처에 불태운 쥐로 저주한 일이 있었고, 또 인종의 허수아비를 만들어 나무패를 걸고 거기에 망측스런 글을 썼다"고 하며, 작서 사건과 목패 사건이 연이어 발생한 것처럼 기술하고 있다. 이런 설명은 역사적으로도 큰 오해를 불러일으킨다. 목패 사건은 작서 사건이 벌어진 지 6년이 지난 후에 발생했으며, 작서 사건과는 근본적으로 성격이 다르다. 목패 사건은 동궁에 걸렸을 뿐 왕과 왕비, 그리고 세자를 모두 저주한 것이다. 또 목패 사건과 신거관의 익명서, 그리고 화살 사건은 동일범이 저지른 사건이다. 작서 사건처럼 세자를 저주하는 사건으로 풀이될 이유가 없었다.

목패 사건의 범인은 궁궐 내 사정을 잘 알 뿐만 아니라 동궁에 출입했던 자일 터였다. 따라서 수사망에 오른 용의자가 그렇게 많지 않았다. 하지만 결정적 단서를 잡지 못하고 애매한 이들만 혹독하게 형문하는 일이 늘어갔다. 한충보가 용의자로 지목했던 네 명의 필적을 조사해봤지만 실마리를 찾지 못했다. 수사가 지리멸렬해지자 작서 사건의 뿌리를 제거하자는 주장이 더 드세졌다. 양사兩司(사헌부와 사간원)가 이번에는 꼭 작서 사건을 일으킨 자들을 잘라내야 한다며 중종을 독족했다. 게다가 작서 사건 이후에 일어난 여러 익명서 사건도 경빈 박씨와 복성군의 소행으로 몰아붙였다.

하지만 중종의 의혹은 가시지 않았다. 목패 사건이 그들의 말처럼 세자를 저주하려는 짓이었다면 애초부터 목패를 세자가 있는 동궁에다 걸어야 하지 않겠는가. 왜 신거관의 집에 익명서를 보내고, 서문에다 화살을 쏘았는가. 게다가 지금 시점에 경빈 박씨는 목패 사건을 일으켜봤자 자신에게 이로울 게 하나도 없었다. 동궁에 대한 저주는 옛 작서 사건을 상기시키고, 날아간 화살이 자신들에게 되돌아올 게 뻔했다. 그리하여 중종은 이 사건의 뿌리가 경빈 박씨에게 있지 않고 한충보의 원한관계에서 일어난 일이라 확신했다. 이에 중종은 한충보와 경쟁했던 인물들을 조사하라고 지시했다.

한충보를 다시 심문하는 과정에서 새로운 용의자가 등장했다. 사헌부의 서리인 김형경金亨卿과 그의 처족들이었다. 김형경은 몇 개월 전부터 함경도 고원高原에서 머무르고 있었다. 의금부에서 급히 김형경의 처남인 서수견徐守堅, 그의 사위 송허룡宋許龍을 잡아오면서 집 안을 수색했다. 이때 밑바닥이 없는 수통이 발견되었다. 용의자 집에서 발견된 바닥 없는 수통은 사건의 결정적 단서였다. 의금부는 목패의 재료를 실마리로 여겨 목수를 시켜 자세히 살펴보게 했다. 목수는 "나뭇결이 물에 젖은 지 오래된 것으로 보아 필시 통판인 듯합니다"라고 했다. 물을 담는 통의 판재를 잘라서 목패를 만들었다는 견해다. 목패를 베어서 살펴보니 이 통의 밑바닥 판자와 일치했다. 이로써 목패 사건에 대한 수사는 급물살을 탔다.

▨ 박씨를 위하여 동궁을 해치려는 것

서수견에게 모진 형벌을 가하자 강손姜孫을 거론하면서 죄를 미루었다. 서수견과 강손은 궁궐에서 일하는 종이었다. 이들은 단순히 시중을 드는 종이 아니었다. 궁방의 사무를 맡고, 아래 종들을 관리하는 수노首奴에 해당되었다. 궁궐의 수노는 가진 권력이 컸기에 자리를 차지하기 위해 서로 다투는 일도 많았다. 서수견과 강손은 모두 그악한 자들이었다. 수견이 못된 짓을 하다가 수노에서 쫓겨나 그 자리를 강손이 차지한 적이 있었다. 둘 다 욕심이 많아 주인들이 골치 아파했지만 궁궐 일을 오래하면서 왕실에 줄을 대고 권력을 차지했다.

강손과 수견은 혜정옹주의 남편인 당성위唐城尉 홍려洪礪의 종이었다. 강손은 경빈 박씨의 둘째 딸인 혜정옹주를 오랫동안 모셨다. 어렸을 적 혜정옹주는 병이 나서 요양 차 민가에 있었다. 그때 강손이 몰래 보모와 간통을 하다가 발각되었다. 강손이 죄를 받자 액땜을 한다며 설날에 길바닥에 이상한 물건을 버렸는데, 이로 인해 궁궐에 큰 소동이 나기도 했다. 수건은 한때 효정옹주(숙원 이씨의 둘째 딸)의 시중을 들다가 이후 경빈 박씨의 수노로 일했다. 수건의 아비가 아들을 양민으로 속량贖良시키려 했지만 경빈 박씨의 반대로 성사되지 못했다. 중종은 이 때문에 수건이 경빈 박씨에게 원한을 품었을 것이라 여겼다. 경빈 박씨에게 죄를 뒤집어씌우려 했다는 추정이었다. 하지만 중종의 이런 생각은 여지없이 무너졌다.

강손은 세 번째 형문을 견디지 못하고 모든 것을 자백했다. 대궐 별감 이은석李銀石을 비롯해 보모인 효덕孝德 등과 공모했고, 글은 한종손韓終孫이 썼다고 실토했다. 고문을 이기지 못한 자신을 개탄하면서 남긴 말이 더 의미심장했다.

"내가 사실대로 공초한다면 반드시 곤란한 사람이 있기 때문에 억지로 참은 것이다. 이제 와서는 장杖을 참은 성과가 없구나." (『중종실록』 28년 5월 21일)

이은석을 비롯한 공모자들은 모두 홍려의 사람이었다. 곤란하다는 이는 다름 아닌 상전인 당성위 홍려였다. 강손의 자백에 따라 이은석에게 열 차례 형문이 가해졌다. 이은석도 수건과 강손이 주인의 명령에 따라 목패와 얼굴상을 동궁에 걸었다고 자복했다. 그 목적은 동궁을 모해謀害하기 위한 것이라 했다. 보모 효덕은 형문을 당하자 더 엄청난 사실을 실토했다.

"수건과 강손과 같이 모의했습니다. 그렇게 한 의도는 바로 박씨를 위해 동궁을 해치려는 것입니다."

박씨를 위해 동궁을 해치려는 것. 이것은 심한 매 타작과 유도신문에 따른 자백으로 의심된다. 당시 의금부 지사는 김안로가, 판의금 부사는 김근사가 맡고 있었으므로 어떤 유도신문을 했을지도 충분히 예상된다. 『동각잡기』에서는 김안로가 고문으로 사건을 조작하여 옥사를 만들었으며, 자신을 싫어하는 사람을 모함하도록 했다고 지적했다. 어쨌든 이 자백은 파란만장한 삶을 살았던 경빈 박씨의 목숨을 한순간에 빼앗는 말이었다. 경빈 박씨는 목패 사건과 직접적으로 연루되지 않았음에도 효덕의 자백으로 저승으로 갈 채비를 해야 했다.

죄상이 드러나자 박씨를 두둔했던 중종도 어찌할 바를 몰랐다. 중종도 홍려 일당에게 경악을 금치 못하며, 소름 끼치는 일이라고 말했다. 폐서인된 박씨가 모의에 가담하지 않았음에도 효덕의 자백으로 인해 박씨를 살려주기가 어려워졌다. 그럼에도 중종은 장남인 복성군만은 살려주고 싶었다. 아무 잘못도 없는 복성군까지 죽인다면 선왕과 종친들에게 큰 죄를 짓는 일이었다. 심사숙고한 중종은 전교傳敎를 내린다.

"박씨에게는 사약을 내리고 복성군은 먼 곳에 안치시키라."(『중종실록』 28년 5월 23일)

안치는 귀양을 보낼 뿐만 아니라 일정한 공간 안에서 생활을 제약하는 벌이었다. 홍려는 매를 맞다가 자복하지 않고 죽었다. 홍려가 대역죄를 인정했다면 자신은 물론이며 가족까지 모두 떼죽음을 당했을 것이다. 조정에서는 살아남은 복성군을 당장 죽이라는 주장이 빗발쳤다. 복성군이 살아 있다면 그들은 언젠가 복수를 당할지도 몰랐다. 홍문관의 권예權輗 등이 상소를 올렸다.

"이미李嵋(복성군)는 화의 근원이요, 역모의 괴수입니다. 그 어미가 흉모를 얽어내고 역적의 무리들이 극악한 짓을 자행한 것은 모두 미를 기화奇貨(진기한 보배)로 여겼기 때문입니다. 대역의 죄가 드러났는데도 전하께서는 온정에 이끌려 용서해주면서 아들을 죽였다는 것을 꺼리어 종묘사직의 중대함을 잊고 계십니다. 옛날 당 태종은 아들 하나를 버리는 것은 작은 잔인함이지만 사직을 편안히 하는 것은 큰 효도라고 했습니다."

중종은 인간적인 성품을 지녔다. 큰 효도를 위해 당장에 작은 잔인함을 택할 정도로 비정하지 못했다. 복성군은 비록 서자라도 자신의 장남이 아니던가. 마음에 담아둔 귀한 아들이었다. 더욱이 목패 사건에 복성군의 종이 개입되었다 해도 복성군이 직접적으로 연루된 증거는 없었다. 복성군이 목패 사건을 일으켜 무슨 이익이 있겠는가. 목패에는 중종과 왕비를 죽이겠다는 저주의 글이 적혀 있었다. 복성군에게 과연 아버지 중종을 저주하고 죽일 이유가 있겠는가.

하지만 중종도 김안로 일당의 연이은 압박을 당해낼 재간이 없었다. 결국 중종은 복성군에게 사약을 내리고 경빈 박씨 슬하의 두 옹주는 폐서인하라고 명했다. 죽이라는 명을 내리면서도 중종은 참담했다. 중종은 슬픔에 가득 찬 전교를 내렸다.

"미嵋가 어느 곳에서 죽느냐. 미가 죄 때문에 죽기는 하지만 바로 나의 골육이다. 시체나마 길에 버려지지 않게 거두어주어야겠다. 그의 관을 상주尙州로 실어 보내도록 하라. 이 뜻을 경상 감사

에게 알리고, 지금 가는 도사都事에게도 이르도록 해라."(『중종실록』 28년 5월 26일)

이 전교를 들은 사람들 가운데 오열하지 않은 이가 없었다고 한다. 신하들의 압박을 이기지 못하고 아들을 죽이라고 명하는 중종의 비참한 심정이 드러난다. 당시 사관史官은 흉악한 무리들이 임금을 협박해서 사랑하는 아들을 죽게 했다며 분개했다.

▧ 꺼지지 않는 원한의 불씨

목패 사건에 가담했던 서수건, 강손, 효덕, 이은석은 능지처참을 당했다. 세자를 능지처참하겠다는 목패를 걸었다가 자신들이 그 끔찍한 형벌을 당한 것이다. 홍려는 장살杖殺당했고, 죄가 없는 경빈 박씨와 복성군도 사사賜死되었다. 김안로 일당이 원하는 대로 모든 일이 이루어졌다. 중종만이 아들을 죽였다는 자책감에 빠져 있을 뿐, 정적들을 제거한 김안로 세력은 이제 평화가 찾아올 걸로 기대했다. 하지만 원한은 저주를 품고, 저주는 복수로 이어진다. 수많은 사람을 죽인 목패 사건은 또 다른 원한의 불씨를 지폈다.

2개월이 지났을 무렵 대간청臺諫廳의 문에 지난번과 똑같은 목패와 인형이 걸렸다. 다른 점이라면 목패에 글씨를 새겼다는 것이었다. 충격적인 사건이었다. 조정의 신하들은 이 일을 쉬쉬했다. 동일한 목패 사건이 다시 발생했다는 사실은 큰 문제였다. 귀신이 한 일이 아니라면 죽인 범인들이 누명을 썼거나 옥사의 처리가 미숙했음을 뜻했다. 이로 인해 국청을 다시 연다는 것은 지난번 옥사의 잘못을 인정하는 꼴이었다. 경빈 박씨와 복성군은 이미 제거되었으므로 김안로 일당은 적극적으로 나설 필요가 없었다. 중종 역시 부담감이 컸다. 포도절목捕盜節目만을 은밀히 내린 채로 사건의 단서가 잡히기만을 기다렸다.

다시 한 달이 지난 8월 14일, 비슷한 흉패凶牌(흉악한 목패)가 이번에는 승정원으로 들어가는 중문中門의 담벼락에 걸렸다. 왕과 조정을 향해 비웃고 있었다. 볏짚을 엮고 종이를 발라서 만든 인형까지 함께 걸어두었다. 왕과 왕비, 세자를 저주하는 인형이었다. 아침에 중문을 처음으로 통과한 사람이 발견했으므로 모두가 잠든 밤에 목패를 건 것임에 분명했다. 궁궐에서 일하는 자가 아니고서는 이런 일이 일어날 수 없었다. 두 번째 흉패까지 걸렸다는 승정원의 보고를 받은 중종은 큰 충격을 받았다. 그러자 김안로는 다시 추문推問을 하자고 말하면서 지난번 목패 사건 때 진상이 잘 드러나지 않았음을 지적했다. 지난 옥사의 잘못을 인정하기보다는 경빈 박씨의 잔당을 완전히 제거하지 못한 까닭으로 돌렸다.

궁궐 내에 동일한 저주 사건이 연이어 발생한 것은 실로 나라의 기강이 무너졌음을 의미했다. 중종은 "이런 일이 한 번 있을 때는 오히려 경악했고, 두 번 있을 때는 차마 말하지 못했는데, 세 번까지 있게 되니 어찌 조정에 기강이 있다고 하겠는가"라며 한탄했다. 같은 목패 사건이, 그것도 궁궐에서 세 번이나 발생했다는 것은 임금에게는 절망적인 일이었다. 궁궐 사람들에게서 임금을 능멸하는 저주의 불길이 타오르고 임금을 지켜야 할 궁궐의 경비 체계도 무너졌다는 증거였다.

중종은 지난번 목패 사건의 처리에 대해 강한 의문을 품었다. 세 번째 목패 사건이 터지자 중종은 삼정승과 의금부 당상, 현직에서 물러난 정광필까지 불러들였다. 이 자리에서 중종은 한심하다는 듯이 말했다.

"이 글씨도 이전 것과 다름없으니 어찌 죽은 자가 다시 살아 돌아와서 썼단 말인가. 그렇지 않으면 조정을 어지럽히고자 하는 소행인가. 지난번 목패 글씨를 보았을 것이니 각자 말해보거라." (『동각잡기』 상 본조선원보록)

중종은 목패의 글씨가 이전과 같다고 여겼다. 그렇다면 목패 사건 때 진범을 찾아서 죽인 게 아니라 죄 없는 사람을 죽인 셈 아닌가. 김안로 일당은 첫 번째 목패 사건을 정치적으로 이용하여 경빈 박씨와 복성군을 죽이는 데 혈안이 됐다. 두 사람이 사사되자 목패 사건의 의혹들을 꼼꼼히 해결하지 않고 흐지부지 사건을 마무리 지었던 것이다. 조정의 신하들과 중종은 모두 그 책임에서 자유로울 수 없었다. 그리하여 이제 와서 책임을 두고 서로 추궁할 수 없음은 물론이었다. 다들 이전 옥사 때 끝까지 추문하지 못해서 나온 결과라고 입을 모았다. 한효원과 김근사는 서수견의 매부인 김형경과 홍려 첩의 오빠인 문억손文億孫을 형신하여 단서를 잡아야 한다고 주장했다. 대간에서는 용의자들의 명단을 적은 밀봉된 문서를 중종에게 올렸다.

심언광은 이번 사건을 빌미로 경빈 박씨를 추종하는 궐내 잔당들을 제거하고자 했다.

"전날의 일과 이번 일은 반드시 모두 한집안 사람의 소행입니다. 지난번에 한 것이 명백하니 이는 반드시 대궐 안의 사람으로 박씨와 공모한 자가 한 일입니다. 또 들으니 환관 방말동房末同은 평소 박씨에게 죄가 없다고 하면서 매양 박씨를 생각하며 그 사은私恩을 잊지 못했다고 합니다."

방말동은 경빈 박씨 사람으로 분류된 내시였다. 그는 박씨의 둘째 딸인 혜정옹주가 궁에서 쫓겨나자 휴가를 내면서까지 옹주를 배웅하고 돌아왔다. 그는 돌아올 때 울면서 통곡했다. 김안로 일파에게는 크게 눈에 거슬리는 행동이었다. 심언광은 이번 목패 사건은 임금을 시해弑害한 것과 다름없다고 했다. 이 기회에 박씨의 잔당 세력을 제거하기 위해 중종을 자극한 것이다. 문억손을 검거하기 위해 사람을 보냈더니 지난 6월에 이미 숨을 거둔 뒤였다. 용의자는 김형경과 방말동으로 좁혀졌다.

사헌부의 서리 김형경

김형경은 사헌부의 서리로서 글을 쓸 줄 알았다. 그는 죽은 서수견의 매부이자 홍려 계집종의 남편이기도 했다. 지난번 옥사로 인해 가장 울분을 품을 만한 사람이었다. 첫 번째 목패 사건 때도 유력한 용의자로 의심되었으나 멀리 고원으로 가서 심문을 받지 않았다. 이번에는 김형경이 쓴 글을 압수하여 목패와 대조해 봤으나 전혀 달랐다.

그런데 김형경 집에서 우연히 그의 매부 정올미鄭吾乙未가 쓴 문서가 나왔다. 정올미의 집을 수색하자 흉패를 거는 데 사용된 쇠

못과 비슷한 것이 발견됐다. 이번 사건의 중요한 실마리였다. 정올미를 급히 검거하여 글씨를 쓰게 해봤더니 목패의 글씨와 아주 비슷했다. 이에 정올미를 네 차례 가혹히 형문한 끝에 드디어 자복을 받아냈다.

"지난 7월 10일에 김형경이 목패를 가지고 우리 집에 찾아왔습니다. 작은 종이에 쓴 초안草案을 내놓으며 나에게 목패에다 그대로 베끼도록 했습니다. 이걸 어디에 쓸 것인가 하고 물었더니 그저 써주기만 하면 된다고 했습니다. 목패 앞뒤에 글을 써주었는데, 한충보라는 세 글자는 생각이 나지만 그 외 내용은 술이 취해서 기억이 잘 안 납니다."(『중종실록』 28년 8월 18일)

김형경이 자신을 찾아와 술을 대접하면서 글을 써달라고 부탁했다는 것이다. 정올미가 왜 네가 쓰지 않느냐고 하자 김형경은 자신은 법사의 서리이므로 써놓은 글씨가 많아 쉽게 누설될 염려가 있다고 했다. 정올미는 취중의 일이라 기억이 나지 않는다고 발뺌했지만 김형경이 목패 사건을 벌이려는 것임을 모를 리 없었다. 정올미가 승복했다는 말을 들은 김형경은 "모질지 못한 사람이 벌써 복초服招(죄상을 털어놓음)했구나"라며 고개를 숙였다. 정올미에 비하면 김형경은 열 차례의 형문을 참아냈으니 정말 모진 사람이었다. 하지만 매부의 승복 소식을 듣자 그도 무릎 꿇고 자백을 했다.

"만약 사람 머리 모양의 흉패를 만들어 수건이 한 것과 같이 글을 써서 걸어두면 사람들이 반드시 지난번 옥사를 의심하여 수건의 소행이 아니라고 할 것이라 생각했습니다. 제가 직접 쓰면 탄로가 날 염려가 있기 때문에 정올미에게 청하여 썼습니다. 사람 머리 모양은 모두 제가 직접 만들었으며, 그것을 만든 의미는 입으로 차마 말할 수가 없습니다. 이렇게 한 뜻은 지난번 옥사를 현란시키는 데 있습니다. 패 뒷면에 한충보의 일을 함께 쓴 것은 시비是非하는 사이에 반드시 고생을 할 것 같아서였습니다."(『중종실록』 28년 8월 18일)

김형경은 용의주도했다. 그는 쳇바퀴의 송판을 잘라서 패를 직접 만들었다. 다만 자신이 글씨를 쓰면 금방 탄로날 것이기에 정올미에게 부탁했다. 또 글을 직접 쓰는 것보다는 쓴 글씨를 새기는 것이 필적을 구별하는 데 어려움을 주기 때문에 패에다 글씨를 새겼다. 인형을 만든 사람 역시 김형경이었다. 김형경은 패와 인형을 제작한 뒤 궁궐에 잠입하여 첫 번째는 대간청에, 두 번째는 승정원의 문에 걸었다. 이렇게 하면 사람들은 서수견을 죄인으로 처형한 일과 지난번 옥사를 두고 의혹이 커질 터였다.

김형경은 한충보에게 앙심이 있었다. 지난번 한충보를 언급한 목패 사건에도 참여했을 가능성이 높다. 한충보의 이름을 목패에 적어 왕실을 저주하면 그가 잘못이 없더라도 심문당할 게 뻔했다. 김형경은 운이 좋아 지난 옥사는 피해갔지만 서수견이 죽임을 당하고, 가산까지 몰수당하자 분노했다. 의지할 데 없는 서수견의 어머니를 받아주었고, 조정에 대해 복수의 칼을 갈았다. 흉측한 목패 사건을 다시 일으킨다면 지난번 옥사를 두고 조정에 대혼란이 일어나지 않겠는가. 김형경이 인형을 만든 의미는 차마 말하지 못했지만 왕과 세자를 저주하는 것이 아니고 무엇이겠는가. 저주의 인형을 만들면서 임금과 조정을 향해 원한이 서린 저주의 말들을 내뱉었을 터이다. 대역부도의 죄를 지은 김형경과 정올미는 군기시軍器寺(무기 제조를 담당하는 관청) 앞 저잣거리에서 처형당했다. 하지만 여전히 목패 사건의 의혹은 끝나지 않았다. 신거관의 집에 투서를 한 일과 서문에 화살을 쏜 사실에 대해서 김형경은 끝내 혐의를 부정하고 죽었기 때문이다.

제2부

궁궐의 그늘

광해군 대
무녀 옥사의 진실

"별감 황응인과 이대룡 등이 대군의 숙소로 들어가 을해생과 병오생의 모습을 붉은 비단에 그린 다음 침으로 눈을 찔러 부엌에 묻었습니다. 맹인 장순명도 동참했습니다."

(『광해군일기』 5년 6월 17일, 김응벽의 진술 중에서)

선조가 갑자기 승하하자 광해군과 대북 일파가 정권을 잡았다. 그들은 영창대군을 옹립하려 했던 소북 일파와 인목대비를 박해했다. 때마침 계축년(1613) 3월, 은상銀商 살인 사건이 일어났다. 광해군과 대북 일파가 이 사건을 정적 제거를 위한 역모 사건으로 이용하면서 계축옥사가 일어났다. 그런데 유교 칠신遺敎七臣 중 한 명인 박동량은 살아남기 위해 인목대비 측이 유릉에 저주를 했다는 소문을 발설했다. 이에 잡혀온 맹인 무당 고성은 저주 사건을 자복했을 뿐만 아니라 도성 내 숱한 무당들을 끌어들였다. 대북 일파의 모략에 따라 무당 옥사가 확대된 측면도 있지만 그동안 무당들이 궁궐의 저주 사건에 깊이 개입해왔던 사실도 무시할 수 없었다. 그리하여 계축년 궁궐과 조정에서는 모함과 거짓이 더해진 온갖 저주 사건이 난잡하게 나타났다. 대북 일파의 선동에 이성을 잃은 광해군은 인목대비가 벌인 저주의 증거를 찾고자 끔찍한 고문을 자행했다. 살아남기 위해 저주를 만들어야 했던 계축년은 저주의 시대나 다름없었다.

▨ 살해된 동래 은상銀商

험준한 조령鳥嶺에도 춘삼월이 돌아왔다. 조령은 경상도에서 한양으로 가기 위해 반드시 넘어야 할 고개다. 문경과 괴산을 잇는 조령은 흔히 '새재'라고 부르는데, '새들도 날아 넘기 힘든 고개'라는 뜻이다. 훈풍이 불어 진달래가 피기 시작하는 계절이 왔으니 겨우내 움츠렸던 상인들의 발걸음도 바빠졌다. 한편 이런 때를 맞춰 불청객들도 활개를 치기 마련이다. 고갯길에서 강도질을 하는 도적 떼는 상인들을 위협하는 불한당이었다.

1613년(광해군 5) 3월 조령에서 동래東萊상인을 살해한 사건이 터졌다. 상인을 칼로 찔러 죽이고 은 700냥을 빼앗아 달아났다. 동래상인은 왜관倭館에서 대일무역을 하는 상인으로서 주로 인삼을 수출하고, 그 대가로 은화를 받았다. 조선 정부로부터 공인된 무역을 하는 거상巨商이므로 이들이 거래하는 자금은 막대했다. 이러한 사실을 잘 알고 있는 도적들로부터 습격을 당한 것이었다. 강도질에 성공한 도적들은 본거지인 경기도 여주로 도망쳤다. 그들은 자신들이 곧 들어설 저주와 불행의 길을 예상치 못했을 터이다.

죽은 동래상인의 사내종이 울분을 품고 그들의 뒤를 끝까지 밟았다. 도적이 은거하는 장소를 확인한 뒤 바로 포도청에 신고한 것은 물론이다. 한 달이 지나 도적의 우두머리인 박응서朴應犀가 체포되었다. 포도청에서는 죄인을 잡으면 임금에게 간략히 보고하고 형조로 이송하는 게 상례였다. 그런데 뭔가 낌새가 심상치 않았다. 광해군은 좌포도대장 한희길韓希吉에게 이 사건을 조사하고, 죄인을 심문하라는 특명을 내렸다.

그해 4월 25일이었다. 영의정 이덕형, 좌의정 이항복 등 대신들이 입시하고, 왕이 친국하는 국청이 열렸다. 국청은 역적을 고문하여 죄를 캐내는 임시 관청이다. 박응서는 어찌된 일인지 강도질이 아니라 반란을 꾀했다고 실토했다.

"7년 전 서양갑徐羊甲이 먼저 역모를 주장했습니다. 그는 심우영 등과 여주 강변의 들판에 같이 살았습니다. 어느 날 '우리가 뛰어난 재주와 기질을 갖고 있는데도, 오늘날의 법 때문에 출셋길이 막혀 뜻을 펼치지 못하고 있다. 사나이가 죽지 않는다면 모르지만 죽는다면 큰 이름을 드러내야 할 것이다'라며 흉모를 이야기했습니다. 그 뒤로 무사들과 결탁하려고 했으나 금은金銀이

없는 것을 한스러워했습니다."(『광해군일기』 5년 4월 25일)

박응서, 서양갑, 심우영 등 주모자 7명은 내로라하는 명문가의 서얼들이었다. 하지만 학문에 매진해도 벼슬길에 오를 수 없었던 그들은 조정에 불만을 품게 되었다. 이들은 억울한 처지에 있었던 만큼 뜻도 잘 맞아서 소양강 가의 무륜당無倫堂에서 함께 살면서 스스로 '강변칠우江邊七友'라고 불렀다. 박응서의 자백에 따르면, 도원결의로 뭉친 이들은 세상을 저주하여 도당을 결성하고, 나라를 바꿀 일을 도모했다. 한데 모반을 위해서는 자금이 필요했으므로 수백 냥의 은을 운반하는 동래상인을 죽였다는 것이다.

박응서의 입에서 역모를 위한 구체적인 계획이 줄줄이 나왔다.

"금과 비단을 모두 뿌려 300여 인과 결탁한 다음 밤중에 대궐을 습격하려 했습니다. 먼저 대전大殿을 범하고, 두 번째로 동궁東宮을 범한 뒤 급히 국새를 가지고 대비전大妃殿에 나아가 수렴청정을 청할 계획이었습니다. 서양갑이 영의정이 되고, 나머지는 순서대로 관직을 임명받을 계획이었습니다. 유배 중인 무리들을 석방하여 높은 벼슬을 주고 같이 협력해서 대군을 옹립하려 했습니다."

박응서는 마치 목숨이 두 개인 사람처럼 행동했다. 광해군을 죽이고, 연이어 세자까지 죽인 뒤 어린 영창대군을 옹립하여 인목대비를 수렴청정시킨다는 험악한 계획이었다. 광해군을 기절초풍시킬 만한 말을 해놓고도 박응서는 아직까지 병마兵馬도 모으지 못했고, 군안軍案도 작성하지 못했다며 담담할 뿐이었다. 곧 사지가 찢겨나가 죽을 죄인의 태도가 아니었다.

그런데 굴비 두릅처럼 엮여 끌려온 나머지 죄인들은 혹독한 고문을 받으면서도 한결같이 반역죄를 부인했다. 도당의 우두머리로 지목된 서양갑에게는 어머니와 서로 마주 앉게 해놓고 형추를 가하는 반인륜적인 대질 고문이 이뤄졌다. 가족 윤리를 중시하는 조선에서는 아무리 역적이라도 부모나 자식을 잡아 고문하여 죄를 입증하게 하지는 않았다. 고문을 견디지 못한 서양갑의 어머니는 차마 자식에게 하지 못할 말까지 했다. "네가 역모를 꾀하지 않았다고 하더라도 승복한다면 너는 죽더라도 나는 살 것이다. 어째서 승복하지 않느냐." '나라도 살려달라'는 어머니의 외침을 듣고서도 서양갑은 자백하지 않았다. 쉽게 모반을 털어놓은 박응서와 혹독한 고문을 버티는 서양갑이 한패거리라는 사실이 도저히 믿기지 않을 정도였다.

▨ 불안한 광해군과 줄지은 옥사

광해군은 1575년 선조와 공빈恭嬪 김씨 사이에서 둘째 아들로 태어났다. 임진왜란의 소용돌이 속에서 그는 엉겁결에 세자가 되었다. 국가의 존망이 풍전등화인 때라 조선은 정부를 둘로 나눠 운영했다. 이른바 '분조分朝'다. 첫째 아들 임해군은 성격이 사납고 인심이 따르지 못했거니와 왜적이 눈앞까지 쳐들어와 궁지에 몰렸던 선조는 둘째 아들 광해군을 황급히 세자로 세웠다. 하지만 명나라는 광해군의 세자 책봉을 허락하지 않았다. 임해군이 있는데 동생 광해군을 세자로 세우는 것은 종법에 어긋난다는 이유였다.

명나라가 세자 책봉을 연이어 거절하자 광해군은 불안했다. 선조의 마음도 조금씩 바뀌어갔다. 조정이 명나라에 세자 책봉을 다시 청하고자 건의했으나 선조는 오히려 왕비 책봉이 먼저라고 말했다. 1년 전에 죽은 의인왕후의 뒤를 이을 왕비 책봉을 뜻했다. 공을 세우고도 떳떳하게 세자 지위를 인정받지 못한 광해군은 억울한 심정이었다. 여기에 설상가상으로 계비 인목대비가 건강한 아들(영창대군)을 낳았다. 적자를 얻은 선조가 크게 기뻐하자 소북의 영수인 유영경柳永慶은 백관을 거느리고 하례를 거행하려고 했다. 이는 광해군을 노골적으로 무시하는 처사였다. 세자 책봉 문제로 고심하던 광해군은 이제 영창대군에게 위협을 받는 사면초가의 위기에 놓였다.

그러던 중 선조가 병석에 누웠다. 선조는 이항복, 이덕형, 유영경 등 대신들을 불러서 자신이 친히 그린 족자를 펼쳐 보였다. 대나무를 그린 그림이었다.

"내가 병중에 대나무를 그렸는데, 솜씨가 어떠한가."

이항복은 황공한 나머지 머리를 조아릴 뿐이었으며, 유영경은 고개를 숙인 채 말이 없었다. 유독 이홍로李弘老만 슬퍼하고 눈물을 흘렸다. 선조가 자리를 파한 후 이홍로를 불러 그 이유를 물었다. 이홍로가 애통해하며 아뢰었다.

"전하의 오늘 모습은 차마 볼 수가 없었습니다."

이홍로는 대나무 그림에서 선조의 의중을 읽었다. 그림 속에는 바람과 서리를 맞으며 늙고 말라간 왕죽王竹(왕대)과 그 곁에서 뻗어나와 구불구불 엉킨 채로 너럭바위를 덮은 악죽惡竹이 있었다.

또 왕죽의 원줄기로부터 나온 죽순은 어리지만 싱싱한 상태로 하늘을 찌를 기세였다. 선조는 자신을 왕대, 광해군을 악죽으로, 영창대군을 연한 죽순으로 비유하는 그림을 그려서 자신의 뜻을 전했다. 그 의미를 알아챈 이홍로는 파란이 몰아칠 앞날이 걱정되었던 것이다.(『연려실기술』 선조조 고사본말)

선조는 말년에 문안을 온 광해군을 구박하면서 이렇게 말했다. "너는 임시로 봉한 것이다. 다시는 여기에 오지 마라." 이 말을 들은 세자는 땅에 엎드려 피를 토했다고 한다. 임시로 봉했다는 것은 세자를 바꿀 수 있다는 뜻이었다. 이것은 하나의 태양을 바라보는 왕조사회에서 너를 죽이겠다는 말과 다름없었다. 본래 기질이 약했던 세자는 이 사건으로 넋을 잃고 사리에 어둡게 되었다고 전한다.

선조는 죽기 전에 자신의 유지를 적은 두 통의 편지를 남겼다. 하나는 세자에게 준 편지로, '동기간에 내가 살아 있을 때와 같이 대하고, 참언讒言이 있더라도 듣지 마라'라고 썼다. 자신이 죽더라도 나쁜 예언에 동요하지 말고 영창대군을 잘 대해주라는 것이다. 또 하나는 유영경, 박동량朴東亮을 비롯한 7명의 신하에게 남긴 편지였다. '죽고 사는 것에 무슨 한이 있겠느냐만 어린 대군(영창대군)이 성장함을 보지 못하는 것이 걱정될 뿐이다. 내가 죽더라도 제공諸公들은 대군을 사랑하고 보살펴주라. 감히 부탁하노라'라는 내용이었다. 선조는 광해군에게 임금의 자리를 넘겨줬지만 영창대군을 걱정하고 아끼는 마음이 훨씬 더 컸다. 그리하여 이른바 '유교칠신'에게 그 절절한 마음을 편지로 전달한 것이다.

우여곡절 끝에 광해군은 왕좌에 앉았지만 자신을 저버린 선조의 유지만큼은 잊을 수 없었다. 광해군을 옹립하는 데 성공한 대북 일파는 정적政敵 임해군과 영창대군, 유영경과 김제남(인목대비의 아버지)을 즉시 제거하고자 했다. 광해군이 즉위하던 해에 바로 유영경은 유배되었다가 사약을 받고 죽었다. 그런데 명나라가 임해군에 대한 미련을 버리지 못하고, 왕으로 즉위할 것을 주장했다. 확인 조사를 하러 온 명나라 사신들을 뇌물로 매수하여 돌려보낸 뒤, 임해군에게는 역모의 혐의를 씌워 유배를 보냈다. 최고의 눈엣가시인 영창대군이 남았다. 그리하여 동래상인 살인 사건이 났을 때 대북파와 광해군은 이를 영창대군과 김제남을 제거할 절호의 기회로 삼았던 것이다.

박응서는 영의정 박순의 서자이며, 서양갑은 의주 목사를 지낸 서익徐益의 서자였다. 일찍이 이들은 벼슬길을 열어달라고 상소했던 서얼들로서 조정에 잘 알려진 인물이었다. 대북의 이이첨李爾瞻은 도당을 꾸리고 은상을 살해한 박응서의 죄가 사형에 해당된다는 소식을 듣고 크게 기뻐했다. 그는 먼저 포도대장 한희길을 찾아가 공손히 절했다. 이에 놀라서 피하려던 한희길에게 "공의 얼굴을 보니 복스럽고 머지않아 큰 공을 세울 것이기에 미리 하례하는 것입니다"라며 아첨했다. 그러고는 비밀리에 사람을 옥으로 보내 박응서를 사주했다.

"네 죄는 사형에 해당된다. 그렇게 죽는 것보다 반역을 고변하는 것이 좋지 않겠느냐. 그렇게 하면 죽음을 면할 뿐 아니라 정훈正勳에 기록될 것이다."

어차피 죽을 목숨이었던 박응서는 살 수 있을 뿐만 아니라 나라를 구한 정훈이 될 수 있다는 꼬임에 넘어갔다. 배반하기로 작심한 박응서는 피로써 맹세했던 친구들과 아무 죄도 없는 영창대군을 역모의 구덩이로 밀어넣었다. 참혹한 심문에도 고변을 인정하지 않던 서양갑도 마음이 변했다. 고문을 당하던 어머니와 형이 모두 죽었기 때문이다. 마음을 굳게 먹은 서양갑은 함께 옥에 갇혀 있던 죄인들에게 "내가 앞으로 온 나라를 뒤흔들어 어머니와 형의 원수를 갚겠다"고 말했다. 죽음을 각오한 그는 광해군에게 저주의 말을 토해냈다. "전하께서는 세 가지 죄악이 있습니다. 우리가 의병을 일으켜 적敵을 토벌하려고 했는데 어찌 반역을 했다고 하십니까."

이어서 서양갑은 광해군이 아버지 선조를 죽이고, 형 임해군을 죽이며, 종친의 부인과 간음했다는 세 가지 죄악을 크게 외쳤다. 서양갑의 공초에 놀란 광해군은 군사를 동원하여 궁성을 에워싸게 하고, 밤낮으로 방위하게 했다. 임금을 놀라게 한 서양갑은 저잣거리에서 곧바로 환형轘刑에 처해졌다. 환형은 죄인의 다리를 수레에 묶어서 두 갈래로 찢어 죽이는 끔찍한 형벌이다. 김제남의 관직은 삭탈되었고, 영창대군의 노비들은 모조리 체포당했다. 광해군 시절 피의 옥사인 계축옥사가 본격적으로 막을 올린 것이다.

🁢 유릉 저주의 진실

이른바 칠서지옥七庶之獄은 영창대군을 옹립하고자 했던 소북

일파에게 파국을 몰고 왔다. 사간원은 먼저 선조의 편지를 받은 유교칠신을 처벌하라며 목소리를 높였다. 이에 한응인韓應寅과 박동량이 끌려왔다. 겁이 많은 데다 오랫동안 병에 시달렸던 한응인은 눈물을 줄줄 흘리며 역모를 꾀한 적이 없다면서 사정했다. 반면 재치 있는 말솜씨를 지녔던 박동량은 의인왕후가 광해군을 세자로 세울 때 적극 도왔던 사실을 강조했다. 의인왕후는 박동량의 사촌누이였다. 자신의 문중門中은 광해군에게 충성을 바치겠다고 결의했으며, 국구國舅(왕의 장인)인 김제남과는 소원한 사이라는 점을 호소했다. 누구나 살기 위해서 아등바등하는 시기였으므로 박동량의 이 정도 하소연은 충분히 이해할 만했다. 그런데 박동량은 광해군의 환심을 살 만한 엉뚱한 얘기를 했다. 영창대군을 모시던 여종이 자신의 종형수從兄嫂(사촌형의 아내)를 찾아와 한 말이었다.

"대군의 궁방宮房 사람들은 선조께서 병환에 시달리게 된 이유를 의인왕후 탓으로 생각합니다. 그래서 수십 명의 요망한 무당을 데리고 유릉裕陵(의인왕후의 능)에 가서 저주하는 일을 대대적으로 벌였다고 합니다. 의인왕후의 인형을 만들어놓고 궁방의 하인인 순창順昌에게 어휘御諱(이름)를 쓰게 했습니다. 순창은 망극한 은덕을 받았음에도 팔을 걷어붙이고 어휘를 썼으며 활을 쏘아 차마 듣지도 말하지도 못할 흉악한 짓을 저질렀다고 합니다."(『광해군일기』5년 5월 16일)

6년 전 영창대군의 궁방 나인들이 선조의 원비 의인왕후의 능에 가서 흑주술을 벌였다는 것이다. 능은 궁궐과 마찬가지로 신성한 공간이다. 이곳에서 왕비의 인형을 만들어 세우고, 얼굴에 이름을 쓴 일은 목숨을 보존하기 어려운 죄에 해당되었다. 더욱이 왕비 인형을 과녁으로 삼아 활을 쏘았다면 서양갑처럼 당장 환형에 처해도 시원찮을 일이었다. 박동량은 사건의 주모자를 넌지시 암시했다.

"신의 문중 전체가 이 말을 듣고 절치부심했습니다. 이 세상에서 같이 살 수 없는 원수에게 복수를 하고 싶었으나 이 일이 감히 말할 수 없는 곳과 관련되어 있기 때문에 김제남에게 따지지 못했습니다. 하지만 순창이 한 일을 하루도 잊은 적이 없는데, 어떻게 김제남과 차마 상의를 할 수 있겠습니까."

감히 말할 수 없는 곳은 인목대비를 가리킨다. 박동량은 유교 칠신의 멍에를 벗기 위해 유릉 저주 사건을 팔았고, 그 주모자로 인목대비와 김제남을 희생의 제단에 바친 셈이었다. 결국 박동량은 선왕의 능침을 수호했다는 선처를 받아 방면되었다. 박동량의 말을 믿은 광해군은 능에 저주한 인목대비전의 나인들을 모두 투옥하여 국문하라는 엄명을 내렸다.

인목대비의 측근이 쓴 『계축일기』에서는 유릉 저주 사건이 조작되었다고 주장한다. 박동량이 공을 세워보려고 거짓으로 유릉 저주 사건을 꾸며냈다는 것이다. 광해군의 장인인 유자신柳自新이 박동량에게 목숨을 살려준다고 달래며 거짓말을 시켰다고 했다. 그들의 주장대로 유릉 저주 사건은 완전히 조작된 것일까. 그렇지 않다. 『계축일기』에서도 정미년(1607)에 선왕이 편찮을 때 유릉 기슭에서 굿을 했으며, 이 때문에 무신년(1608) 국무國巫 수련개守連介가 법사法司에서 심문을 받고 풀려났다고 했다. 유릉 근처에서 굿을 한 사실은 맞지만, 나랏일에는 수련개 외에 잡무雜巫는 쓰지 않았고 이를 주도한 궁인宮人이 누군지도 모른다고 하면서 발뺌했다.

역사적 사실은 보는 각도에 따라서 달라질 수 있다. 그러나 진실 자체가 없는 것은 아니다. 조선 궁궐 내부에서는 무속이 만연했다. 인목대비와 광해군 가릴 것 없이 모두 무당에게 앞날을 물어보고 그에 따라 주술적 처방을 했다. 즉 무속을 신봉하여 길흉화복을 미리 듣고 주술에 의지한 것이다. 그러하니 정치 투쟁이 발생했을 때 저주 사건이 터질 개연성이 높을 수밖에 없었다.『계축일기』를 보건대, 선조가 병에 걸리자 무당을 동원하여 능에서 굿을 한 것은 사실이다. 선조의 갑작스런 죽음이 두려웠고, 병의 원인인 귀신들을 쫓는 의식을 치러야 했던 이들은 인목대비와 소북 일파였다. 광해군과 대북 일파는 이 굿을 정치적으로 악용하여 정적을 제거하는 빌미로 삼고자 했던 것이다.

▨ 승자의 패자 시절 기록,『계축일기』

『계축일기』는 계축년(1613)을 전후로 인목대비와 영창대군이 겪었던 비극을 적은 일기다.『계축일기』는『인현왕후전』『한중록』과 함께 3대 궁중문학으로 꼽힌다. 광해군과 대북 일파에게 핍박을 받은 궁중 여인이 자신의 눈으로 험난한 시대의 역사를 기술하고 있다. 저자는 인목대비 궁중에 소속된 나인 혹은 인목대비의 장녀인 정명공주로 추정된다. 저자는『계축일기』를 쓴 목적을 이렇게 밝히고 있다.

"계축년부터 겪은 서러운 일이며, 항상 내관을 보내어 공갈하고 꾸짖던 일이며, 도리에 어긋난 일이며, 박대하고 불효한 일들을 이루 다 기록치 못해, 그중 만분의 일이나마 여기에 쓰는 바이다. 다 쓰려 하면 남산의 대나무를 모두 베어온들 어찌 다 쓰며, 다 이르려 하면 선천지先天地가 진盡하고, 후천지後天地가 흥興한들 어찌 다 이르겠는가."

자신이 당했던 고난이 남산의 대나무를 모두 베어 붓으로 만들어도 못 쓸 것이며, 후천세계가 올 때까지 기술해도 다 이르지 못할 정도라고 주장한다. 인조반정 이전까지 인목대비 측근들은 광해군에게 온갖 고초와 서러움을 당했다. 유릉 저주 사건 이후로 인목대비를 보좌하던 30여 명의 궁녀는 국문장으로 끌려가 목숨을 빼앗겼다. 김제남은 사약을 받았으며, 어린 영창대군은 강화도로 끌려가 증살蒸殺(뜨거운 방에 갇혀 살해)되었고, 인목대비는 경운궁으로 쫓겨나 유폐幽閉를 당했다. 전례 없는 비극을 겪었으니 저자의 말처럼 마음에 쌓인 한이 산하를 덮을 만했다.

그러니 인조반정이 성공하여 유폐에서 풀려난 인목대비는 인조에게 어보御寶를 내리면서 광해군을 '원수'라 칭했다. "한 하늘 아래 같이 살 수 없는 원수다. 참아온 지 이미 오래된 터라 내가 친히 그들의 목을 잘라 망령亡靈에게 제사하고 싶다." 10년간 서궁에서 지옥 생활을 했던 인목대비는 광해군과 대북파의 목을 자르고 싶을 정도로 분노가 가득 차 있었다. 그런 와중에 광해군이 제거되고 새로운 세상이 열린 것이다. 인목대비는 반란에 성공하여 칼을 높이 든 대장부처럼 "쾌히 원수를 갚고 싶다"고 인조에게 말했다.

반정 이후에 쓰인 『계축일기』는 승자가 패자 시절을 기억하며 쓴 기록이다. 승자로 군림한 인목대비 측근이 원수이자 패자인 광해군을 떠올리면서 기록한 사실이라는 점이 중요하다. 억울했던 심정을 붓에 담아 마음대로 쓸 수 있는 호시절이었다. 그리하여 『계축일기』에는 억눌린 분노와 감정이 곳곳에 드러나며, 정적 광해군에 대한 험담으로 일관하고 있다. 그 내용을 곧이곧대로 믿기 어려운 이유다. 『계축일기』에서는 광해군에 대해 "마음씨는 흉악했고 말은 실없었다. 위엄은 걸주桀紂를 본받고 행실은 양제煬帝보다 더했다"고 평가했다. 또 "효성이라곤 눈곱만큼도 없고, 포악함이 심하다"고 비방했다. 광해군을 걸주나 양제와 같은 천하의 폭군으로 묘사하고 있다.

하지만 선조가 광해군을 세자로 낙점한 이유는 어렸을 적부터 학문을 좋아하고, 효심이 지극했기 때문이다. 광해군의 성격은 꼼꼼하고 유약했다. 일례로 광해군은 김제남의 사사賜死를 명할 때도 결안結案의 공초를 받게 했다. 대신들이 대역죄를 지은 죄인을 사사로 감형한 것도 잘못되었는데 더구나 결안의 공초를 받는 것은 규정에 어긋난다며 반대하자 광해군은 이렇게 말했다.

"결안의 공초를 받는 것이 미안하다는 것을 나 역시 알고 있다. 다만 그로 하여금 자신이 지은 죄를 알고 처벌을 받게 하고 싶어서 그런 것이다."(『광해군일기』 5년 6월 1일)

광해군은 사형을 명하는 전지를 내리면서까지 역모를 부정하는 김제남의 진술을 들어보고자 했다. 역모죄로 처벌하는 마당에 죄인에게 공초까지 받을 필요는 없었다. 이덕형을 비롯한 대신들이 이것은 옥사의 체통에 어긋나는 일이라고 주장하자 그제야 명령을 철회했다.

광해군을 광분한 폭군으로 묘사했음에도 『계축일기』는 궁중문학의 백미로 꼽힌다. 어떤 이유에서일까. 역사적 사실이 올바르게 기록되었기 때문은 아니다. 오히려 직설적이고 솔직한 표현으로 어둡고 칙칙한 궁중의 비사祕史를 드러냈다는 데 그 의의가 있다. 궁궐의 음지를 조명한 『계축일기』는 정사正史에서는 찾아보기 어려운 궁궐 풍속을 기록하고 있다. 『계축일기』가 빛을 보지 못했다면 궁궐에서 횡행했던 저주의 드라마는 구중궁궐 속에 묻혀버릴 뻔했다.

『계축일기』의 저주 풍속

『계축일기』는 광해군 측근이 인목대비와 영창대군을 향해 부린 저주를 집중적으로 기술하고 있다. 첫머리부터 광해군의 장인 유자신柳自新이 임신한 인목대비를 저주한 일로 시작한다. 인목대비가 아기를 잉태하자 대궐 안에 돌팔매질을 하고, 변소에 구멍을 뚫어 나무로 쑤셔대며 도적 떼가 들었다고 헛소문을 냈다. 유자신이 인목대비를 놀라게 하여 낙태시키려고 꾸민 것이었다. 계축년이 되자 인목대비에 대한 저주는 한층 강도를 더했다. 유자신의 부인이 임자년(1612) 겨울, 궁에 들어와 광해군과 왕비와 모여 사흘 동안 논의한 이후인 계축년 정초부터 흑주술이 시작되었다고 한다.

"계축년 정월 초사흘부터 저주를 시작하되 털이 하얀 강아지의 배를 갈라 들여오며, 사람을 그려서 쏘는 시늉을 하여 바깥사람이 다니지 않는 곳과 대전이 주무시는 곳에 놓고, 또 대전의 책상 밑이며 베개 밑에까지 놓았다."

실제로 정초부터 동물을 죽여서 저주한 사건이 일어나 궁궐이 발칵 뒤집어졌다. 사관은 이 저주 사건을 왕비의 어머니 정씨의 소행으로 점치고 있다.

"임자년 겨울에 왕비의 어머니 정씨가 궁으로 들어와 사람을 근접하지 못하게 하고 은밀히 모의했는데, 나인들이 헤아리지 못한 지가 한 달이나 되었다. 정씨가 나가고 나서 대내大內에 강아지와 쥐를 불로 지져서 찢어놓은 변이 있었으므로 이는 대비가 한 짓이라며 떠들썩했다."(『광해군일기』 5년 6월 20일)

저주는 정작 왕비의 어머니가 했음에도 대비의 짓으로 소문이 났다는 것이다. 그런데 왜 흰 개로 저주를 하는 것일까. 흔히 희생물로는 흰 개가 이용되었다. 흰 개는 행운을 몰고 오는 상서로운 동물이거니와 악을 물리치는 벽사辟邪의 동물로 생각되었다. 흰 개의 배를 갈라서 들어오거나 가까이 묻어두면 대상에게 악귀가 모이고 불행해진다고 여겼다.

유사한 행동을 해서 비슷한 결과를 초래하게 하는 것이 주술의 기본 원리다. 가뭄이 들면 산 정상에 올라간다. 나무를 태워 연기가 나도록 하여 기우제를 지낸다. 구름과 비슷하게 보이는 연기를 만들어냄으로써 비가 올 수 있다고 믿은 까닭이다. 이

와 같이 인목대비를 그린 그림에 화살을 쏘는 시늉을 하여 저주하면 그 부작용이 그대로 인목대비에게 미친다고 여겼다. 더욱이 저주한 그림을 인목대비 곁에 놓으면 효과가 배가되는 법이다.

『계축일기』에서는 광해군 측에서 영창대군에 대한 저주는 말할 것도 없고, 정명공주를 향해서도 방정(저주)을 하고 악담을 퍼부었다고 전한다. 여러 차례 불을 질러 죽이려고도 했다. 천연두는 조선시대 사람들이 가장 두려워했던 전염병이다. '마마' 혹은 '손'이라 불리는 천연두는 목숨을 앗아갈 뿐만 아니라 얼굴에 심한 상처를 남겼다. 그리하여 병이라기보다는 무서운 역귀疫鬼로 여겨졌다. 천연두에 걸리면 꺼리는 일이 극히 많을 뿐만 아니라 무당을 데려다 배송굿을 했다. 광해군 일당으로부터 사주를 받는 궁녀 천복天福은 정명공주가 마마를 앓는 것을 알고 크게 기뻐했다. 천복은 이제야 기회를 얻었다며 고기를 뜯어 먹고 술을 마셨다. 마마를 앓을 때 주변에서 술과 고기를 먹는 행위는 절대 금기였다.

왕비는 한술 더 떠 독한 저주를 했다. 내관이 제사를 지낼 때 쓰는 돼지를 어떻게 들여올지 묻자 왕비가 말했다. "토막을 쳐서 들이라." 돼지에 도끼질을 하여 잘게 자르라는 말이다. 마마가 들어왔을 때 칼질과 도끼질은 가장 흉한 일이다. 술과 고기를 좋아하는 역신이 궁궐에서 돼지고기를 자르는 소리를 듣고 떠나갈 리 없다. 하지만 실제로 광해군 측의 저주는 정명공주를 해하는 데 득이 되지 못했다. 정명공주는 천연두를 쉽게 넘겼을 뿐만 아니라 이후로 83세까지 장수했다. 광해군 측이 벌였다는 저주는 별

로 실효성이 없었던 것이다.

사상 최대의 무녀 옥사

의금부 옥사에는 죄인들을 모두 수용할 수 없어 전옥典獄으로 옮겨갔다. 감방마다 모두 죄인들로 넘쳐나 겨우 앉을 정도였으며, 그 자리에서 죽는 이도 많았다. 이 계축옥사는 죄인들의 부모 형제와 자식까지 잡아들여 고문하는 참혹한 옥사였다. 그럼에도 김제남의 역모 혐의를 입증할 구체적인 단서를 찾지 못했다. 김제남이 역모를 부인하며 사사되었고, 그의 심복인 오윤남吳允男이 고문을 받다가 죽었기 때문이다. 오윤남의 처까지 사망했으므로 아들 오강吳講을 붙잡아 심문했다. 오강은 이제 겨우 열세 살이 된 어린아이였다. 어린아이에 대한 국문은 국법에도 없는 일이었지만 광해군은 역적의 아들이라며 관용을 베풀지 않았다.

심지어 오강에게 압슬형壓膝刑까지 가했다. 계축옥사에서는 남녀노소 할 것 없이 잔인한 압슬형이 가해졌다. 압슬형은 큰 옥사가 났을 때 괴수에게만 가하는 형벌이었다. 이는 사금파리를 깔아놓은 자리 위에 무릎을 꿇게 하고 무거운 돌을 얹는 혹독한 고문이다. 사관은 "압슬형은 사람이 견딜 수 있는 것이 아니다. 무겁게 누르면 입을 다물어 인사불성이 되고, 가볍게 누르면 아우성을 치므로 실없는 말을 용이하게 자복받을 수 있다"며 쓴소리를 했다. 그럼에도 계축옥사에서는 죄인마다 이 형벌을 적용했으며, 곤장도 쳐보지 않고 처음부터 압슬형을 내렸다고 한다. 어린 오강에게 한 차례 압슬형을 가하자 그는 아픔을 참지 못하고 엉뚱하게 없던 일까지 꾸며대며 자백을 했다.

"(영창)대군이 팔자가 좋다는 말은 여자 점쟁이에게서 들었습니다."(『광해군일기』 5년 6월 9일)

광해군이 이 말을 듣고 흥분했다.

"여자 점쟁이 이름을 물어서 당장 체포하라."

오강의 진술은 계속되었다.

"제 아비가 일찍이 점쟁이에게 물어보았더니, 대군의 팔자가 매우 좋아 혼인한 뒤에는 더없는 부귀를 누릴 것이라고 했습니다."

광해군은 더욱 이성을 잃었다.

"혼인한 뒤에 더욱 귀할 것이라는 말은 몹시 흉측하고 참혹하다. 이 말에 대해 문초하라."

심문관 권진權縉이 물었다.

"그것은 나라를 전수받는다는 말인가?"

처음에 오강은 이를 부인했다. 하지만 압슬형을 더 가하자 모두 그렇다고 자백했다. 영창대군이 나이가 들어 왕이 될 것이라는 예언을 인정하는 셈이었다. 이 거짓 자백이 몰고 올 파란을 어린아이가 어찌 알았겠는가. 한양 무당들의 씨를 모두 말려도 부족함이 없는 자복이었다.

고대사회에서부터 맹인은 악귀를 쫓아내고 점을 봐주는 점쟁이 역할을 많이 했다. 이렇게 점을 봐주고 앉아서 경문을 읽어주는 맹인을 '판수'라 부른다. 판수는 서서 굿을 하는 무당과 달리 앉아서 북을 두드리며 경문을 읽어준다. 장안의 유력가들은 맹

인 무당을 불러서 자신뿐만 아니라 경쟁자의 운을 확인했다. 『계축일기』에서는 광해군 측근들이 유명한 점쟁이를 모두 유자신의 집으로 불러와 자기들의 운수뿐만 아니라 인목대비 쪽의 액운을 살펴봤다고 한다. 계축년 저주를 부리기 전에도 유희량(유자신의 아들)이 맹인 점쟁이 신경달을 불러서 영창대군의 운을 확인한 바 있었다.

오강의 자백에 따라 고성高成이 잡혀왔다. 고성은 시골에서 올라온 지 얼마 안 된 열여덟 살의 맹인 무당이었다. 영험이 있다는 소식이 알려지자 궁가와 세력가들은 앞다투어 그녀를 불러 점을 쳤다. 도성을 떠들썩하게 한 무당이므로 실세 중 한 명인 오윤남도 불러서 점을 봤을 터이다. 그런데 고성은 천연두를 앓았으므로 앉을 기력조차 없었다. 고성이 오윤남을 모른다고 하자 즉시 국문이 가해졌다. 어지간해서는 맹인에게 고문을 하지 않았지만 계축옥사에서는 누구든 모진 국문을 피할 길이 없었다. 형벌을 받자마자 고성은 오윤남의 집에 가서 점을 봐줬다며 말을 바꿨다. 그녀는 광해군이 원하는 공초를 말했다.

"오 별좌(오윤남. 별좌는 오품 벼슬 중 하나)는 처음에는 병오생 남자의 운명에 관해 묻고 다음에는 계묘생 여자의 운명과 무술생 남자의 운명에 대해 물었습니다. 또 병오생과 무술생 중 누가 나으냐고 묻기에 내가 '병오생은 팔자가 비록 좋으나 13세가 지나야만 오래 살 수 있고, 무술생은 높은 벼슬을 할 것이니 더욱 좋다'고 대답했습니다."(『광해군일기』 5년 6월 9일)

계묘생 여자는 정명공주를, 병오생 남자는 영창대군을 이르는 말이다. 고성은 영창대군이 팔자가 좋고 13세가 지나면 오래 살 수 있다고 했다. 이 말은 광해군의 심기를 불편하게 했다. 고성의 공초에는 차마 듣지 못할 단서가 많았다고 한다. 고문을 이겨내지 못한 고성은 영창대군이 왕이 될 운수라고 말했을 것이다. 그러자 승지 정엽鄭曄이 나서서 신하로서는 차마 듣지 못할 공초이오니 중지해달라고 요청했지만, 광해군은 오히려 화를 내며 공초를 계속하라고 명했다.

다음 날인 6월 10일에도 고성에 대한 심문은 계속되었다. 고성은 자기가 알고 있는 여자 무당이며 늙은 여승을 죄다 끌어들였다. 그들의 나이와 거처까지 모두 밝혔는데 억울하게 걸려든 무당이 숱했다. 사상 최대의 무녀 옥사가 시작된 것이다. 포도청에서는 활인서活人署 대장에 등록된 무당들까지 마구잡이로 뽑아서 체포했다. 활인서는 한양 도성 내의 환자를 치료하기 위해 세운 기관이다. 조선 정부는 무당을 활인서에 소속시켜서 전염병을 치료하는 의례를 하도록 했다. 전염병을 역귀의 소행으로 여겼기에 무당을 치료자로 배치시킨 것이다. 고성의 거짓 자백으로 활인서 무당들은 영문도 모르는 채 잡혀와 된서리를 맞았다.

무녀 옥사에 연루된 무당들은 황금, 이비, 어영개, 춘월, 진이 등 20여 명에 이른다. 실제로 잡혀온 무당들은 이보다 훨씬 더 많았을 것이다. 그 가운데는 국무인 수련개도 있었다. 김제남의 집을 왕래하는 무당들을 캐다보니 나랏무당까지 잡혀온 것이다. 조선시대에는 성수청星宿廳에 국무당을 두어 나라와 왕실을 위한 굿을 하도록 했다. 나라굿을 하는 국무는 왕실의 보호를 받으며 대단한 권세를 누렸다. 의인왕후 시절부터 국무로 인정을 받은 수련개는 인목대비뿐만 아니라 광해군과 중궁에게도 총애를 받고 있었다. 그런 까닭에 수련개는 여느 무당들과 달리 곧 석방될 수 있었다.

계축년의 난잡한 저주 사건들

광해군은 궁궐 내에서 저주 사건들을 자주 목격했다. 광해군은 각종 저주물을 신하들에게 꺼내 보이며 "저주의 곡절을 맺은 무당이 바른대로 불지 않는다"고 말했다. 또 정월 이후로 궁중에서 강아지, 쥐, 돼지, 개구리, 고양이, 닭 등을 불로 지지고 찢어서 저주한 사건을 기록한 책을 주면서 나인들을 추문하라고 명하기도 했다. 일련의 저주 사건이 광해군의 눈앞에서 숱하게 발생했다는 증거다. 『광해군일기』(5년 6월 20일)에서는 광해군을 저주 사건으로 끌어들이기 위해 저주한 물건들을 일부러 난잡하게 드러내놓았다고 한다.

"고금에 저주하는 요술은 반드시 은밀한 곳에 물건을 묻어놓아 방에 거처하는 사람으로 하여금 오래도록 깨닫지 못한 채 그 빌미에 젖어들게 했다. 그런데 지금은 왕의 눈에 띄는 데다 드러내놓는다. 섬돌 위에다 쭉 늘어놓기도 하고 나무 위에다 걸어놓기도 했으며, 베개와 병풍 사이에다 난잡하게 놔두어 반드시 상(광해군)으로 하여금 깜짝 놀라 끝까지 캐물어 다스리게 하려고 했다. 내간內間에서 스스로 이런 짓을 하여 대비를 모함하려고 한 술책임이 분명하다."

광해군이 거둥하는 공간에 일부러 저주 물건들을 늘어놓아 보이게 했다는 것이다. 사관은 이 배경에는 인목대비를 원수처럼 여기는 삼창三昌(이이첨, 박승종, 유희분 등 대북의 핵심 세력을 일컫는 말) 등이 있다고 했다. 저주 사건은 이들과 협력한 왕비의 나인들이 직접 벌인 짓으로 추정했다. 광해군이 저주의 옥사를 확대해나간 이유도 이런 흉물스런 저주물들을 목격했기 때문이다. 눈앞에서 저주 사건들이 계속 나타나자 영창대군과 인목대비를 향한 의심이 커질 수밖에 없었던 것이다.

대북 세력 가운데서도 이이첨이 가장 교활한 인물이었다. 저주 사건의 배후로 특히 의심되는 자였다. 광해군 시절 권력을 움켜쥔 이이첨의 집은 그를 찾아오는 사대부들로 문전성시를 이뤘다.

이이첨은 곡진한 예로 접대하여 마음을 잡은 이후 상소가 필요할 때마다 그들에게 초안을 나눠주고 상소를 올리도록 했다. 상대를 모략하는 함정을 팔 때는 광해군에게 밀계密啓를 올렸다. 또 임금이 총애하는 김상궁에게 한글 편지를 보내 미리 조율했다. 이이첨은 광해군이 대북의 편에서 벗어나지 않도록 항상 이런 말을 했다고 전해온다.

"서인이니 남인이니 소북이니 하는 자들은 모두 역적 이의李瑃(영창대군)에게 마음을 두어 나라를 위태롭게 하는 자들입니다. 오직 대북만이 주상을 위하여 충성을 바치려 합니다. 주상께서는 대북에게만 의지하고 기대야 합니다."

광해군은 자주 목격되는 저주 사건이 궁금했다. 맹인 무당 고성을 심문할 때 이에 대해 물었다. 고성은 동물을 이용한 잔인한 저주 방식을 털어놓았다.

"쥐, 강아지, 두꺼비, 비둘기 등을 통째로 갈기갈기 찢기도 하고, 눈을 빼고 다리를 자르기도 하여 기도하고 저주하는 데 사용했다고 합니다."

고성은 인목대비들의 나인들과 함께 요괴스런 저주를 했다고 밝혔다. 고성은 횡설수설하며 닥치는 대로 아는 사람들을 불었다.

고성의 공초에 따라 대비전의 나인들이 잡혀왔는데, 그중 덕복德福이 있었다. 덕복은 인목대비를 곁에서 보필했던 터라 그의 친지와 종들까지 모조리 붙잡혀왔다. 덕복의 조카 김응벽도 잡혀왔다. 그는 바른대로 자백할 경우 형벌을 면할 것이라는 광해군의 말을 듣고 거짓 자복을 했다. 궁중과 목릉穆陵에 물건을 묻어 저주를 했다고 거짓말을 한 것이다. 목릉은 선조의 능이었다. 만약 목릉에 저주를 했다면 유릉에 비할 바가 아니었다.

하지만 증거가 있는 유릉 저주 사건에 반하여, 김응벽이 발설한 목릉 저주는 신빙성이 부족했다. 조성된 지 얼마 안 된 목릉은 관리들이 엄격히 지키고 있었으므로 저주를 부릴 수 없었다. 김응벽의 진술은 사실과도 크게 어긋났다. 대궐 안 연못에다 저주를 했다고 했지만 실은 그곳엔 연못이 없었다. 또 대궐 후원에 저주 물건을 묻어놓았다고 해서 파보았더니 아무것도 없었다. 그는 서둘러 "내 말을 듣고 이미 파내버렸습니다"라며 변명했다. 이이첨도 거들었다. 역적들을 빨리 토벌하지 않아 일이 누설되어 미리 파간 것이라고 했다. 확실성이 부족했음에도 불구하고 광해군은 김응벽에 대한 심문을 멈추지 않았다. 실은 영창대군을 제거할 결정적인 증거를 얻으려고 했다. 김응벽은 어디선가 들은 저주들을 생각하여 마구 거짓을 꾸며냈다.(『광해군일기』 5년 6월 17일)

"산 고양이를 목릉의 앞 계단에다 묻었고, 여자 무당 고성이 저주를 했습니다."

광해군은 자신의 생모인 공빈 김씨의 묘(성묘成墓)에 대해서도 저주를 했을 것이라 여겼다.

"성묘에도 저주를 했는가."

"모두 했습니다."

하지만 김응벽은 성묘의 위치조차 몰랐다. 성묘는 동대문 밖으

로 50리 떨어진 곳에 있었다. 그런데 김응벽은 어느 문으로 나갔느냐고 묻자 서소문으로 나갔다고 대답했다.

"대궐 안에서 저주한 일도 말해보거라."

"별감 황은인과 이대룡李大龍 등이 대군의 숙소로 들어가 을해생과 병오생의 모습을 붉은 비단에 그렸습니다. 그런 다음에 침으로 눈을 찔러 부엌에 묻었습니다. 맹인 장순명張順命도 동참하여 실로 꿰맸습니다."

을해생(1575)은 광해군을, 병오생(1606)은 영창대군을 가리킨다. 정적인 두 사람을 나란히 그린 다음 한 사람의 눈을 찌르는 저주를 했다는 것이다. 이것은 한 사람의 기운을 눌러서 다른 사람의 운명을 북돋우려는 저주였다. 광해군의 눈을 찔렀다면 극형에 처해질 일이었다. 광해군이 다시 물었다.

"지금 어느 곳에 묻어두었다는 말인가."

"김업수 화원畵員이 그렸으며, 이의의 집 부엌에다 묻었습니다."

부엌은 집에서 가장 신성한 공간이다. 그리하여 불을 지펴 음식을 조리하는 부엌에는 조왕신이 있다고 여겼다. 신성한 부엌에 저주 물건들을 매장함으로써 저주의 효과를 극대화시키려 한 것이다.

"왜 그렇게 했는가."

"이렇게 저주를 하면 을해생에게는 좋지 않고, 병오생에게는 좋은 일이 많이 생기기 때문입니다."

을해생에게는 좋지 않고, 병오생에게는 좋은 저주. 광해군을 왕좌에서 끌어내고 영창대군을 그 자리로 올리려는 음모라는 의

미다.

하지만 막상 김업수를 잡아다 문초해보니, 김업수는 화원의 일을 한 지 오래된 칠순의 노인이었다. 김응벽과 김업수는 이웃에 살았는데, 김응벽이 돈을 빌려놓고 갚지를 않아 김업수와 다툰 적이 있었다. 김업수는 김응벽이 자신에게 악의를 품고 혐의를 꾸며냈다고 했다.

김응벽은 횡설수설하면서도 저주 사건들을 계속 끌어냈다. 예전에 덕복에게서 들었던 저주들로 생각된다면서, 금산사金山寺에서 산 말에게 저주를 하여 연못에다 던져버린 일이며, 흰 수캐의 네 다리를 잘라내 저주를 하여 대비전의 뒤뜰에 묻어두었다고 했다. 또 대비전의 나인들이 산 닭을 잡아 한쪽 눈을 꿰매고 주사朱砂(한방에서 쓰는 붉은 광물)와 진주를 먹인 다음 붉은 보자기로 싸서 대전을 향해 보냈다고도 했다.

🟦 저주에 놀아난 조정

김응벽의 입은 저주의 문이었다. 그는 누구든지 저주의 문으로 끌어들이는 저승사자였다. 김응벽은 자신이 역모를 꾸미는 데 이용당하다가 결국 죽는다는 것을 알았다. 그리하여 서양갑처럼 조정과 나라를 뒤흔드는 저주를 퍼붓기 시작했다. 그의 공초에 오르면 삽시간에 역적이 되어 저승으로 끌려갈지 몰랐다.

김응벽은 신하를 한 명씩 거론하면서 무조건 김제남과 친한 서인西人이라고 말했다. 심지어 영의정 이덕형과 전라 감사 이경전도 김제남의 당파이며 서인이라고 했다. 또 박동량·박동열 형제와 자신을 붙잡아온 안용安容까지도 김제남과 한패라고 했다. 조정의 대신들을 역적 김제남과 모두 한패로 끌어들이려고 한 것이다. 당파를 떠나 모든 신하가 모골이 송연해지고 식은땀이 흘렀다. 심희수는 김응벽이 말한 저주는 억측이고, 믿을 수 없다며 그의 공초를 중단하기를 요청했다. 박승종朴承宗까지도 대전에서 닭을 보냈다는 것은 허황된 사실일 뿐이라며 김응벽을 의심했다. 대북 일파조차 김응벽의 말이 믿기 어려운 자백이며, 빨리 옥사를 정리하자고 적극 주장했다.

하지만 광해군은 쉽게 옥사를 끝내지 않았다. 김응벽이 목릉에 묻었다는 저주물을 확인하고 싶었기 때문이다. 승지 윤중삼尹重三에게 김응벽을 데리고 가 목릉을 파서 저주물을 확인하라고 명했다. 선왕의 능을 파는 것은 극히 조심스런 일이었다. 미리 택일해서 경건한 제사를 지냈다 해도 비판을 벗어나기 어려웠다. 『계축일기』는 "김응벽의 말을 그대로 믿어 의심치 아니하고 목릉에 가서 제사도 아니 지내고 상돌 밑을 석 자나 파보았으며, 아무것도 나타나지 않으니까 유릉에 올라가 파보았다"고 비판했다. 하지만 광해군이 '택일해서 봉심奉審(왕의 명으로 능을 보살피던 일)을 하라'는 명을 분명히 내렸으므로 이것은 억지에 불과했다.

덕德과 인仁은 왕의 통치 덕목이다. 이를 버리고 왕이 정적을 향한 저주에 눈이 멀었다면 나라의 근간이 흔들리는 법이다. 김응벽이 노린 것도 이 점이다. 김응벽의 거짓 자백에 속아 광해군은 선왕의 능을 파서 종묘사직에 모욕을 끼쳤다. 김응벽은 능에 도착하자 돌난간 뒤를 가리키며 그곳에 저주물을 묻어놓았다고 했다. 하지만 한 자쯤 파보자 토질이 단단해서 삽이 아예 들어가질 않았다. 전에 땅을 판 흔적도 없었다. 그러자 김응벽은 곁에 있는 사람에게 말했다.

"내게 벌을 주면서 다그치니 내가 어찌 거짓말을 하지 않을 수 있겠는가."(『광해군일기』 5년 6월 19일)

윤중삼은 김응벽을 의심하면서도 왕명에 따라 저주물을 찾기 위해 다시 성묘까지 이동했다. 하지만 김응벽은 혹독한 고문과 장시간의 걸음을 견디지 못하고 성묘의 홍문紅門 앞에서 그만 쓰러져 죽고 말았다. 이 소식을 들은 광해군은 오로지 저주물을 찾지 못해 안타까울 뿐이었다.

"죄인이 어찌 헛말을 했겠는가. 이미 그 물건이 썩어버린 게 아닌가."

이 사실을 두고 사관은 "김응벽의 뜻은 일부러 능을 파게 하여 원한을 갚고자 한 것인데, 이 역시 서양갑과 같은 무리다"라고 평가했다. 김응벽은 개죽음을 당할 것을 예견하고 마지막으로 왕릉을 능멸한 것이다. 죽은 다음 날 김응벽의 시신은 서양갑과 마찬가지로 환형에 처해졌다. 죽어서 또다시 극형에 처해진 김응벽은 지옥에서라도 끝까지 조정을 저주했을지 모른다. 광해군은 저주물을 찾는 데 실패하고 선조의 능을 욕되게 했으며, 애꿎은 김응벽만 환형에 처한 꼴이 되었다.

다음 날 광해군은 대신들에게 영창대군을 민가로 내보낼 방안을 찾으라고 말했다. 그동안 대신들이 영창대군을 궁궐에서 내보내라는 주장을 계속해왔지만 광해군은 이를 만류해왔다. 광해군은 인목대비가 한 저주의 증거를 찾은 뒤 영창대군을 민가로 내보내야 한다고 생각했다. 그 증거를 찾는 데 실패하자 영창대군을 쫓아내라는 명을 내린 것이다.

어린 영창대군을 궁궐에서 내보내라는 것은 곧 죽이라는 명령과 같았다. 영창대군은 임해군과 똑같이 강화도에 안치安置되었다. 영창대군의 집 주변은 가시나무로 빼곡히 둘러놓았으며, 수장守將의 감시가 삼엄했다. 광해군은 지난번 임해군 살해에 공로가 있었던 이정표李廷彪를 다시 수장으로 삼았다. 영창대군을 죽이는 데 강화부사 정항鄭沆이 이정표와 힘을 합쳤다. 『광해군일기』(6년 2월 10일)는 "정항이 집 주변에 사람을 엄중히 금하고, 음식물을 넣어주지 않았다. 침상에 불을 때서 눕지 못하게 했는데, 의�가 창살을 부여잡고 밤낮으로 울부짖다가 기력이 다하여 죽었다"고 기록하고 있다. 광해군의 질시와 저주로 인해 결국 영창대군은 끔찍하게 살해됐다. 9년 뒤 인조반정이 일어났다. 광해군은 영창대군처럼 강화도에 안치되었다.

인조 대
저주 사건과 번침

"지난해 8월에 애단의 동생 이장풍이 흰 고양이 머리를 가져다주어 주방에 놓아두었습니다. 애단이 길이가 한 자가 채 못 되는 싸맨 물건 하나를 가지고 와서 귀희와 서로 말했습니다. (…) 애단이 아이의 머리를 가지고 와 장보문에 문안드리러 가는 길에 묻도록 했습니다."(『인조실록』 10년 10월 23일, 덕개의 진술 중에서)

인목대비의 장례를 정성껏 치른 탓에 인조는 병에 걸렸다. 장례식을 치르자마자 궁궐 내에 저주 사건이 발생했다. 궁궐에 묻어놓은 더러운 저주물이 낭자하게 발견되었다. 인목대비의 궁녀들이 범인으로 지목되어 국문과정에서 숨졌다. 인조는 이 저주물에서 나쁜 기운이 나와 병을 일으킨다고 여겨 시골 명의였던 이형익을 불러와 번침燔鍼을 맞기 시작했다. 뜨겁게 달군 번침으로 사기를 물리칠 수 있다고 한 이형익을 믿었던 인조는 침 시술에 빠져들었다. 그런데 7년 뒤에 다시 최악의 저주 사건이 터졌다. 임금이 머무는 시어소를 비롯해 무려 56곳에서 저주물이 발견된 것이다. 심지어 임금의 이불 솔기에서도 독물이 나왔다. 이 저주 사건의 배후로 인목대비의 딸 정명공주와 남편 영안위가 의심받았다. 하지만 인조는 공신들의 강력한 반대로 이들을 국청에 세울 수 없었다. 이어지는 역모와 전란, 그리고 저주 사건으로 인해 인조는 가슴이 답답하고 열이 치밀어 올랐다. 과연 이형익의 번침으로 저주의 사기를 물리치고 인조의 지병을 치료할 수 있을까.

선조의 사람, 귀희와 옥지

1632년(인조 10) 6월 28일, 인경궁仁慶宮 흠명전欽明殿에서 곡소리가 들려왔다. 인목대비가 마흔아홉 살의 나이로 파란만장한 생을 마친 것이다. 인목대비는 열아홉 살의 어린 나이로 선조와 혼례를 치렀다. 그녀는 궁중생활에서 마음 편한 날이 없었다. 남편이 죽자 어린 아들과 아버지는 광해군으로부터 죽임을 당했으며, 서궁에 유폐되었다가 인조반정이 일어나 가까스로 복권됐다. 하지만 인조 시기에도 혼란스러운 상황이 계속되었기에 그녀는 늘 마음을 졸여야 했다.

인목대비가 병석에 눕자 인조는 최선을 다해 봉양했다. 인조는 허리띠도 풀지 않은 채 인목대비를 주야로 간호했고, 약을 올릴 때는 반드시 먼저 맛을 봤을 정도다. 인조의 등극을 허락해준 인목대비는 친할머니 이상으로 모셔야 할 대상이었다. 인목대비가 죽어서도 마찬가지였다. 경덕궁에 빈전殯殿을 설치하고 지극정성을 다해 초상을 치른 것은 물론이다.

하지만 인목대비는 살아서도 죽어서도 풍파를 몰고 다니는 인물이었다. 인목대비의 졸곡제卒哭祭를 마치기도 전이었다. 그해 10월 16일, 회은군懷恩君 이덕인李德仁이 '경창군慶昌君이 역모를 꾸민다'는 고변을 해서 한바탕 소동이 일어났는데 이 거사를 인목대비가 알고 있었다는 증언이 나왔다. 그런데 이 역모는 어현於玄이라는 자가 앙심을 품고 꾸민 무함임이 들통났다. 그해 10월 23일에는 궁궐 내 저주 사건이 발생했다. 흉측한 저주물들이 궁궐에서 낭자하게 발견되었다. 대신들이 궁궐 저주 사건을 조사하도록 요청하니 인조가 국청을 설치하라고 명을 내렸다.

저주 사건의 범인으로 옥지玉只와 귀희歸希가 지목되었다. 옥지는 정상궁丁尙宮, 귀희는 윤소원尹昭媛(소원은 내명부의 정4품 지위)을 가리킨다. 인목대비의 일파인 그들은 밤중에 후미진 곳에 모여 제사를 지내고 기도를 드렸다. 인목대비의 어머니인 연흥부인延興夫人을 위해 제사를 지내는 것이라 했다. 인목대비가 생전에 효성을 다하지 못한 것을 아쉬워했으므로 대신 제사를 올리는 것이라 했다. 하지만 문을 잠가놓고 남몰래 하는 행동이 수상쩍었다. 대비가 죽은 지 3일 만에 계집종 말질향末叱香이 독약을 먹고 죽은 일도 의심스러웠다. 인조는 저주물을 묻은 혐의자로 옥지와 귀희를 점찍었다. 그런데 인목대비의 나인들이 인조를 저주할 이유가 어디 있겠는가. 인목대비와 인조는 반정으로 한배를 탄 동지가 아니던가. 인목대비의 초상을 정성껏 치르던 인조가 왜 인목대비 일파를 의심한 것일까.[6]

그런데 인조는 공식적으로 국청을 열어 옥지와 귀희에 대해 국문하기를 꺼렸다. 영의정 윤방尹昉과 우의정 김상용金尙容 등이 흉측하고 더러운 물건이 궁중에서 낭자하게 발견되었으니 엄히 국문하여 실정을 캐자고 아뢰었다.(『승정원일기』 10년 10월 24일) 하지만 인조는 저주 사건이란 밝히기 어려운 일이므로 조용히 국문하겠다고 했다. 다음 날 사간원에서 저주의 변고는 반드시 궁중의 무리들이 내통한 결과라며 잡스런 궁인을 낱낱이 색출하자고 주장했을 때도 인조는 앞으로 잘 살피겠다는 말로 대신했다. 이후에 사헌부와 사간원이 주모자 귀희와 옥지를 붙잡아 철저히 신문하자고 아뢰었지만 그는 "선조先朝의 사람을 심문하는 것은 옳지 않다"는 말만 되풀이했다. 인조는 귀희와 옥지를 처벌하는 일을 두고 크게 고심했다. 귀희는 선조宣祖의 총애를 받기도 했다. 그녀는 선조 시절 열한 살의 나이로 궁중에 뽑혀서 들어왔다. 귀희도 선조가 죽을 때 인목대비에게 작위를 주어 보살피도록 유언을 했다는 점을 강조했다. 저주 사건의 배후로 의심되는 자가 선조의 사람이라는 사실은 인조를 자꾸 머뭇거리게 만들었다.

🔳 인조의 병은 사기邪氣 탓?

인목대비 초상을 치르던 중에 인조가 병이 들었다. 인조대왕 행장에서는 "왕의 병환은 임신년壬申年(1632) 상중喪中에 계실 때 시작되어 피로하고 염려하는 가운데 손상이 쌓여 17년 동안 낫지 않고 더하다 덜하다 하셨다"라고 했다. 인조는 땀이 절로 나고 오한이 들었을 뿐만 아니라 한쪽이 마비되는 증세까지 보였다. 이 병은 죽을 때까지 인조에게서 떠나지 않았다. 도대체 상례가 얼마나 힘들고 피곤했기에 이런 증세가 나타났을까. 실은 상례를 과도하게 치르다가 도리어 왕에게 병이 나는 것은 조선시대에 흔한 일이었다.[7]

인조의 대표적 증상은 번煩과 한열寒熱이었다. 번증은 가슴이 답답하거나 갈증이 나고 열이 있는 듯한 느낌이다. 갑갑함이 심하고 무엇인가 그득히 들어 있는 것 같다. 인조는 이따금 열이 위로 치밀어 오르고 가슴이 답답함을 호소했다. 하지만 이런 번증은 대부분 환자의 자각 증상으로서 정확한 진단과 치료가 어렵다. 한열은 오한과 발열 증상을 아울러 가리킨다. 한의학에서 한열은 음양이 치우쳐, 성하거나 약해져서 생기는 것으로 본다. 양이 치우쳐 성하면 열증이 생기고 음이 치우쳐 성하면 한증이 생기는 것이다. 그런데 인조의 증세는 무려 17년 동안이나 지속되었다. 무리하게 초상을 치르다 얻은 병이라 하기에는 쉬이 이해가 되지 않는다. 인조가 앓은 발열과 오한의 반복 증상은 그 이유를 정신적 원인에서 찾을 수 있다. 정신적·심리적 질병일 가능성이 높은 것이다. 연이은 반정과 호란, 그리고 역모 사건들은 인조에게 정신적 충격과 심리적 불안감을 초래하게 했다.[8]

이런 증상으로 인해 인조는 오랫동안 침과 뜸에 의지했다. 인조는 1632년 8월 24일부터 침을 맞고 뜸을 뜨기 시작했다. 8월

말 영중추부사 이원익李元翼이 문안을 왔을 때 "뜸과 약이 다 효험이 있으니 경은 염려하지 마라" 하고 안심시켰다. 그런데 10월에 예기치 않았던 저주 사건이 발생한 것이다. 저주물이 궁궐 내에 대규모로 발견되었다. 신하들은 약을 먹어도 인조의 증세가 호전되지 않았던 이유를 흉측하고 더러운 저주물에서 찾았다. 인조와 왕비 모두 거처를 옮겼을 뿐만 아니라 약방藥房(내의원)이 사기邪氣를 퇴치하는 약을 먹고 침을 맞을 것을 권했다. 저주물에서 요사스런 기운이 뿜어져 나와 인조에게 영향을 미쳤을 것으로 진단했다.

조선시대에 '사기'는 질병의 요인으로 인식되었다. 사수邪祟는 사기와 비슷한 말이다. 귀신이 빌미가 된 병이 바로 사수다. 한의학 교과서인 『동의보감東醫寶鑑』 「잡병雜病」 편에서는 사수로 인한 증세와 치료법을 다루고 있다. 사수는 '보고 듣고 말하고 움직이는 것이 모두 망령된 것'이라 했다. 그런데 『동의보감』은 여러 의학서를 종합하여 편찬해서 그런지 귀신에 대해 상반된 견해를 싣고 있다. 사수 증세는 기혈이 매우 허하고 신광神光이 부족하거나 담화痰火(담으로 인해 생긴 열)가 낀 것이니, 실제로 요사스런 귀신이 있는 것은 아니라고 하면서도 사람의 정신이 온전하지 않고 두려움이 많으면 나쁜 귀신이 공격하고 붙는다고 했다. 이렇게 악귀가 붙으면 말을 하지 않고 조용히 있거나, 함부로 말하고 헛소리하거나, 비방과 욕설도 일삼게 된다고 했다.

10월 25일 약방은 당대 최고의 침의였던 유후성柳後聖을 인조에게 추천했다. 유후성은 백성을 대상으로 침으로 사기를 치료하는 임상 시험을 했다. 사기를 치료하는 열네 곳의 혈 가운데 몇 군데를 선택하여 사람들에게 직접 침을 놓은 것이다. 어떤 이는 서너 차례 침을 맞고 효과를 봤으며, 어떤 이는 침뜸을 모두 해 나중에 효과를 보기도 했다. 『동의보감』에서는 사기를 치료하기 위해 침을 놓는 혈자리로 인중혈을 비롯한 열세 곳을 열거하고 있다. 또 귀신이 들려서 발광할 때는 열 손가락 끝, 손톱에서 1푼 떨어진 곳에 뜸을 들인다고 했다. 그 혈의 이름이 '귀성鬼城'이다.

그런데 인조는 "내 병은 초상 때 발병한 것이니 사질邪疾로 의심하는 것은 지나친 일이다"라며 침으로 치료하자는 약방의 말을 따르지 않았다. 약방은 인조의 질병이 사기에서 비롯되었다고 믿었다. 침술 치료도 포기하지 않았다. 약방은 충청도 대흥大興에 살고 있는 이형익李馨益의 침술이 매우 신묘하다는 이야기를 들었다. 이형익은 침으로 사기를 다스린다고 알려져 있으며, 실제로 괴질을 침법鍼法으로 치료한 경험이 있었다. 그를 멀리서 데리고 와 치료를 시키려고 하니 급료가 필요했다. 약방은 인조에게 급료를 주게 할 것을 요청했다. 하지만 이번에도 인조는 "괴이하고 거짓된 술법을 쓸 필요가 없으니 급료를 주지 마라" 하고 단호히 거절했다.

▦ 이형익의 번침에 빠지다

옥지와 귀희는 저주 혐의를 극력 부인했다. 광해군 시절 계축년 저주 사건으로 인해 숱한 나인들이 죽었다. 옥지는 그 사건 이후로 저주에 대한 말조차 귀를 막고 차마 듣지 않았다고 했다. 또 자신과 귀희, 말질향이 함께 저주를 꾀했다면 더불어 거처하는 상궁들이 모를 리 없다고 잡아뗐다. 말질향도 병으로 죽은 것이지 독약 때문이 아니라며 부인했다. 하지만 귀희의 계집종인 덕개德介를 심문하는 과정에서 단서가 나왔다. 덕개는 이렇게 공초供招했다.

"지난해 8월 애단의 동생 이장풍李長風이 흰 고양이 머리를 가져다주어 주방에 놓아두었으며, 애단이 한 자가 채 못 되는 싸맨 물건을 가지고 와서 귀희와 서로 말했습니다. 좌우 사람들을 물리쳤기 때문에 그 말을 듣지는 못했습니다. 또 애단이 아이의 머리를 가지고 와서 문안드리러 다니는 길에 묻도록 했습니다."

애단이 고양이 머리를 가지고 와서 주방에 놓아두었다는 점도 엽기적이지만 어린아이의 머리를 묻었다는 증언은 더 충격적이다. 동물과 사람을 가리지 않고 신체 일부를 절단하여 보관하는 엽기적 저주 풍속이 드러난 것이다. 이애단李愛丹은 주방에서 일하는 나인이었다. 그녀는 무속과 불교를 숭배하고, 신앙 일을 도맡아 했다. 연등을 걸기 위해 관왕묘를 자주 찾았으며, 승건僧巾(승려가 쓰는 두건)을 만들어 대비전 침실에 놓아두도록 한 적도 있었다. 이럴 때 애단이 귀희와 비밀히 의논하는 장면이 목격되었다. 옥지의 계집종인 득화得花도 애단과 귀희에게 불리한 진술을 했다.

"경오년(1630)에 애단이 번번이 나갈 적마다 반드시 이상한 물건을 가지고 들어오곤 했습니다. 모양이 보릿자루와 같으면서 약간 푸른빛이 돌았습니다. 그것을 귀희에게 바치는 것을 봤습니

다. 날이 저물자 애단이 이것을 가지고 대전大殿의 침실로 갔습니다."(『인조실록』 10년 10월 23일)

이들의 공초대로라면, 애단이 궁내로 가져온 이상한 물건들이 옥지와 귀희에게 전달되었으며, 그것을 왕의 침실로 들고 갔다는 것이다. 덕개와 득화의 공초로 인해 옥지와 귀희는 처벌을 면치 못하게 되었다. 선조의 사람이라고 형신조차 못 하게 했던 인조도 결국 의금부의 주장에 따랐다. 귀희와 옥지는 서소문 밖에서 사사賜死되었다. 덕개도 처형당했으며, 득화와 애단 등도 곤장을 맞다가 숨졌다. 하지만 경덕궁 일대를 조사했으나 흉측한 물건은 발견되지 않았으며, 혐의자들이 모두 범행에 대해 승복하지 않고 죽었다. 이 저주 사건의 진실은 밝혀지지 않은 채 미궁 속으로 빠져들었다.

저주 사건이 잦아들 무렵이었다. 어찌 된 영문인지 인조는 이형익에게 녹봉을 주고 서울에 머물러 있게 했다. 이형익에게 침을 맞자는 약방의 의견을 무시하던 인조의 태도가 갑자기 바뀐 것이다. 1633년(인조 11) 1월 22일 인조는 침을 맞았다. 『인조실록』에서는 오랫동안 인조가 편찮았기에 이형익에게 번침을 맞았다고 했다.

"상이 이형익에게 침을 맞았다. 이때 상이 편찮은 지 오래되었는데, 궁중에서는 저주를 입은 탈이라고 의심했다. 이에 이르러 이형익을 불러 번침을 맞았다."

그런데 인조는 보통의 평침平鍼이 아니라 번침燔鍼을 맞았다. 『동의보감』「침구鍼灸」편에서 번침은 화침火鍼이라고 했다. 불 속에 놓아두었다가 뜨겁게 달구어진 채로 자침刺針하는 것이 화침이다. 쑥뜸을 무서워하는 사람에게 화침을 썼으며, 뜸을 뜨는 게 금지된 혈에 화침을 찌르기도 했다. 조선시대에 이 번침은 잘 사용되지 않았다. 번침의 효과도 확인되지 않은 상태였으니 '감히 옥체에 번침을 시험한다'라는 대신들의 반발이 예상되었다.

인조는 사기를 물리치기 위해 번침을 썼다. 인조는 번침으로 효험을 봤다고 느꼈다. 시간이 지날수록 인조는 이형익의 번침에 빠져들었다. 인조가 번침에 중독되자 약방과 신료들은 우려를 표했다. 예조 참판 이준李埈이 상소를 올렸다.

"저주란 말세에 나온 것입니다. 이른바 사수邪祟란 호매狐魅(여우와 도깨비)를 말하는 것이지 썩은 뼈가 괴변을 부린다는 것이 아닙니다. 여러 의원의 말에 따라 한결같이 원기를 보태고 늘리는 것을 위주로 하소서. 침을 맞을 때는 심기가 반드시 동요하는데, 이러면 화火가 상승하고 이어서 풍사風邪가 덮치게 마련입니다. 자주 침을 맞아서는 안 될 것 같습니다."(『인조실록』 11년 2월 3일)

이준은 썩은 뼈가 괴변을 부렸으며, 저주가 임금에게 영향을 미쳤다는 생각을 비판했다. 이준은 오직 마음을 안정시키고 기운을 기르는 데 힘쓸 것을 청했다. 마음을 다스리고 있으면 외부의 사기가 들어오지 못하고, 희로喜怒의 감정을 절제하면 기운이 화평和平하여 병이 나지 않는다고 했다. 이준은 침이 되레 마음을 동요시키고 화를 일으켜 마음을 안정시키는 데 도움이 되지 않는다고 했다. 홍문관도 상소를 올려서 이형익이 쓰는 번침술을 강력히 비판했다.

　이준과 홍문관의 상소에 따르면 이형익의 번침술은 일반 침술과 상당히 다른 것이다. 왕이 침을 맞을 때는 여러 의원이 의논하여 결정하며, 내의원 제조와 승지, 사관이 모두 입시를 해야 마땅했다. 그런데 인조는 이형익과 내시 몇 명만을 불러 침을 맞았다. 여러 신하의 입시를 허락하지 않고 멀리 문밖에 있게 했다. 이는 이형익이 기이한 침술을 썼기 때문으로 보인다. 홍문관이 침과 약을 쓸 때 널리 의원들에게 묻고 보통 처방에 의하여 치료하자는 주장을 편 것도 이 때문이다. 하지만 번침에 빠진 인조는 이런 의견을 수용하지 않았다.

　한편, 약방은 유후성으로 하여금 이형익을 견제하려고 했다. 약방 도제조 김류金瑬와 제조 최명길崔鳴吉이 유후성을 동참시킬 것을 인조에게 건의했다.

　"지난번 침을 맞을 때는 이형익만이 입시했습니다. 유후성도 함께 입시하기를 청합니다. 비록 침을 잡는 것은 이형익이 하더라도 유후성으로 하여금 혈을 잡는 데 동참하게 하소서. 그리고 상께서 침을 맞을 때는 반드시 약방이 입시해야 합니다. 비좁더라도 입시하게 해주소서."

　하지만 인조는 단호했다.

　"유후성은 들어와 진찰을 하되 혈 잡는 일은 하지 마라. 제조는 방이 비좁으니 입시하지 말라."

　한번은 이형익이 한 혈씩 좌우로 벗어나 번침을 놓았다. 인조도 이 시술이 잘못된 것을 깨닫고 의관에게 물었다. 그러자 약방이 죄인을 벌줘야 한다고 말했다. 사헌부도 나서서 이형익을 비롯해 입시했던 의원 모두를 국문하라고 아뢰었다. 하지만 인조는 중벌로 다스릴 필요가 없다며 거절했다. 심지어 인조는 이형익이 침을 잘못 찔러서 피가 흘렀는데도 그를 벌주지 않았다. 인조는 번침에 완전히 중독되었으며, 이형익을 철저히 신뢰했다.

▨ 더러운 저주물이 또 발견되다

인조가 지나치게 이형익의 번침에 의지하자 대신들의 반발이 높아졌다. 일개 시골 출신 의원이 인조의 신임을 얻어 정치적으로 성장하는 것도 못마땅했다. 1639년(인조 17) 8월 18일, 인조는 번침을 맞으려 했다. 그런데 최명길이 왕의 혈색을 살펴보니 몹시 나빴다. 의원들 못지않게 의학 지식을 보유하고 있었던 최명길은 인조에게 아뢰었다.

"이형익과 반충익潘沖翼으로 하여금 혈색을 살펴보게 하소서."

"지난번 침을 맞은 혈수穴數가 적은 듯하다."

인조는 지난번에 맞았던 침의 혈수가 부족한 탓이라고 생각했다. 최명길에게 내심 불만이 많았던 이형익이 끼어들었다.

"지금 하교를 받고 보니, 신이 침술을 소신껏 발휘하지 못하게 되면 아마도 효험을 보지 못할 것입니다."

이형익은 다른 신하들의 개입 때문에 자유롭게 시술하지 못하고 있음을 피력했다. 이형익 편에 섰던 충청도 음성 출신의 의관 반충익도 거들었다.

"오늘 안색을 보니 사수의 기운이 있는 듯합니다. 이것은 형익이 치료하기에 달려 있을 뿐입니다."

"침을 놓게 하면서 침술을 다 발휘하지 못하게 하면 되겠는가."

인조도 이형익의 손을 들어주었다. 시술에 참견하는 최명길을 우회적으로 비판한 것이다. 이를 본 사관은 반충익과 이형익이 서로 수작하여 날마다 요사스런 말을 올려 주상을 꾀었다며 혹독히 비판했다. 또 욕심을 절제하지 못하고 번침에 빠진 인조의 문제점도 지적하고 있다.

"어찌하여 사질이라고 하면서 요괴한 무리들을 불러와 망령되이 번침을 놓게 한단 말인가. 만일 사수가 있다 하더라도 마땅히 정도正道로 이를 다스려야지, 어찌 사술邪術로 사수를 다스리게 하면서 능히 그 효험을 바랄 수 있겠는가. 신료들이 마음속으로 은근히 걱정하지 않는 이가 없었다."(『인조실록』 17년 8월 18일)

인조는 신하들의 걱정에도 아랑곳하지 않고 이후에도 여러 차례 번침을 맞았다. 그런데 같은 해 8월 28일에 저주 사건이 발생했다. 최명길이 나아가 아뢰었다.

"듣건대, 궁중에 저주의 변고가 있다고 합니다. 의관들이 거처를 옮기시는 것이 마땅하다 하고 신하들의 심정도 모두 이와 같습니다."

인조는 달리 옮길 만한 장소가 없다고 하면서 최명길과 도승지 이기조李基祚의 말에 따르지 않았다. 이때 이형익이 끼어들어 말하려고 하자 최명길이 버럭 화를 냈다. "이는 조정의 논의인데 네가 어찌 감히 나선다는 말이냐?" 이형익은 아무 말도 못 하고 물러났다. 내의원의 수장인 최명길도 이형익이 번침과 사술로 임금을 농락하고 있다고 여겼다.

1639년 8월에 발생한 저주 사건은 7년 전보다 훨씬 더 낭자했다. 임금이 잠자는 침소를 비롯해 대궐 주위에서 더러운 저주물들이 발견되었다. 내시가 기록한 자료에 따르면, 시어소時御所 14곳, 동궁東宮 12곳, 인경궁仁慶宮 26곳, 경덕궁慶德宮 4곳 등 56곳에서 저주물이 발견되었다. 조선 궁궐의 역사에서 저주 사건은 한시도 끊이지 않았지만 이렇게 대규모로 저주물이 발견된 것은 처음이었다. 저주를 믿지 않는 사람조차 꺼림칙한 기분이 들 정도였다. 신하들은 인조가 창경궁에서 창덕궁으로 이어移御할 것을 청했다. 저주물이 더러운 뜰과 문 사이에 붙어 있다가 사람에게로 스며들어 병을 일으킨다고 보았기 때문이다. 인조 시절에는 민가에서도 이런 저주 사건이 자주 발생했다. 저주물이 집에서 발견되면 모두 집을 비우고 피했다. 그러니 임금에게도 거처하는 장소를 옮기자고 건의했던 것이다.

대궐에서 발견된 저주물이 모두 인조 재위 기간에 묻힌 것은 아니었다. 국청에서 지적한 대로, 한두 사람이 할 수 있는 일도 아니며, 한두 해에 걸쳐서 이뤄진 일도 아니었다. 하지만 이 중에서 인조를 대상으로 한 저주가 있다는 사실은 분명했다. 시어소는 인조가 병자호란 후 창경궁으로 온 뒤에 임시로 머물렀던 곳이기 때문이다. 저주물을 묻어둔 위치는 주로 굴뚝과 연통, 계단 사이였다. 외부 사람들의 발길이 미칠 수 없는 곳이니 나인들의 소행이 아니라면 불가능한 일이었다. 특히 청소나 군불을 담당하는 자들이 일차적으로 의심되었으며, 대전 내에서 숙직한 자들도 혐의를 피할 수 없었다. 인조는 국청의 보고를 듣고도 이 저주는 오래전 일이라며 소극적으로 대응했다. 나인 중에서 의심스런 자의 명단을 내려준다고 했지만 한동안 하교下敎가 없었다. 여러 날을 기다린 국청이 다시 여쭙자 그제야 소아小娥, 서향西香, 춘향春香 등을 심문할 것을 명했다.

▨ 이부자리에 숨겨진 독물

『승정원일기』에는 1639년 저주 사건의 발단과정이 잘 기록되어 있는데, 황당한 사실도 있다. 인조가 덮고 자는 이부자리의 솔기에서도 저주물이 발견된 것이다. 임금의 코앞에서도 저주가 행해졌다는 것은 충격적인 사실이었다. 그 더러운 저주물의 기운이 잠자는 인조에게로 파고들어 병을 일으켰을 것이란 상상이 가능했다. 공황에 빠진 대신과 육조는 인조를 찾아가 아뢰었다.

"시어소에서 찾아낸 더러운 물건이 심지어 이부자리의 솔기 사이에도 있었다고 합니다. 네 대궐에서 일어난 변고가 이처럼 낭자하니 한두 사람의 범행으로 돌리고 소홀히 여겨 다스려야 되겠습니까? 상을 모신 상궁과 시위侍衛(임금을 호위하는 사람)를 제외하고 모두 심문하여 조처하소서."(『승정원일기』 17년 9월 20일)

10여 일 뒤 대사헌 이현영李顯英도 상궁 이하의 모든 궁인宮人을 회부하여 심문할 것을 요청했다. 그는 "이불 솔기 틈에 몰래 더러운 독물毒物을 투입하는 것은 심부름이나 하는 아랫것들이 계획할 수 있는 일이 더욱 아닙니다"라고 했다. 직접적으로 이불을 꿰맨 일이야 하인이 했겠지만 이를 지시한 배후에 누군가가 있을 거란 얘기였다. 그런데 독물은 과연 무엇일까. 이불의 꿰맨 사이에다 넣었다는 독물은 사람의 뼛가루로 추정된다. 저주물 가운데 질그릇에서도 흰 가루가 발견됐다. 이것도 뼛가루였을 것이다. 인조 때는 사람의 뼈를 묻거나 뼛가루를 주위에 뿌려서 저주했다. 사람의 뼈는 죽음을, 그리고 귀신을 상징한다. 뼈로 행하는 저주는 듣기만 해도 몸서리나는 혐오스러운 행위다.

저주 사건의 혐의자로 기옥己玉이 지목되었다. 기옥은 인목대비 측의 궁녀였다. 인목대비가 죽자 궐 밖으로 나간 뒤 다시 궁궐에 들어왔다. 인조가 어소御所를 옮겼을 때 색장色掌으로 임명되어 가까이에서 모셨다. 하지만 기옥이 저주를 했다는 확실한 증거는 없었다. 김상궁이 무녀를 데리고 와서 저주물을 발견하려고 땅을 팔 때 그녀의 안색이 붉고 땀을 흘렸기에 주변의 시선이 곱지 않았다. 또 여러 궁인이 다 함께 저주물을 파낼 때 그 자리에 없었다는 사실로 의심을 받았다. 소아는 기옥과 친해서 이야기를 나눴을 뿐이며, 서향도 기옥과 함께 인목대비 아래에서 일한 까닭에 왕래가 잦다는 이유로 끌려왔다. 모두 혐의를 입증할만한 확실한 증거가 없었다. 국청에서도 "달리 의심 가는 곳도 없는데 가깝다는 이유로 서둘러 형신을 가하는 것은 안 되는 일이기에 우선 가둬놓고 단서가 나오기를 기다리고 있습니다"라고 했다. 하지만 인조로부터 의심을 받은 대가는 참혹했다. 기옥과 소아, 서향, 그리고 기옥의 아비인 차귀현車貴賢도 자복하지 않고 고문을 받다가 모두 죽었다.

그런데 두 달이 채 지나지 않아 또 다른 저주 사건이 터졌다.

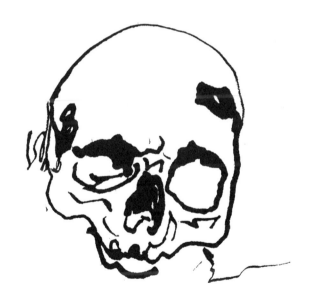

향교동鄕校洞의 본궁本宮 10여 군데에서 흉측한 저주물이 발견되었다. 이 본궁은 주로 창고로 사용되는 곳인데 원손元孫이 임시로 머물려던 참이었다. 인조는 분노했다. 원손이 이곳에 갈 것을 알고 미리 저주한 일이라 생각한 것이다. 창고지기인 춘이春伊를 비롯해 춘금春金과 계생繼生 등이 잡혀왔다. 그런데 심문 중에 춘이가 예상치 못했던 공초를 했다. 본궁에 자주 출입했던 영안위永安尉의 나인과 무녀들을 언급했다. 자신에게 쏠린 의혹을 피하기 위해 본궁에 드나들었던 외부인들의 소행이라며 털어놓은 것이다.

"복개당福介堂의 무녀가 금년 4월 신당神堂을 철거할 적에 본궁 안에 숨어 피할 수 있게 해달라고 청했습니다. 저와 나인도 감히 마음대로 할 수 없기에 대전大殿의 김상궁에게 허락을 받고 들어오게 했습니다. 영안위 방의 나인 박씨와 색장나인들이 번갈아 말을 타고 무녀가 있는 곳을 왕래했습니다. 혹 말을 보내 무녀를 부르기도 했습니다. 그러면 10여 일을 머물다가 돌아오곤 했습니다."(『인조실록』 17년 10월 14일)

영안위 홍주원洪柱元은 정명공주貞明公主의 남편이다. 그런데 슬하의 자식들이 자주 질병에 걸려 고생을 했다. 요절한 자식들도 있었다. 부부는 복개당(지금의 마포구 신수동에 있던 제당)의 무녀 천금賤今에게 의지했다. 천금은 신사神祀를 설치하고, 자식들을 위한 굿을 해줬다. 다른 신당을 왕래하면서 기도를 해주기도 했다. 그리하여 천금은 정명공주의 나인들과 친분을 쌓았고, 궁궐을 출입하는 특권을 얻었다. 그러던 중 1639년 4월에 신당을 철폐하고 무녀를 잡아들이라는 명령이 내려졌다. 천금은 영안위의 도움을 받아 어머니 무인戊仁과 함께 본궁 안으로 도피했다. 때로는 영안위의 궁으로 들어가 지내기도 했다. 천금이 본궁에 머무르자 영안위의 나인들이 자주 왕래를 했다.

무녀들이 궁 안까지 들어와 숙식을 했다는 것은 용납하기 어려운 일이었다. 조선 왕조는 도성 내에서 무당들을 모두 쫓아내는 조치를 취했다. 사대문 안으로 무당들이 들어오는 것은 법적으로 금지된 일이었다. 그런데 궁궐 안으로 무당들이 버젓이 출입했다면 이에 연루된 자들은 모두 국법으로 다스려도 시원찮을 일이었다. 무녀와 나인들은 물론이요, 영안위와 정명공주도 혼쭐이 나야 마땅했다. 한편 춘금과 계생, 그리고 천금과 무인의 똑같은 진술도 믿기 어려웠다. 흉측한 저주물에 대해서는 이구동성으로 아는 바가 없다고 했지만 그들이 유력한 혐의자임은 틀림없었다. 이들은 여섯 차례 이상 형신을 당하다가 자복하지 않고 모두 죽었다. 정명공주와 영안위를 국청에 세우지 않는다면 이번 저주 사건도 미궁에 빠질 수밖에 없었다.

▨ 닭 잡는 데 소 잡는 칼을 쓰다

국청으로부터 저주 사건 처리에 관해 보고를 받은 다음 날, 인조가 심하게 앓기 시작했다. 초저녁부터 갑자기 열담熱痰이 상승했다. 열담은 열이 몹시 나며 얼굴이 충혈되고, 목이 잠기는 상태다. 열담이 심해져 정신까지 혼미해졌다. 『인조실록』(17년 10월 15일)에는 약방 제조 및 어의御醫가 금호문金虎門 밖까지 달려와 땅에 앉아 있자 승지가 표신標信을 확인하고 시급히 문을 열어 들여

보냈다고 했다. 재상과 백관들도 궐문 밖에 둘러앉아 있었다. 인조는 저주물과 사기로 인해 앓아누운 것일까. 인조의 병세가 위중하자 도성 안에는 흉흉한 소문이 퍼졌다. 인조는 약방이 급히 올린 약을 먹고 열담이 내렸으며 19일부터는 회복되어 정무를 봤다. 이로 보건대 인조의 열담은 정신적 스트레스에서 비롯된 것이다. 저주 사건으로 인한 심리적 불안감이 엄습해 열담이 오른 것은 아닐까.

인조는 반정으로 왕위를 빼앗은 이후로 좌불안석이었다. 역모가 수그러들지 않았고, 외침이 자주 발생했다. 병자호란은 인조에게 최악의 수모였다. 자연히 민심도 악화되었다. 이런 상황에서 저주 사건까지 잦았으니 인조는 괴로웠다. 그런데 인조는 저주 사건이 발생할 때마다 "내부의 적을 낱낱이 색출하고 궁궐의 위엄을 세우자"는 간원諫院의 주장을 물리쳤다. 1639년(인조 17) 저주 사건이 발생했을 때도 "흉역의 무리가 측근에서 목숨을 부지하면서 비웃고 있으니 터럭만큼이라도 의심스런 자가 있다면 기어코 잡아들여야 한다"는 대사헌의 상소에 대해서 "안에 있는 흉인凶人은 두셋에 지나지 않으니, 경들은 의심해서는 안 될 사람을 의심하지 마라"라고 말했다.

하지만 인조의 내심은 달랐다. 마음속에 울분이 터질 듯했다. 인조는 저주 사건 배후에 인목대비의 세력인 정명공주와 영안위가 있다고 여겼다. 하지만 인조는 인목대비는 물론이고, 정명공주 일파조차 쉬이 내칠 수 없었다. 인조의 반정을 최종 승인해준 사람이 인목대비였고, 그의 딸이 정명공주였다. 혹시라도 인목대비나 정명공주를 박해한다면 광해군을 패륜의 죄인으로 몰아붙인 반정의 명분이 서지 않을 터였다. 인조에게 인목대비와 그 일당은 매우 부담스러운 존재였다.

게다가 인목대비에게는 반역을 꾀하는 세력들이 접근하고 있었다. 1628년 유효립柳孝立의 모반 사건에서 왕으로 옹립하려고 했던 인성군仁城君이 인목대비의 밀지密旨를 받았다고 털어놓았다. 1632년 회은군의 고변 사건에서도 홍집은 "경창군이 술사術士로 하여금 거사 시기를 선택했는데, 인목대비가 이 일을 알고 있었다"고 공초했다. 1624년 이괄의 난이 일어나 반란군이 서울에 도달하자 인목대비는 오히려 침착하게 새로운 왕의 등극을 대비한 듯한 모습이었다.[9]

인목대비가 보여준 일련의 태도는 인조의 의심을 부채질하게 했다. 특히 인목대비의 초상 중에 대궐 안을 정리하다가 인조로서 차마 보지 못할 내용이 적힌 백서帛書(비단에 쓴 글)가 발견됐다. 사관은 당시 상황을 이렇게 기록했다.

"인목왕후의 초상에 백서 3폭을 궁중에서 발견했는데, 반고頒告나 주문奏聞에 임금을 폐하고 세우는 내용처럼 되어 있었다. 상이 꺼내어 척속戚屬들에게 보여주고 얼마 후에 그 글을 가져다 불살라버렸다. 어떤 사람은 왕후가 서궁西宮에 유폐되었을 때 쓴 것이라 말하지만, 외부 사람으로는 그것이 그러한지 아닌지를 알 수 없다."(『인조실록』 10년 10월 23일)

이 백서는 누가 썼으며, 왜 인목왕후 곁에서 발견된 것일까. 인조는 이 백서를 주위 사람들에게 보여주고는 불태워버렸다. 이것은 인목대비에 대한 분노를 공공연히 드러낸 것이다. 『연려실기술』(인조조 고사본말)은 백서에 얽힌 적나라한 일화를 전하고 있다. 무도한 내용이 많은 백서가 발견되자 인조는 정명공주 일파를 의심했다. 사돈인 장유張維에게 편지를 보내 이 일의 처리를 물어보았다. 세 번이나 물었지만 장유는 똑같이 답변했다.

"옥사를 일으켜서는 안 됩니다."

인조가 불쾌한 표정으로 편지를 땅에 내던지며 봉림대군(훗날 효종)에게 말했다.

"네 장인의 고집이 이러하니 어떻게 함께 일을 꾀할 수 있겠느냐."

인조는 정명공주를 두둔하는 장유에게 성이 났다. 인조는 최명길과도 정명공주의 일처리로 불화를 겪었다. 1639년 저주 사건이 발생하자 인조는 자신의 병이 저주 때문에 생겨났다고 믿었다. 한 중신重臣을 최명길에게 보내 말했다.

"짐의 병이 날로 중해지는데 의심스러운 단서가 이미 드러났다."

인조는 저주 사건을 정명공주가 일으킨 일이라 여기고 처소를 옮겼다. 그러자 최명길이 아뢰었다.

"선왕의 골육으로는 다만 공주가 있을 뿐입니다. 이제 만일 옥사를 일으킨다면 당시 반정한 뜻이 어디 있겠습니까. 또 무고巫蠱의 일은 예로부터 애매해서 밝히기 어려운 것이 많습니다."

인조는 최명길의 말을 따르지 않고 정명공주의 집 하인을 체포하려 했다. 최명길이 다시 빈청賓廳에 가서 별궁으로 거처를 옮길 것을 여러 번 요청했다. 인조가 크게 노하여 차례를 지키지 않고 최명길을 심양瀋陽으로 보내라고 명령했다. 인조와 최명길의 갈등은 여기에서 끝나지 않았다. 인조는 최명길에 대한 분이 풀리지 않았다. 그리하여 계집 무당을 내쫓자는 홍문관에게 이렇게 말했다.

"한 상신相臣(정승)이 겉으로는 큰소리를 치나 속으로 옳지 못한 마음을 품고 있다. 바쁘게 옥사를 다스려서 국문에도 참여하지 않았다. 그런데 대관은 그를 나쁘다 하지 않고 유독 어리석은 여인에게만 양사兩司(사헌부와 사간원)가 함께 분을 풀려고 합계合啓하고 있다. 어찌 닭 잡는 데 소 잡는 칼을 쓴다는 말이냐."

"닭 잡는 데 소 잡는 칼을 쓴다", 이것은 저주 사건의 처리를 답답하게 보는 인조의 심정을 응축한 표현이다. 인조는 소를 잡기 위한 큰 칼을 쓰고 싶었다. 그 칼로 자꾸 닭을 잡으라는 공신들로 인해 인조는 속병이 날 지경이었다. 최명길도 물러서지 않았다. 의주에 이르렀을 때 상소를 올렸다.

"신의 소견으로는 쥐를 잡으려다가 그릇을 부술 수 있습니다. 선조대왕의 자녀가 비록 많으나 공주와 대군은 가장 늦게 태어났습니다. 미처 성장하기 전에 대왕께서 승하하셨습니다. 이제 공주가 홀로 있을 뿐입니다. 만일 분명치 못한 일로써 이리저리 연루되어 공주가 놀라 마음이 상하여 천수를 누리지 못하고 죽는다면 오늘날 수상이 된 자가 어찌 그 책임을 면할 수 있겠습니까."

최명길은 쥐를 잡으려다가 그릇을 부술 수 있다는 말로 응수했다. 그는 인조를 생각하기보다 정명공주의 안전을 염려했다. 인조는 공신들의 강력한 반대로 인해 저주 사건의 몸통을 바라보고 있어야 했다. 그해의 저주 사건도 그저 닭 잡다가 끝이 났다. 정명공주와 영안위의 혐의는 밝혀내지 못한 채 나인들만을 대상으로 칼을 휘두른 꼴이었다.

하지만 이마저도 영안위 일파는 장차 화가 어디까지 미칠지 몰라서 불안했던 모양이다. 영안위의 궁인들이 고문으로 많이 죽었을 때다. 이식李植이 힘껏 구하자는 주장을 펼치곤 했다. 어느 날 훈척勳戚(공로가 있는 임금의 친척)의 집에서 한 사람이 와서 말하기를, "영안위의 궁인이 흉하고 더러운 물건을 대통 속에 비밀히 감추어 대궐로 들어갔다"고 했다. 대궐의 저주 사건에 영안위의 사람이 개입되었다는 말이다. 이식은 범인을 잡자는 말 대신 화를 내면서 꾸짖었다. "내가 있는 동안은 영안위를 죽이지 못할 것이다. 네가 아무개와 공모를 해서 먼저 나를 죽이는 게 옳을 것이다." 인조반정 이후 정권을 잡은 자들은 이런 식이었다. 인조는 저주 사건을 파헤치고 영안위의 혐의를 입증하고자 했지만 한 발자국도 더 나아갈 수 없었다.

🪨 운 좋은 어의 이형익

인조는 더러운 저주물을 피해 창덕궁으로 침소를 옮긴 후에도 계속 번침을 맞았다. 번침은 인조에게 심리적 안정을 가져다줬다. 인조는 번침이 아닌 평침으로는 효험을 보지 못했다. 한번은 인조가 채득기蔡得沂로부터 평침을 맞은 적이 있다. 인조는 평침을 써보았으나 효험이 별로 없다고 하면서 앞으로는 번침을 쓰라는 명을 약방에 내렸다. 인조의 병이 심리적 불안감에서 생겼다는 것은 신하들도 잘 알고 있었다. 인조가 일곱 번이나 번침을 맞고 효과가 없었는데 다시 번침 시술을 하려고 하자 김육金堉이 맞섰다.

"약이 증세에 맞지 않으면 병이 낫지 않고, 침이 법을 잃어버리게 되면 해가 됩니다. 성상께서는 불행한 운세를 만나 노심초사로 병이 생기고 뜻이 풀리지 않았습니다. 홀로 궁중에 깊이 계시므로 기운이 맺혀 트이지 않고 혈맥이 정체되어 돌지 않습니다. 이로 인해 몸이 붓고 한기와 열이 오르락내리락하는 것입니다. 이게 병의 근원이니 오직 마음을 맑게 가지고 진기와 원기를 보양하는 것이 합당합니다."(『인조실록』 21년 8월 8일)

인조의 증세는 마음의 병에서 비롯되었다. 그러니 김육이 마음을 맑게 가지고 원기를 보양하라고 권고한 것이다. 하지만 인조는 "번침은 과거에도 효과가 있었으니 그만둘 수 없다"며 김육의 말을 듣지 않았다. 인조는 번침과 함께 뜸을 뜨기도 했다. 밤중에 이형익과 내시만 입시시켜 몰래 요안혈腰眼穴(허리 위 양쪽에 약간 들어간 곳)에 뜸질을 했다. 음력 6월은 무더운 때이므로 민가에서도 뜸을 뜨는 것을 금하는 시기였다. 또 왕의 병 치료는 공식적인 논의를 통해서 이루어졌으며, 비밀 치료는 법에 어긋난 것이었다. 그런데 이렇게 뜸질을 하는 데는 뭔가 특별한 이유가 있었다. 지난해 이형익이 인조에게 아뢰었다.

"6월 계해일癸亥日에 요안혈에 뜸을 뜨면 모든 병이 치료되고, 사수邪祟를 다스리는 데도 신묘합니다. 이날 요안혈에 뜸을 뜨면 상의 병환이 나을 것입니다."

6월 계해일이 다가오자 이형익이 인조에게 다시 말했다.

"요안혈에 뜸을 뜨는 것은 비밀스럽게 해서 사람들이 모르게 해야 합니다."

그리하여 인조는 승정원조차 알지 못하게 밤중에 몰래 뜸을 뜬 것이다. 한데 이형익의 말대로 계해일에 뜸질을 했음에도 병세에는 차도가 없었다. 오히려 뜸을 뜬 자리에 딱지가 생기고, 맥박이 좋지 않았다. 어의御醫 최득룡崔得龍이 맥을 잡아보니 부맥과 삭맥이 동시에 느껴지는 부삭浮數이 있었다. 부맥은 허증을, 삭맥은 열증을 나타내는 맥으로 인조가 아플 때 나타나는 증세였다. 이형익도 최득룡의 진단에 동의했다.

"맥박이 부삭하면서 안으로 움츠러들고 있으니, 전일의 증세가 재발한 것입니다."

이날 비밀리에 한 뜸질로 인해 대신들의 여론이 악화된 상황이었다. 조경趙絅이 망령되이 뜸을 한 이형익의 죄를 추고하라고 아뢰었다. 하지만 인조는 답하지 않았다. 오히려 이형익으로부터 열세 곳 혈에 번침을 맞았다. 발끈한 조경은 인조에게 따져 물었다.

"신이 이형익을 추고할 것을 청했는데도 위에서 아무런 결정이 없는 것은 무슨 까닭입니까?"

"효험이 없는가는 서서히 살펴도 된다."

인조는 이형익을 벌줄 생각이 조금도 없었다. 도대체 이형익은 인조에게 어떤 존재였을까. 이형익은 인조의 심리치료사였다. 심리적 안정을 찾게 해준 이형익은 인조로부터 대단한 특혜를 받았다. 이형익은 인조를 움직여 현령을 제수받았을 뿐만 아니라 형제와 자식들까지도 음직蔭職을 차지하게 했다. 이렇게 인조가 이형익을 무한 신뢰한 이유는 번침을 놔주고, 심리적 안정을 주었기 때문일까. 그런데 이형익과 인조를 연결시켜주는 고리를 사관이 지적하고 있어 주목된다.

"형익은 침술로 상께 총애를 얻었다. 일찍이 병을 치료할 일로 조소용趙昭容의 어미 집에 왕래했는데, 이로 인하여 추잡한 소문이 있었다."(『인조실록』 23년 1월 4일)

조소용의 어미 집에 이형익이 자주 오가고 추한 소문이 있었다는 말이다. 그렇다면 이형익과 조소용의 끈끈한 관계를 예측할 수 있다. 조소용은 인조의 후궁이다. 조소용은 투기가 심한 모사꾼이었다. 조소용은 소현세자비인 강씨와 불화가 많았다. 이 간질에 능통한 조소용은 인조와 소현세자 사이를 멀어지게 했고, 심지어 장렬왕후莊烈王后와도 별거를 시켰다. 조소용은 밤낮으로 인조에게 세자 내외의 죄악을 얽어 만들어서 참소했다. 세자빈 강씨가 대역부도했고 저주를 했다는 무함이었다. 그러잖아도 소현세자에게 불만이 많았던 인조는 조소용의 말을 듣자 소현세자를 더 못마땅하게 여겼다.

그런데 갑자기 소현세자가 죽었다. 봉림대군과 함께 인질로 끌려가 청나라에 8년간 머무르다가 귀국했는데 조선에 돌아온 지두 달 만에 숨진 것이다. 소현세자의 갑작스런 죽음에 연루된 인물이 이형익이었다. 1645년(인조 23) 4월 22일 어의 박군朴頵이 세자를 학질로 진찰했다. 그러자 약방이 이형익에게 침을 놓아 열을 내리게 할 것을 인조에게 청했다. 24일과 25일에 연이어 침을 맞은 세자는 갑자기 창경궁 환경당歡慶堂에서 숨졌다. 왕세자가 죽었으니 당연히 시술했던 의관들은 국문을 당해야 했다. 양사가 이형익과 의원들을 잡아다 국문하자고 청했지만 인조의 반응은 냉랭했다. 의관들이 신중하게 조치를 했으니 굳이 잡아다가 국문할 필요가 없다는 것이다. 그는 귀한 세자를 잃은 아버지의 모습이 아니었다.

세자의 염습殮襲에 참여했던 진원군 이세완李世完을 통해 시신의 처참한 모습이 세상에 전해졌다. 세자는 온몸이 전부 검은빛이었고 이목구비의 일곱 구멍에서 피가 흘러나오고 있었다. 또 곁에 있는 사람도 얼굴빛을 분별할 수 없어서 마치 약물에 중독되어 죽은 사람과 같았다. 이형익이 인조에게 총애를 받는 의관이자 조소용에게 지원을 받는 인물이라는 사실은 소현세자의 죽음에 큰 의문을 갖게 한다.

소현세자가 죽은 뒤에 봉림대군이 왕세자에 올랐다. 그해 11월에 세자가 감기를 앓아 오랫동안 낫지 않았는데 의관들이 약 처방을 해도 소용이 없었다. 이형익이 나서서 이는 사질이므로 침을 놓아야 한다고 인조에게 말했다. 인조가 세자에게 침을 맞으라고 명을 내렸다. 그런데 이 말을 들은 세자는 단호히 거절했다.

"이는 감기입니다. 어찌 사질이겠습니까."

하지만 인조도 물러서지 않고 침을 맞으라고 강력히 권했다. 세자는 그것이 아니라고 극력 진술하며, 끝까지 침을 맞지 않았다. 그런데 얼마 안 가서 세자의 병이 나았다. 단순한 감기라는 세자의 생각이 맞았던 것이다. 그런데 세자는 왜 어명을 거부하면서 끝까지 침 맞기를 거부했을까. 혹시 형 소현세자처럼 의문의 죽음이 자신을 엄습해올 수 있다고 생각한 것일까.

시골 의원이었던 이형익은 인조에게 번침을 놓아준 이후로 어의까지 승승장구했다. 그가 정말 번침을 통해 저주로 생긴 사기를 다스렸는지는 알 수 없다. 분명한 사실은 그가 운이 좋은 사람이라는 점이다. 1649년(인조 27) 5월 8일, 인조가 세상을 뜰 때 이형익은 어의였다. 치료를 못 하고 임금을 죽게 했으니 사형을 당하는 것이 마땅했다. 더욱이 인조가 위독한 날에 이형익은 모든 의원을 배척하고 여러 혈에 함부로 침을 놓았던 터였다. 물론 이형익은 인조를 진심으로 살리고 싶었을 것이다. 인조가 죽자 양사는 인조대왕이 편찮으신 동안 연줄을 타고 권세에 붙어 괴상한 마술을 기탄없이 행하다가 망극한 일을 당했으니 이형익에게 사형을 내려야 한다고 주장했다. 사람들 모두 이형익을 죽여야 한다고 했다. 하지만 효종은 선조의 뜻을 참작하여 이형익을 유배형으로 처벌했다. 1년 후 왕대비의 증세가 위급해지자 효종은 이형익을 특별히 석방시켰다. 이래저래 이형익은 운이 참 좋은 사람이었다.

효종 대 조귀인의
뼈 저주 사건

"무당 앵무가 늘 후문으로 은밀히 드나들면서 방술方術을 가르쳐주었습니다. 이에 조씨
가 친히 믿는 종들을 시켜 죽은 사람의 두골, 수족, 치아, 손톱, 발톱, 머리카락과 벼락
맞은 나무, 무덤 위의 나무 등을 몰래 구해오게 했습니다. 또 무덤을 파헤쳐 시체의 살
점을 떼어오고, 관棺의 나무 조각을 찾아오게 했습니다. 시체에서 흘러나온 물을 적신
솜, 마른 뼈를 갈아 만든 가루, 심지어는 햇볕에 바짝 말린 닭, 개, 고양이, 쥐 등 저주하
는 데 필요한 물건이라면 모아서 들이지 않는 것이 없었습니다."(『효종실록』 3년 3월
4일, 영이의 진술 중에서)

남편 소현세자가 숨지자 세자빈 강씨는 고립되었다. 인조는 맏
며느리 강씨를 몹시 미워했다. 강씨가 청나라와 짜고 세자 대
신 인조를 볼모로 보내려 한다는 풍문 때문이었다. 게다가 인
조의 총애를 받던 후궁 조귀인이 날마다 강씨를 모함하고 이
간질시켰다. 인조는 전복에 독을 넣은 사건이 일어나자 강씨
가 꾸민 짓이라 생각했다. 이로 인해 강씨 집안은 멸문지화를
당했다. 인조가 세상을 뜨고 효종이 왕위에 오르자 정국에

큰 변화가 왔다. 효종과 발맞춘 산림 세력이 등용된 반면 조귀인과 김자점이 궁지에 몰렸다. 이 과정에서 효종과 대비를 뼈로 저주한 일이 발각되었다. 엽기적인 흉물을 이용한 파렴치한 저주였다. 그런데 이 저주 사건 뒤에는 더 큰 역모가 벼르고 있었다. 안에서는 저주, 그리고 바깥에서는 역모가 공고히 결합된 대역大逆 사건이 효종 초기의 정국으로 밀려왔다.

▨ 전복구이 사건의 처분

조선시대에 전복은 귀한 수산물이었다. 임금의 수라상에 오르거나 중국 사신을 접대할 때 주로 쓰였다. 전복은 맛과 향은 물론이며, 영양까지 뛰어났다. 오돌오돌 씹는 식감도 비할 데 없으며, 익혀 먹으면 감칠맛까지 더했다. 그리하여 조정에서 필요로 하는 전복이 수천 첩貼에 이르렀다. 반면에 전복을 공급하는 데 치르는 섬사람들의 고통은 이만저만이 아니었다. 제주도에는 조정에 바칠 전복을 따기 위해 깊은 바다에 들어갔다가 왕왕 죽은 이들도 있었다. 이처럼 전복은 섬사람들에게 '고혈의 수산물'이었지만 통치자들에게는 영양가 높고 맛있는 '바다의 산삼'이었다. 이렇게 귀한 전복에 행여나 독을 넣을 생각을 하겠는가. 하지만 뒤집어 생각하면 반역을 꾀하기에 전복만큼 마땅한 재료도 없었다.

1646년(인조 24) 정초에 이른바 '전복구이 사건'이 발생했다. 인조의 수라상에 올라온 전복구이에서 독이 발견된 것이다. 누가 감히 전복구이에 독을 넣은 걸까. 어선御膳을 준비하는 수라간 나인들이 가장 유력한 용의자로 체포되었다. 그런데 인조는 국청을 열지 않고 이들을 사옥私獄에 가두어 은밀히 처리하려 했다. 사헌부에서 임금의 잘못을 따지자 그제야 죄인들을 의금부로 송치시켜 국문을 시작했다.

어찌 된 영문인지 인조는 세자빈 강씨의 궁녀들까지 하옥시켜 심문했다. 인조는 전복구이 사건의 배후에 세자빈 강씨가 있다고 의심했다. 특별한 증거는 없었지만 강씨를 후원後苑의 별당別堂에 가둬놓았다. 문에 구멍을 뚫어 음식과 물만 넣어주게 했고, 시녀도 두지 못하도록 명했다. 과부가 된 맏며느리에게 차마 하지 못할 행동이었다. 강씨는 심양에서 귀국한 지 2개월 만에 사랑하는 남편 소현세자를 저승으로 보내고 아이들을 홀로 키워야 하는 처지였다. 형수의 이런 형편이 안쓰러웠던지 권력의 대척에 있던 세자(봉림대군)마저 인조를 찾아가 간청했다.

"강씨가 비록 괘씸한 짓을 벌였다 하더라도 시중 드는 사람은 있어야 할 것입니다. 더구나 죄지은 증거가 분명하지도 않은데, 성급하게 이런 조치를 내리고 또 한 사람도 따르지 못하게 한단 말입니까."(『인조실록』 24년 1월 3일)

한 달이 지났지만 전복구이 사건의 범인은 밝혀지지 않았다. 사건의 처리가 지지부진하자 인조는 정승과 판서들을 불러 모았다. 인조는 이번 기회에 반드시 강씨를 처벌하고자 다짐했다.

"내간內間의 변이 극도에 달했다. 경들은 모두 국가로부터 녹봉을 받은 신하들이다. 한마디 말도 없이 무사태평하게 세월을 보내서야 되겠는가."

앉아서 눈치만 보지 말고 강씨를 처벌할 대책을 마련하라는 것이었다. 이어서 인조는 신하들에게 비망기備忘記를 내렸다. 영의정 김류를 비롯한 대신들은 이 비망기를 보고 화들짝 놀라서 대답할 바를 몰랐다. 강씨를 시역弑逆(부모나 임금을 살해) 죄로 다스리라는 내용이었다. 공조 판서 이시백李時白이 참지 못하고 "시역이야말로 이를 데 없이 큰 죄인데 짐작으로 단정 지을 수 있겠습니까"라고 말했다. 최명길도 아버지와 자식 간의 타고난 자애심을 일깨우며 은혜와 의리가 온전하도록 조치해달라는 상소를 올렸다. 하지만 인조는 허락하지 않았다.

신하들이 강씨를 두둔하고 나서자 인조는 무력시위를 벌였다. 좌우 포도대장을 소집하여 기찰을 강화시키고, 병조 판서 구인후具仁垕를 불러서 뜻밖의 사태를 대비하라고 명했다. 궁인과 신하들이 크게 놀랐으며, 인심도 불안해졌다. 하지만 신하들도 목숨 걸고 상소를 올렸다. 강씨를 민가로 내쫓을지언정 죽이라는 명은 거두어달라고 빌었다. 하지만 인조는 세자빈 강씨를 폐출하고 사사하라는 명령을 내렸다. 하명을 받자마자 김자점이 기다렸다는 듯이 나서서 말했다. "상의 하교下敎가 이와 같으니 어길 수가 없습니다."

김자점이 앞장서 인조의 명을 수용하자 최명길과 이경석李景奭도 감히 거역할 수 없었다. 일주일 뒤 강씨의 오빠 강문성과 강문명이 곤장을 맞아 죽었고, 다시 보름이 지나 세자빈 강씨도 사사되었다. 백성은 이런 인조의 처분에 대해 수긍할 수 없다는 입

장을 보였다. 강씨의 시신이 선인문宣仁門을 통해 나가자 길옆에
는 이를 바라보는 백성이 담장처럼 둘러섰다. 남녀노소가 분주히
오가며 한탄했는데, 단지 추측만으로 인조가 강씨를 죽였기 때
문이다. 알 만한 사람은 모두 그 죄를 인조의 후궁 조귀인에게 돌
렸다.

🪨 인조에게 밉보인 강씨

전복구이 사건 1년 전인 을유년(1645)에 저주 사건이 있었다.
인조는 강씨를 이 저주 사건의 배후자로 보고 궁인들에게 "감히
강씨와 말하는 자는 죄를 주겠다"고 엄포를 놓았다. 살벌한 경계
령이 내려진 상황이었으니 모두들 강씨와 접촉하는 것을 꺼렸다.
『인조실록』(24년 1월 3일)에서도 "양궁兩宮의 왕래가 끊겼으므로
어선에 독을 넣는 것은 형편상 할 수 없는 일이다"라고 했다. 이
처럼 경계가 삼엄한 상황에서 강씨가 수라상에 독을 넣도록 교
사하는 것은 거의 불가능한 일이었다. 그럼에도 불구하고 인조가
세자빈 강씨를 독살 사건의 범인으로 단정 짓는 이유는 무엇일
까. 인조가 강씨를 처리하라고 조정에 내려준 비망기에 이런 사정
이 잘 나타나 있다.

"강빈姜嬪이 심양에 있을 때 은밀히 왕위를 바꾸려고 도모하면
서 미리 홍금적의紅錦翟衣(왕후가 입는 옷)를 만들어놓고 내전內殿의
칭호를 외람되이 사용했다. 또 지난해 가을에는 가까운 곳에 와
서 분한 마음을 이기지 못해 큰소리로 발악하고 사람을 보내어
문안하는 예까지도 폐한 지가 이미 여러 날이 되었다. 이런 짓도

하는데 어떤 짓인들 못 하겠는가. 이것으로 미루어보면 흉한 물건을 파묻고 독을 넣은 것은 모두 다른 사람이 한 짓이 아니다."
(『인조실록』 24년 2월 3일)

인조는 소현세자 부부가 청나라에 볼모로 있을 때 강씨의 행실을 불쾌히 여겼다. 강씨는 식량이 부족한 청나라에서 작물을 재배한 뒤 무역을 해 큰 이익을 남겼다. 또 청나라 조정과도 원만하여 친청親淸관계를 유지하고 있으므로 인조에게는 은근히 부담이 되었던 터이다.

그런데 소현세자 부부가 귀국할 즈음에 "강빈이 은밀히 청과 도모하여 장차 왕위를 교체하는 조치가 있을 것이다"라는 풍문이 돌았다. 하지만 이것은 공식적인 외교 채널로 통보된 사안도 아니고 내간內間(부녀자의 거처 공간)에서 흘러나온 공론空論에 불과했다. 그럼에도 인조는 분노를 감추지 못했다. 인조는 세자 부부가 반역을 꾀하고 있다고 의심했다. 인조에게 소현세자 부부는 더는 나라를 위해 볼모로 끌려간 자식이 아니라 정적으로 인식되었던 것이다. 이것이 8년 만에 정든 고향으로 귀국한 장남과 며느리를 환대하기는커녕 박대한 이유였다.

그런데 귀국한 지 두 달 만에 소현세자가 숱한 의혹을 남긴 채 죽었다. 시신의 상태를 보면 충분히 독살로 의심될 만했다. 소현세자가 숨지자 세자빈 강씨는 더 위태로운 처지가 되었다. 세자빈 강씨를 모함하는 소문이 여기저기서 나왔다. 소현세자가 죽었을 때 강씨가 이런 말을 했다는 것이다.

"3년 된 나무토막에 갑자기 가지와 잎이 생겨났으니, 장차 반드

시 큰 경사가 있으리라고 여겼는데, 어찌 이러한 변란을 만날 줄 알았으랴."(『효종실록』 3년 6월 3일)

소현세자가 심양에 있을 때 그의 관사에 목괴木塊(나무토막)가 하나 있었다. 그는 이 목괴를 목침으로 쓰기도 하고 평상을 받치는 도구로도 사용해 어느덧 이는 소현세자의 애장품이 되었다. 그런데 몇 년이 흘러 이 목괴에서 괴이한 일이 일어났다. 갑자기 나무토막에서 가지와 잎이 생겨난 것이다. 강씨가 실제 이런 말을 했는지는 알 수 없지만 죽은 나무에서 가지가 돋았으니 경사스런 일로 받아들였을 것이다. 게다가 곧 세자 부부는 정든 고향으로 귀환하지 않았는가. 하지만 그것은 경사가 아니라 흉사의 예고였다. 소현세자는 고국에 돌아오자마자 의문의 죽음을 당했으니 말이다.

그런데 소현세자의 정적들은 강씨가 '큰 경사'를 말한 것을 두고 반역을 품었다고 우겼다. 청나라 조정과 내통하여 인조를 볼모로 보내는 대신 소현세자가 왕좌를 차지하려는 역심이 발로한 것이라 했다. 강씨에 대한 근거 없는 소문을 퍼뜨리기도 했다. 소현세자가 죽은 뒤에 낳은 유복자를 죽였다는 것이었는데, 소현세자가 앓아누운 것이 유복자 때문이라는 미신을 믿고 강씨가 아이를 살해했다는 내용이었다. 이는 강씨를 반인륜적 망종亡種으로 몰아가기 위해 무함하려는 짓이었다. 하지만 소현세자가 사라진 세상에서 강씨를 도와줄 조력자는 아무도 없었다. 소현세자의 동생인 봉림대군(훗날 효종)도 강씨가 역심을 품고 있었다고 굳게 믿었다. 효종은 강씨가 죽은 뒤 그를 신원하려는 움직임에 대해 강하게 불만을 털어놓았다. 만약 강씨를 신구伸救(죄가 없는 사람을 구원함)하려고 조정에 아뢰는 자가 있으면 역당逆黨으로 추국하겠다며 으름장을 놓았다.

🖌 을유년의 저주 사건과 조귀인

강씨가 죽임을 당한 뒤에도 인조의 보복은 그치지 않았다. 1647년(인조 25) 4월 25일, 인조는 신생辛生을 다시 불렀다. 소현세자의 궁인이었던 신생은 을유년에 저주 사건이 발생하자 먼저 고발하며 목숨을 부지했다. 쉽게 말해 그는 주인을 배반하여 목숨을 건진 인물이다. 인조는 신생을 불러 을유년의 저주 사건을 재차 캐물었다. 신생이 혹시 무엇을 숨긴 건 아닌지 의심해서라지만 2년이 지난 저주 사건을 캐묻는 것은 수상쩍은 행동이었다. 인조는 왜 을유년의 저주 옥사를 다시 확대시키려 했던 것일까. 인조가 강씨를 죽일 때도 조정 신하와 산림山林이 반대를 했을 뿐 아니라 숨진 이후에는 신원을 해야 한다는 여론이 높아질 참이었다. 더욱이 인조는 아직 강씨의 세력들이 잔존한다고 판단했다.

신생이 가르쳐준 대로 궁궐의 여기저기를 파보았다. 참혹하게도 사람 뼈와 동인형銅人形이 발굴되었다. 그런데 인조는 공식적으로 국청鞫廳을 차리지 않고 내사內司로 하여금 용의자들을 잡아들여 엄히 심문했다. 사헌부는 왕이 법을 집행하는 데 어찌 내옥內獄을 설치해 국문하느냐고 크게 반발했다. 사간원까지 나서서 논쟁하자 인조는 죄인 열세 명을 국청에 내려보냈다. 하지만 각본은 이미 짜인 듯했다. 죄인들은 그간의 사건을 모두 강씨 탓으로 돌렸다. 여종 애순愛順은 이렇게 공초했다.

"역적 강姜이 저를 시켜 가음금加音金에게 사람 뼈를 구해 들여오라고 했습니다. 가음금이 두개골, 팔뼈, 다리뼈를 가지고 와서 들여보냈고, 후에 뼈를 부수어 광주리에 담아 들이기를 네 차례나 했습니다. 역적 강이 심양에서 나오던 해 여름이었습니다. 갑신년(1644)에 역적 강이 나인 계환繼還 등에게 글을 보내 말하기를 '지금 청나라에 도모하여 세자를 내보내고 대전大殿으로 대신하게 하려 한다'고 했습니다. 또 나인 영옥英玉에게 들었는데, 강정승姜政丞(강빈의 아버지 강석기)의 아내도 저주하는 물품을 들여보냈다고 했습니다. 어선에 독약을 넣은 것은 감수라監水剌 궁인 일례一禮의 짓인데, 일례는 곧 역적 강과 굳게 결탁한 자입니다. 을유년 겨울에 제가 대궐에 들어갔는데 역적 강이 여종들에게 말하기를, '새 세자가 이미 정해졌으니 내 아들들은 끝내 면하기 어려울 것이다. 세자궁을 저주하고 독약을 넣는 일을 대전에 행한 것과 같이 하라'고 했습니다."(『인조실록』 25년 4월 25일)

인조가 그토록 원하던 증언들이 쏟아져 나왔다. 강씨가 뼈를 묻은 저주 사건을 주도했으며, 청나라와 도모하여 반역을 꾀했다는 진술이었다. 또 인조를 죽이려고 일례를 시켜서 전복구이에 독을 넣었다는 공초였다. 다른 혐의도 추가됐다. 새로 책봉된 세자(봉림대군)까지 저주했으며, 강씨의 어머니가 저주 사건을 획책했다는 것이다. 강씨 가족이 저주 사건에 개입되었다는 진술이 나왔으니 목숨을 부지했던 가족들마저 죽임을 당할 처지가 되었다. 몇 차례 고문을 이겨내며 불복하던 예옥禮玉도 결국은 신생의 공초를 뒷받침하는 진술을 털어놨다.

"하루는 순개順介가 사람 뼈를 가지고 왔기에 제가 무슨 물건이냐고 물었더니 어린아이의 뼈라고 대답했습니다. 또 두 되가량되는 뼛가루를 종이에 싼 것이 있었습니다. 대개 뼈는 종 적복赤卜이 구해왔고, 종례從禮(강문성의 첩)가 가루로 만들었습니다. 발가락이 달린 어린아이의 발은 순개가 구해와서 들여보냈더니 역적 강이 '보낸 것을 잘 받았다'는 답서를 보내왔습니다."

강씨가 죽은 뒤였으므로 신생과 예옥의 증언은 그대로 사실이 되었다. 심양에서 소현세자 부부를 모시던 나인 계환의 오라비인 최득립崔得立도 강씨를 천인공노할 인간으로 진술했다. 계환이 심양에 있을 때 '내년에 세자가 나가고 대전이 교체하여 들어온다'는 편지를 자신에게 보냈다는 것이다. 세자 부부가 귀국한 뒤로 계환이 뼛가루를 구한다고 하기에 하인 돌쇠를 시켜 뼈를 갈아서 보내줬다고 했다. 또 청나라 칙사가 왔을 때는 계환이 대전에게 독약을 넣으려 하니 사신에게 비단 값을 주고 짐독鴆毒을 구해달라고 했다는 말도 덧붙였다. 짐독은 짐새의 깃에 있는 맹렬한 독을 일컫는다. 청나라 사신들은 간혹 급병急病을 치료하기 위해 짐독을 소지하곤 했다.

이들의 증언에 따르면 강씨는 사람 뼈를 이용하여 해괴하고 엽기적인 저주를 전문적으로 하는 끔찍한 주술사나 다름없었다. 죽었던 저주 사건을 부활시킨 인조는 강씨의 측근 열네 명을 사형시켰다. 숱한 궁인들이 강씨 일당으로 몰려 자백을 강요당하다가 맞아 죽었다. 유배지에 있었던 강씨의 오라비인 강문두姜文

斗와 강문벽姜文璧도 끌려와 곤장을 맞다가 숨졌으며, 소현세자의 세 아들은 제주도에 유배되었다.

이쯤 되면 저주 사건에 연루된 신생도 혹독한 형벌을 받아야 마땅했다. 국청과 양사에서는 사건을 고발한 신생이 모든 역모와 관련이 있으므로 그에게도 엄한 형벌을 줘야 한다고 주장했다. 하지만 인조는 신생을 철저히 보호하며 "신생은 최근에 흉물을 수없이 발굴한 자다. 그 공로가 고변한 자 못지않다"라는 말로 일 단락 지었다. 인조는 강씨 세력을 일망타진하는 데 일조한 신생을 내칠 수 없었다.

▨ 후궁 조씨의 부채질

인조보다 더 강씨를 미워하는 자가 있었으니 인조의 총애를 한껏 받은 후궁 소용昭容(내명부 정3품) 조씨였다. 조씨는 소현세자 부부를 헐뜯어 인조의 눈 밖에 나게 했다. 세자빈 강씨와 대립했던 조씨는 인조의 분노를 자꾸 부채질했다. 『인조실록』은 조씨가 밤낮으로 인조에게 세자 부부를 참소했다고 전한다. 조씨는 세자와 세자빈에게 죄악의 올가미를 만들어 씌우기 일쑤였다. 또 세자빈이 저주를 했고, 대역부도의 행위를 저질렀다며 무함했다. 그런 와중에 궁궐에서 저주 사건이 발생했다. 조씨는 특별한 증거도 없이 강씨가 저주 사건에 개입되었다고 주장했다. 하지만 오히려 조씨가 꾸민 무고 사건으로 의심될 만했다.

을유년(1645) 7월 중순에 흉악하고 더러운 저주물이 궁궐에서 발견됐다. 세자빈의 측근이었던 신생이 고발한 것이었다. 인조는 세자빈 강씨가 사주한 일이라 믿고 원손元孫의 보모와 세자빈의 궁녀를 잡아들여 고문했다. 인조는 당장 강씨를 죽이고 싶었지만 증거를 찾지 못했다. 세자빈의 궁녀들은 끝까지 자복하지 않고 국문장에서 숨졌다. 강씨는 남편이 갑자기 숨져 아직 정신적인 충격에서 벗어나지 못한 터였다. 그럼에도 저주 사건의 용의자로 의심받으니 분하고 원통하기 이를 데 없었다.

소현세자의 장남 이백李柏도 위기에 몰렸다. 신하들은 소현세자가 숨진 지 얼마 되지 않았고, 인조의 특별한 하명도 없었으므로 이백을 예전대로 원손이라 부르던 터였다. 그런데 저주 사건이 일어나자 원손의 칭호를 지금까지 쓰고 있다며 해당 관리들을 치죄治罪하라고 명했다. 인조는 소현세자가 죽은 뒤에 원손이 아닌 봉림대군을 세자로 삼았다. 이것은 조선 왕조의 적통 계승법과도 어긋난 조치였다. 조정의 반발이 심했지만 인조는 밀어붙였다. 인조의 강압적 조치는 장차 세자빈 강씨와 아들에게도 큰 화가 될 것이었다.

후궁 조씨는 인조의 총애를 받았다. 효명옹주 외에 두 아들 숭선군과 낙선군까지 낳았으니 말이다. 인조의 사랑을 독차지한 조씨는 이간질과 모함을 일삼으며 정국을 뒤흔들었다. 인조 재위 기간에 그녀는 승승장구했다. 봉림대군이 세자로 책봉되는 경사를 맞이하여 덩달아 내명부 정2품 지위인 소의昭儀로 올라갔다. 인조와 달리 교만하고 간악한 그녀를 좋아하는 사람은 드물었다. 사관은 소의 조씨의 품성에 대해 이렇게 평가했다.

"중전과 숙의 장씨가 모두 사랑받지 못하고 소의 조씨만이 더 더욱 총애를 받았다. 소의는 성품이 엉큼하고 교사스러워서 뜻에 거슬리는 자를 모함하기 일쑤인 까닭에 궁중에서 두려워하지 않는 사람이 없었다. 그중에서도 소현세자빈 강씨가 가장 미움을 받아 참소와 이간질이 날로 더 심했다. 강문성(강씨의 큰오빠)이 귀양을 가게 되자 사람들이 모두 강씨에게 화가 미칠 날이 멀지 않았음을 알았다."(『인조실록』 23년 10월 2일)

대신들도 인조를 쥐락펴락하는 조씨를 두려워했다. 인조와 왕비를 별거시킬 정도로 조씨의 힘은 막강했다. 사람들은 강문성의 귀양을 강씨 집안이 몰락하는 신호로 여겼다. 강씨의 귀양에 뒤이어 멸문지화가 세자빈과 그 집안에 몰려올 것이라 생각했다. 결국 저주 사건에 연이어 전복구이 독살 미수 사건의 용의자가 된 세자빈 강씨는 죽임을 당했으니, 그 예상은 맞아떨어진 셈이다. 반면 세자 책봉 시에 은전恩典을 입어 소의까지 올라간 조씨는 4년 뒤 다시 종1품의 귀인貴人이 되어 더욱 위세가 등등해졌다.

왜 엽기적인 뼈 저주를 퍼붓는 걸까

그런데 궁궐에서는 왜 끔찍한 뼈와 뼛가루로 저주를 하는 것일까. 뼈는 사람의 체형을 이루고, 몸을 지탱하는 근간이다. 인체의 얼개와 같은 게 뼈다. 사람이 죽으면 살은 곧 썩어 없어지지만 뼈는 오랜 세월 남는다. 그리하여 뼈는 오랫동안 잊을 수 없다는 의미를 내포한다. 예컨대 뼈가 휘도록 일했다는 말은 오랜 시간 힘든 노동을 하면서 육체적 고통을 견뎌냈다는 뜻이며, 뼈를 묻었다는 말은 자신의 일생을 한 조직을 위해 바쳤다는 뜻이다. 또,

뼈도 못 추린다는 것은 상대와 싸워서 남는 것이 전혀 없다는 뜻이니 뼈는 사람이 죽어서 마지막까지 남는 잔존물을 상징한다. 그리하여 망자의 원한과 감정이 사무친 뼈로 저주한다면 무엇보다 해로운 효과가 크거니와 오랫동안 영향을 미칠 수 있는 법이다. 그렇기에 뼈로 저주한다면 그 저주의 강도가 무엇보다 크게 나타난다고 믿었다.

그리하여 사대부들도 원한관계에 있는 상대편을 뼈로 저주했다. 선조 대에는 집안 간 싸움에 노비를 시켜 뼈로 저주하게 만든 사건이 일어났다. 이웃하여 살고 있는 신점申點과 황정욱黃廷彧 집안은 견원지간犬猿之間이었다. 하루는 황정욱이 퇴근하는 길에 어디선가 화살이 날아와 가마에 맞는 게 아닌가. 가마꾼이 달려가 화살을 쏜 사람과 싸우다가 상처를 입었는데 알고 보니 화살을 쏜 자는 신점의 손자인 신열申悅이었다. 황정욱이 분개하여 형조에 보고했으나 신열이 도망쳐 잡지 못했다. 그러던 어느 날 황정욱의 침실에 뼈를 묻어놓고 저주한 사건이 발각되었다. 얼마 전 고용한 노비의 짓이었다. 노비를 심문하니 이렇게 말했다. "저는 본래 신순일申純一(신열의 아버지)의 노비인데, 순일이 전의 일로 원한을 품고 거짓으로 노비 노릇을 하면서 흉측한 짓을 행하게 했습니다." 노비를 형조에 송치시켰지만 임진왜란이 터지는 바람에 유야무야되었다.

뼈는 눈에 잘 띄는 저주물이므로 이를 갈아서 사용했다. 뼛가루는 발각이 잘 안 되는 분말일 뿐 아니라 묻을 필요 없이 손쉽게 뿌릴 수 있었다. 뼛가루 저주는 잘 드러나지 않기 때문에 노비

가 주인을 저주하는 데도 사용되었다. 『추관지秋官志』에는 사노私
奴 몽이가 뼛가루로 상전을 저주한 사례가 기록되어 있다. 상전이
몽둥이로 늘 몽이를 때리자 이를 보던 몽이의 어미 낙금이가 앙
심을 품었다. 엄격한 신분사회에서 낙금이가 할 수 있는 최선의
방법은 상전을 몰래 저주하는 것뿐이었다. 몽이와 낙금이는 산
속에서 사람 뼈를 구해왔다. 이것을 갈아서 상전 침실의 안팎과
벽 사이에 두었는데 결국은 발각되어 주인을 모살謀殺한 죄로 잡
혀왔다.

　뼈 저주보다 더 엽기적인 것은 시체의 머리를 잘라서 저주하
는 일이다. 사대부들은 이런 끔찍한 저주를 자신의 종들에게 시
켰다. 무당들이 이 사건에 개입하여 흑주술을 펼쳤다. 『인조실록』
(12년 12월 18일)에는 시체 머리를 자르다가 포도청에 체포된 끔
찍한 저주 사건에 대한 기록이 실려 있다. 포수 박경춘이 수구문
밖을 지나다가 두 여자가 성 아래에 버려진 시체의 머리를 칼로
잘라서 포대에 담는 것을 목격했다. 박경춘은 즉시 포도청에 알
렸고, 체포령이 떨어졌다. 한 여인은 도망갔고 시체 머리를 가지
고 있던 춘이春伊가 체포됐다.

　춘이는 이렇게 진술했다. 자근者斤은 종루鍾樓 근처에 사는 자
였다. 그런데 자근은 자신의 사위가 다른 여자를 얻자 그를 미워
하여 저주하기로 마음먹었다. 한양에서 유명한 맹인 무당 박귀복
朴貴福을 찾아가 뇌물을 주면서 사위를 저주해달라고 청했다. 그
러자 박귀복이 자신의 첩 춘이에게 자근의 여종과 함께 시체의
머리를 잘라오라고 시킨 것이다. 이 저주 사건에는 여무女巫 가시

加屎와 서리書吏 임의신林義信도 동참했다. 포도청에서 박귀복과 가시, 자근을 잡아다가 곤장을 쳤는데 모두 숨졌다. 검시해보니 누군가가 독약을 먹인 것이었다. 자신의 이름이 밝혀질까 두려워했던 용의자가 벌인 살인 사건임이 분명했다.

당시 포도청은 인조에게 "근래 인심이 사나워 저주하는 변고가 도처에서 발생하고 있습니다"라고 아뢰었다. 인조 시절, 궁궐 밖에서도 저주 사건이 광범위하게 발생하고 있다는 증언이었다. 포도청에서 조사해보니 저주를 해달라고 은밀히 박귀복을 찾아오는 양반과 상인 집의 종이 한두 명이 아니었다. 신분과 지위를 막론하고 상대를 해할 수 있는 저주가 크게 유행했던 것이다. 궁궐 내외를 불문하고 저주꾼들은 사람 뼈와 뼛가루를 묻거나, 심지어 시체의 머리까지 잘라 숨겨두는 끝장 저주를 벌였다.

🔲 김자점과 조귀인의 위기

1649년(인조 27) 인조가 창덕궁 대조전大造殿에서 생을 마감했다. 55세의 나이였다. 죽기 전까지 인조는 어의 이형익의 침술에 의존했고, 시약청侍藥廳을 설치하지 못하도록 했다. 인조가 갑자기 위독해져 숨지자 대신들은 우왕좌왕했다. 하지만 인조의 유교遺敎가 없었음에도 왕위 승계는 효종으로 무리 없이 이뤄졌다. 인조가 생전에 세자의 정적들을 제거하여 왕권을 다져놓았기 때문이다. 1649년 5월 13일, 세자가 인정문仁政門에서 즉위식을 올렸다. 이른바 북벌의 왕, 효종의 시대가 열린 것이다.

효종의 등극은 정국에 새로운 변화를 가져왔다. 인조는 반정으로 왕이 되었거니와 청나라의 침략으로 내우외환이 잦았다. 인조 시절에는 반정 공신들과 친청파들이 득세해서 조정을 주물렀다. 친명사대 정신을 가진 산림 세력의 진출이 제한되었고, 그들 스스로도 정계에 나가지 않았다. 하지만 효종이 즉위한 후에 김집, 송준길, 송시열 등 산림 세력을 우대하여 불렀으며, 그들도 이에 발맞춰 조정에 진입했다. 효종 대 산림의 진입은 훈구파의 입지를 좁히면서 또 다른 정쟁을 예고했다. 강한 유교 이념과 자의식을 바탕으로 한 산림들은 등용되자마자 곧 훈구파를 공격했다. 그들의 첫 번째 과녁은 지난 정권에서 칼자루를 휘둘렀던 김자점이었다.

한낱 유생이었던 김자점은 반정 공신으로 활약한 덕에 영의정 자리에까지 올랐다. 그는 측근에서 인조를 보좌하면서 복심腹心으로 떠올랐기에 그를 따르는 자들이 넘쳐났다. 부를 누렸던 김자점은 글 잘하는 시골 선비에게 뇌물을 주어 아들 김식金鉽을 과거시험에 급제하게 했다. 그는 왕가와 혈연의 끈으로 묶이기 위해서 부단히 노력했다. 가령 손자인 김세룡金世龍(김식의 아들)을 효명옹주에게 장가들이기 위해 세룡의 사주까지 바꾸었다. 점쟁이를 협박하여 세룡의 사주가 좋다고 칭찬하도록 시켰던 것이다. 하지만 인조와 억지로 맺은 사돈관계가 묘수妙手인지 악수惡手인지는 두고 볼 일이었다.

효명옹주는 귀인 조씨의 딸이다. 사돈이 된 김자점과 조귀인은 강한 유착관계를 맺고, 정치적으로 서로를 지원해줬다. 인조가 세자빈 강씨를 죽일 때 김자점은 세자도 용서할 수 없는 죄가 대역죄라고 하면서 바람몰이를 했다. 인조 시절에 김자점과 귀인 조씨가 뭉치면 안 되는 일이 없었다. 『연려실기술』에서는 "김자점과 조씨 세력이 안팎으로 결탁하여 흉한 음모가 무성하여 저주하는 일이 궁중에서 일어나고, 역모가 밖에서 싹텄다"고 했다. 그 흉한 일들 뒤에는 김자점과 귀인 조씨의 이름이 항상 오르내렸다. 세자빈 강씨가 꾸몄다는 저주 사건도 실은 조씨가 획책한 무고였는지도 모른다. 그런데 김자점과 조씨의 든든한 후원자인 인조가 죽은 것이다. 강씨 세력을 제거하는 데 앞장섰던 김자점과 조씨는 실로 효종의 세자 책봉과 왕위 계승에도 공로가 컸다. 하지만 정작 효종 시대가 열리면서 공교롭게도 두 사람은 정치적 위기를 맞는 묘한 상황이 연출되었다.[10] 효종이 즉위하고 한 달이 지나자마자 김홍욱金弘郁과 이석李晳이 영의정 김자점을 탄핵했다.

"영의정 김자점은 공의公義를 중요시하지 않고 오직 사리사욕만을 꾀하여 저택의 크고 화려함이 궁궐에 비길 만합니다. 개인 논밭이 온 나라 안에 널려 있고 뇌물이 그 문으로 폭주하며, 대단한 권세로 조정을 유린하여 관원들을 마치 노예처럼 꾸짖고 모욕합니다."(『효종실록』 즉위년 6월 16일)

김홍욱과 이석은 강한 어조로 김자점을 힐난했다. 김자점이 국가를 저버리고 방자한 짓거리를 일삼으며, 맑고 깨끗한 정치에 누를 끼치고 있어 침을 뱉지 않는 이가 없다고 했다. 그러나 간원이 탄핵을 했다 하더라도 효종이 선조先祖 시절 공을 쌓아온 영의정을 바로 쫓아낼 순 없었다. 오히려 김홍욱과 이석이 그 자리에서 물러났다. 하지만 연이어 그의 사치와 교만한 행위에 대한 신하들의 비판이 이어지자 결국 김자점은 파직을 당해 광양으로 유배되었다. 김자점이 몰락하자 더불어 그를 따르던 세력과 자식들도 파직되거나 좌천당했다.

그러나 자신의 잘못을 반성하고 개과천선할 김자점이 아니었다. 김자점은 청나라를 동요시켜 대반전의 기회를 모색했다. 김자점은 심복 이언표李彦標로 하여금 청나라에 고자질을 시켰고, 역관 이형장李馨長에게 참소를 하게 했다. 그것은 "새 임금이 옛 신하를 쫓아내고 산림의 인사를 등용해서 군사를 일으켜 오랑캐를 치려고 한다"는 내용이었다. 이 소식을 들은 청나라는 분개하며 사실 여부를 조사하고자 사신을 파견했다. 그러자 호란을 경험했던 조선 정부는 크게 흔들렸다. 효종도 근심하고 놀라서 밤잠을 설칠 정도였다. 하지만 모든 책임을 떠안고 사신을 만나러 간 이경석이 의외의 성과를 올렸다. 이경석이 회담 장소인 용만龍灣에 직접 도착하자 청나라 사신들이 반색하며 적대적인 태도를 확 바꾼 것이다. 청나라 사신들은 예를 갖추어 이경석을 대접했다. 조선과 청나라가 다시 화친의 관계로 돌아서자 김자점은 낙동강 오리알 신세가 되었다. 자신의 발등을 스스로 내려찍은 김자점의 입지는 더 좁아졌다.

🔲 조귀인의 엽기적 뼈 저주

귀인 조씨의 궁에서도 점차 균열이 생겨났다. 영이英伊는 조씨의 딸인 효명옹주의 여종이었다. 영이는 나이가 어리고 얼굴이 고왔을뿐더러 자수를 잘 놓았다. 궁궐에서 자수를 꼼꼼히 잘하는 여성은 특히 대우를 받았다. 조씨는 영특한 영이가 마음에 꼭 들어 자신의 아들 숭선군의 첩으로 살게 했다. 그런데 숭선군의 부인 신씨와 영이 사이에 갈등이 생겼다. 신씨에겐 무시하지 못할 배경이 있었다. 신씨는 인조의 계비인 장렬왕후의 여동생이 낳은 딸이었다. 영이가 신씨를 몹시 미워한다는 얘기가 자전慈殿에게로 흘러들어갔다. 그러자 자전이 노하여 영이를 불러 꾸짖었는데, 그 바람에 영이가 조씨의 저주 사건을 발설하고 말았다.

"조씨는 매번 '자전이 나를 어찌 이리 심하게 구박하는가'라며 불평했습니다. 아침저녁으로 우물물을 길어서 몰래 기도를 올렸습니다. 여자 무당 앵무鸚鵡와 통하여 오가는데, 그 종적이 기이하고 비밀스럽습니다."(『효종실록』 2년 11월 23일)

질투심이 많았던 조씨는 장렬왕후에게 불만을 품고 항상 원망하는 발언을 했다. 하루는 조씨가 아끼는 여종인 영이와 가음춘加音春, 덕향德香 등을 불러 술과 음식을 내주면서 회유했다. 듣기만 해도 무서운 역모를 하자는 발언이었다.

"나에게 계책이 하나 있다. 장차 국왕 부자를 모해謀害하고 낙성위洛城尉 김세룡을 임금으로 추대하려고 한다. 이 일이 성사되면 너희도 장차 안락한 생활을 누릴 수 있을 뿐 아니라 집안사람들까지 부귀를 누릴 것이다. 기꺼이 따르겠는가."

여종들이 목숨 걸고 따르겠다고 하자 조씨가 영이에게 귀엣말을 했다.

"수고하지 않고 성공하는 길로는 저주가 최고다. 여무女巫 가운데 필시 이 술법에 능한 자가 있을 것이다. 네가 그와 깊이 관계를 맺어두어라."

이 말에는 조씨가 저주를 선호하는 생각이 집약되어 있다. 무기를 들고 싸우지 않아도, 물리적으로 가해하지 않아도, 비밀리의 저주 행위만으로도 상대를 손쉽게 해칠 수 있다는 것이다. 이것이야말로 숱한 후궁들이 저주에 빠지는 이유였다. 한데 효과적으로 저주하기 위해서는 주술을 전문적으로 다루는 무당이 필요했다. 조씨는 흑주술 무당을 섭외하기 위해 영이에게 백금白金과 수놓은 비단 등 물품을 후하게 내줬다. 그리하여 영이는 용한 무당 앵무를 데리고 와 조씨에게 소개시켜줬다. 앵무는 장안의 유명한 무당이었다. 그녀는 일찍이 저주술을 배운 적이 있으나 임금을 모해할 생각은 없었다. 하지만 조씨의 후한 대접에 이끌려 저주하는 온갖 방법을 지시함으로써 결국 저주당의 모주謀主 노릇을 하고 말았다.

한편, 조씨의 여종인 겸선兼先이 조씨의 저주 사건에 대해서 고발했다. 고발의 내용인즉 조씨가 안으로는 여종과 결탁하고, 밖으로는 승려들과 왕래하며 왕을 해치려 처소에 저주를 했다는 것이었다. 겸선의 고발로 인해 조씨가 저주를 획책했다는 사실이 더욱 분명해졌다.

1651년(효종 2) 11월 23일, 효종이 대신과 여러 신하를 급히 불러 모았다. 이 자리에서 효종이 봉서封書를 내렸는데, 조귀인의 저주 사건이 적혀 있었다. 의금부에서 신속히 국청을 설치했고, 저주 사건에 연루된 조귀인의 궁녀들을 잡아들였다. 판의금부사가 자리를 비우면 국문을 하지 않는 게 전례였는데도 효종은 "우선 국문하라"는 명을 내렸다. 그만큼 사안이 화급했던 것이다. 영이와 가음춘, 앵무 등 22명이 넘는 혐의자가 국문을 당했다. 무녀 앵무가 고문을 당하자 자복했다. 그녀를 이끌고 대궐 안의 땅을 파보았는데, 재와 같은 이상한 가루들이 출토되었다. 사람의 뼛가루였다. 영이는 듣는 것만으로도 거북한 엽기적 저주 행위를 실토했다.

"앵무가 늘 후문으로 은밀히 드나들면서 방술方術을 가르쳐주었습니다. 이에 조씨가 친히 믿는 종들을 시켜 죽은 사람의 두골, 수족, 치아, 손톱, 발톱, 머리카락과 벼락 맞은 나무, 무덤 위의 나무 등을 몰래 구해오게 했습니다. 또 무덤을 파헤쳐 시체의 살점을 떼어오고, 관의 나무 조각을 찾아오게 했습니다. 시체에서 흘러나온 물을 적신 솜, 마른 뼈를 갈아 만든 가루, 심지어는 햇볕에 바짝 말린 닭, 개, 고양이, 쥐 등 저주하는 데 필요한 물건이라면 모아서 들이지 않는 것이 없었습니다."(『효종실록』 3년 3월 4일)

조씨의 저주는 시체의 살점이나 관의 조각, 동물 사체까지 이용한 잔악한 방식이었다. 그런데 잘 살펴보면 이 저주 행위는 세자빈 강씨가 저질렀다는 저주 수법과 일치한다. 강씨가 뼈를 구해와 가루로 만들어 저주를 했다고 혐의를 씌웠는데, 공교롭게도 이런 방식은 조씨 저주의 전매특허였다. 무당인 앵무와 통하여 저주술을 꾀한 것을 보건대, 예전에도 뼛가루로 저주를 함께 벌인 뒤 강씨에게 누명을 씌웠을 가능성이 높았다.

조귀인의 여종들은 이 흉물스런 저주물을 몰래 상자 속에 넣고, 야음을 틈타 일을 벌였다. 효종과 대비가 머무르는 방, 다니는 길에다 두루 파묻게 했다. 뼈의 저주 기운이 그대로 효종과 대비에게 스며들도록 하려는 짓이었다. 궁궐 전각을 비교적 자유롭게 왕래할 수 있는 효명옹주도 직접 저주를 감행했다. 속옷 띠에 치아를 매달거나 화장품 상자에 뼛가루에 넣어두었다가 왕의 처소에 드나들면서 살짝 넣거나 몰래 뿌렸다. 방과 문지방 사이 등 왕이 생활하는 장소라면 빠짐없이 저주물을 묻어두었다.

반면, 조귀인은 승려에게 절을 창건하고 불상을 주조하여 자신의 복을 기원하게 했다. 왕과 대비에게는 뼛가루를 뿌려 엽기적인 저주를 하고, 자신에게는 수복강녕壽福康寧이 찾아오도록 기원하기 위해 절을 창건한 것이다. 조귀인의 이런 이중적 인격은 참 이해하기 어려운 것이었다. 어쨌든 조씨의 흉악한 저주 행위는 도저히 용서치 못할 일이었다. 그런데 저주 사건의 실체가 드러났음에도 효종은 조씨를 처벌하지 못했다. 선왕이 총애했던 후궁을 죽일 순 없었다. 양사와 홍문관이 조씨의 작호라도 삭탈하라고 청했으나 허락하지 않았다. 그러자 양사는 흉악한 짓을 직접 행한 효명옹주와 남편 김세룡을 국문하라고 요청했다. 효종은 혈연 관계인 효명옹주는 제외하고 김세룡만 국문하는 것을 허락했다.

바깥에서는 역모를, 안에서는 저주를

조귀인의 저주 사건이 만천하에 드러나자 김자점의 일파도 분열되었다. 김자점의 심복이자 조귀인의 사촌 오빠 조인필趙仁弼이 저주의 옥사로 잡혀갈 판이었다. 조인필의 사위 이영李暎과 신호申壕는 집안 전체가 멸문지화를 당할 것이 두려웠다. 그들은 살기 위해 선수를 쳤다. 자신의 장인과 김자점을 반역 음모죄로 고변한 것이다.

"저의 장인 전前 감목관監牧官 조인필이 김자점과 더불어 서로 통하여 왕래했습니다. 종적이 비밀스러우니 반역의 정상이 있는지 의심스럽습니다. 그리고 이효성李孝性과 이순성李循性 형제는 바로 자점의 가신家臣인데, 그 모의에 참여하여 알고 있습니다."(『효종실록』 2년 12월 7일)

조인필을 비롯한 죄인 네 명을 급히 체포했다. 그런데 하룻저녁 사이로 죄인들이 모두 옥중에서 의문의 죽임을 당했다. 시체를 검시해보니 많은 상처가 나 있었다. 김자점 세력의 뿌리는 넓고 깊었다. 의금부 도사 송인식宋仁植도 김자점의 일파였다. 김자점을 체포할 때 집 안을 수색하여 여러 문서를 압수해왔는데, 그 가운데는 송인식이 김자점에게 보낸 글도 있었다. 효종은 송인식을 국문하라 명하고, 의금부 부사 이하 관원들을 모두 교체했다. 의금부에 속해 있는 김자점 잔당이 옥에서 어떤 일을 꾀할지 모를 일이었다.

역모 사건이 일어나자 새삼 김자점이 세자 시절의 효종을 무시했던 행적들이 떠올랐다. 세자는 선왕의 몸이 아픈지라 대신하여 서연書筵을 연 적이 있었다. 그런데 김자점은 세자가 그릇된 일을 했다며 시강원의 하리下吏를 가두었다. 홍무적洪茂績은 김자점이 임금을 무시하는 마음이 그때에도 있었으며 지금이라도 죗값을 치러야 한다고 주장했다. 인조 시절 무소불위의 권력을 휘둘렀던 김자점은 세자를 무시하는 마음이 있었다. 하루는 인조가 이시백과 김자점을 어수대魚水臺로 불렀다. 인조는 곁에 있는 세자에게 두 신하를 잘 대우하라고 간절히 명했다. 감동을 받은 이시백은 감격의 눈물까지 흘렸으나 김자점은 끝까지 한마디 말도 하지 않았다. 인조는 김자점의 행동이 몹시 괘씸했던지 자리를 파한 후 세자에게 말했다.

"김자점은 한마디 말도 안 하는구나. 신하의 의리가 어찌 감히 이와 같은가."(『효종실록』 2년 12월 15일)

이런 행동은 적통을 어겨 세자가 된 효종의 아킬레스건에 상처를 입히는 일이었다. 그럼에도 효종은 선왕을 세우는 데 공로가 컸던 김자점을 쉬이 내칠 수 없었다. 하지만 그런 김자점도 마침내 몰락의 길을 걸었다. 김자점은 광양으로 유배당했고, 아들 김련金鍊과 김식金鉽도 멀리 한직으로 좌천되었다. 역모를 논의한 적은 있지만 가족들이 사방으로 흩어졌으니 사실상 반란을 꾀하기 어려운 처지였다. 조귀인의 저주 사건으로 지레 겁을 먹은 이영과 신호가 역모를 발설하지 않았더라면 그 모의는 묻힐 수 있었다.

형신을 받은 김식은 즉시 승복하고, 모든 것을 자백했다.

"제가 변사기邊士紀, 안철安澈, 이효성, 이순성 등과 역모하여 원두표元斗杓와 송준길, 송시열을 죽이고자 했습니다. 경인년(1650) 3월에 거사하기로 기약을 했는데, 마침 우리 부자가 일시에 각자 흩어졌기 때문에 끝내 일으키지 못했습니다. 산인山人들이 제 아비를 죄에 얽어 넣었으므로 분개하여 이런 짓을 한 겁니다. 효명옹주와는 서로 왕래하면서 모의를 하여 자전, 대전, 세자궁에

모두 흉한 물건을 묻고 저주했습니다."(『효종실록』 2년 12월 13일)

김자점 세력은 산림의 등용으로 위기에 몰렸다. 이에 그들은 다시 정권을 잡고자 역모를 꾀했던 것이다. 주모자는 김자점의 가족을 비롯해 변사기, 안철, 기진흥奇震興, 이효성, 이순성 등이었다. 당시 변사기는 수원 부사를, 기진흥은 광주 부윤을 각각 맡고 있었다. 이들은 병력을 동원하여 한양으로 진군할 수 있었다. 정권을 잡은 다음에는 임금으로 조귀인의 아들 숭선군을 추대하고자 했다. 하지만 김자점 집안이 뿔뿔이 흩어지고, 변사기가 파직당하고, 기진흥도 벼슬이 교체되었던 터라 반역 모의는 소강상태에 접어들었다. 이들은 역모의 기회가 다시 오기를 기다리는 동시에 효명옹주로 하여금 저주를 하도록 힘썼다. 밖의 역모와 안의 저주를 동시에 함으로써 효종과 산림 세력을 안팎에서 무너뜨리는 것이 이들의 전략이었다. 김식은 다음과 같이 진술했다.

"바깥에서 역모하는 것은 기진흥과 안철이 주관하고, 안에서 저주하는 것은 조귀인이 주관했습니다. 효명옹주가 은밀히 제게 말하기를 '내 어머니(조귀인)와 내가 대전을 저주했다. 거사가 성사된 후에는 숭선군을 세우고자 한다'고 했습니다. 금년 겨울에 옹주가 보낸 편지를 보니 '기축년(1649)에 어머니가 대전을 저주했으며, 이미 불상을 주조했다'고 했습니다."

김자점의 역모 음모는 조귀인의 저주 사건과 강고히 결합되었다. 김자점 일파와 조귀인 세력은 나라를 뒤집고자 함께 모의했다. 안으로는 저주를 벌여 효종과 대비를 죽이고, 밖으로는 군사를 일으켜 정권을 잡고자 획책했다. 효종은 의금 부사와 승지로 하여금 김식을 캐물어 역모에 연루된 인물들을 서계書啓에 상세히 작성하도록 했다. 김식의 서계에는 병권을 주관한 인물이 대다수 포함되었다. 그러자 조정의 분위기가 갑자기 뒤숭숭해졌다. 이에 정태화鄭太和는 국사가 위태로우니 군병을 투입해 궁성을 호위할 것을 주장했다. 효종은 혼란스러움을 피하고자 일단 궁궐 문만을 굳건히 지키라고 명령했다. 그런 뒤에 서둘러 이조 판서와 병조 판서에게 정청政廳을 열어 총융사, 광주 부윤, 경기 수사 등을 모두 교체하고 연루자를 당장 잡아오라고 일렀다. 효종은 선왕 시절의 공신이었음에도 김자점에 대한 강력한 처벌을 예고했다.

"내가 김자점에게 발호跋扈(권세를 제멋대로 부림)할 뜻이 있다는 것을 모르지 않았으나 곡진하게 보전해주려고 했다. 그런데 그는 나를 저버리고 반역했다."

다음 날 효종은 그간 목숨을 부지해줬던 조씨를 사사하라는 명을 내렸다. 저주 사건과 역모 음모에 앞장섰던 김자점과 김식을 비롯한 20여 명도 모두 사형을 당했다. 그럼에도 효종은 신중한 태도를 잃지 않았다. 이번에도 효명옹주를 처벌하지 못하게 했으며, 조씨를 죽인 뒤 예를 갖춰 장례식을 치르라고 했다. 김세룡의 시신도 팔방에 조리돌리지 말고 집안사람들로 하여금 거둘 수 있도록 하라고 명했다.

🪨 저주 청소를 위한 양궁兩宮의 수리

저주와 반란을 꾀한 범인들은 처벌했지만 저주의 뼛가루는 여전히 궁궐에 남아 있었다. 신성한 왕궁 주변에 이런 저주물들을 그대로 방치할 순 없었다. 더욱이 조귀인의 저주는 유례없을 정도로 궁궐 건축물에서 광범위하게 이뤄졌다. 언제 어느 때 저주의 기운이 왕을 엄습할지 모를 일이었다. 조귀인의 저주 사건이 낱낱이 밝혀지자 영중추부사 이경여李敬輿와 영의정 김육金墳 등은 궁궐의 묵은 흙을 제거하자는 상소를 올렸다.

"침전에서 가까운 곳에 흉한 물건을 파묻었다는 요무妖巫의 말이 몹시 흉악하고 참혹합니다. 이런 말을 들었으니 어찌 잠시라도 그대로 왕림할 수 있겠습니까. 다른 전殿으로 옮기고 공조에 명해 묵은 흙을 깎아내어 흉한 기운을 제거하게 하소서."(『효종실록』 2년 12월 1일)

한겨울에 언 땅을 깎아내는 작업은 예삿일이 아니다. 효종은 봄이 되기를 기다리라 명하고 다른 건물로 자리를 옮겼다. 12월 27일에는 해동解凍을 기다려 궁궐의 더러운 흙을 모두 긁어내고 깨끗한 흙으로 채우라는 분부를 내렸다. 이로부터 본격적으로 창덕궁과 창경궁에서 저주의 흉물을 제거하는 공사가 준비되었다. 이듬해 1월에 수리도감修理都監을 설치했고, 2월부터 4월까지 3개월에 걸쳐 양궁의 수리 공사가 진행되었다.[11] 전란과 화재로 손실된 궁궐의 전각을 복원하거나 보수하는 일반적인 공사와는 차원이 달랐다. 저주물이 건물 자체를 물리적으로 훼손시키는 건 아니었다. 이 공사는 저주의 기운을 씻어내 마음을 개운하게 하는 주술적 공사나 다름없었다.

공사의 주 대상은 온돌에 묻어둔 오물들을 찾아내 청소하고 깨끗한 흙으로 보수하는 것이었다. 대들보나 서까래 등에 숨겨둔

저주물을 제거하는 일도 해야 했다. 온돌에 낀 흉물을 없애고 새로운 흙으로 다져넣기 위해서는 막대한 양의 흙이 필요했다. 궁궐의 전각을 보수하는 흙이거니와 저주를 씻어내는 흙이므로 아무 토사나 쓸 순 없었다. 효종은 신중하고 꼼꼼했다. 그는 풍수적으로 궁궐을 감싸는 청룡과 백호에 해당되는 산자락의 흙은 쓰지 못하게 했다. 수리도감에서는 지관을 시켜 몇 차례 방위를 따져 현장을 조사한 후에야 흙을 채취할 장소가 선정됐다.

공사가 시작되자 곧바로 조귀인이 벌인 저주의 오물들이 출토됐다. 창경궁 숭경당崇敬堂 근처에서 뼛가루로 보이는 물질이 나왔으며, 함인정涵仁亭 서쪽 계단에서도 청소를 하다가 뼛조각이 발견됐다. 창덕궁의 가장 중요한 침전인 대조전 일대에서도 저주물이 무더기로 출토됐다. 뼛가루와 뼛조각, 그리고 비단을 태운 가루들이 발견됐고, 개뼈다귀와 어린아이의 어깨뼈도 나왔다. 심지어 숭경당 북쪽 계단에서는 턱뼈와 치아가 온전한 어린아이의 두개골이 발견됐다. 각종 동물 뼈와 사체도 나왔다. 숭어 머리뼈, 참새 사체, 불탄 고양이까지 출토되어 그 흉물은 참혹하기 이를 데 없었다. 2월 18일에는 창덕궁 취선당 계단의 섬돌 아래에서 옷 조각과 실이 들어 있는 항아리가 나왔다. 시체 썩은 냄새가 진동해서 잠시도 가까이 갈 수 없었다고 한다.

효종 대 수리 공사로 인해 왕실이 생활하는 창덕궁과 창경궁의 전각들을 비롯해 임금이 거쳐가는 어로御路와 계단, 문 주위에서 빠짐없이 저주물이 발견되었다. 물론 조귀인이 혼자서 이 모든 저주를 한 것은 아닐 터이다. 실로 양궁에서 광범위하고 오랫동안 저주가 있어온 흔적이다. 숱한 왕실과 궁인들이 저주에 동참했다는 증거이며, 궁궐 내 쉬쉬했던 주술의 역사가 민낯으로 드러난 것이다. 양궁의 저주물을 치우기 위해 특별히 수리도감이 설치되고, 2000여 명의 승려가 동원되어 3개월간 공사를 시행했다. 이로써 조귀인의 저주물을 비롯한 각종 오물과 흉물들은 청소되었다. 하지만 그동안 그늘 속에 숨겨져왔던 궁궐의 더러운 저주의 역사가 실체로 밝혀졌으니 참으로 부끄러운 일이었다.

제3부

역모의 끈

숙종 대 장희빈의 저주 사건:
저주의 화살과 당의

"궁 밖에 있던 태자방太子房의 신당은 장희재의 첩이 책임지고 있었습니다. 작년 11월
신사神祀(굿) 때 무녀가 갓을 쓰고 홍의紅衣를 입은 채 궁시弓矢를 들고 일어나 춤을 추
었습니다. 활을 사방으로 마구 쏘면서 '내가 민 전하閔殿下를 죽이리라. 만약 민 전하가
죽으면 어찌 좋지 않겠는가. 좋고말고'라고 했습니다. 저는 장희재의 첩, 시영과 더불어
축수를 했는데, '이와 같이 된다면 정말 다행스럽겠습니다'라고 했습니다."(『숙종실록』,
27년 10월 3일, 축생의 결안結案 중에서)

숙종 시절 기사환국(1689)으로 남인이 정권을 잡았지만 오래
가지 못했다. 갑술환국(1694)이 단행되어 남인이 실각하고 서
인이 등용되었다. 아울러 왕비가 되었던 장씨는 희빈으로 강
등되었다. 절치부심하던 남인이 환국의 기회를 다시 잡고자
장형 모 저주 사건을 일으켰다. 한마디로 자작극이었다. 장희
재와 이의징李義徵의 집안사람들이 장형의 묘소에서 비석을 깨
뜨리고 남인을 저주하는 나무 인형을 묻어 서인들에게 죄를

돌리고자 했다. 하지만 모든 사실이 탄로나서 오히려 남인은 벼랑 끝에 몰리게 되었다. 그런데 장기간 지병을 앓던 인현왕후가 숨졌다. 공교롭게도 인현왕후의 죽음은 정적인 희빈 장씨에게 행운이 되지 못했다. 오히려 숙종은 희빈 장씨가 신당을 차려놓고 저주를 한 탓에 인현왕후가 숨졌다고 생각해 장씨 세력을 국문하기 위한 국청을 열었다. 궁녀들을 심문하자 희빈 장씨가 인현왕후에게 가한 저주의 실체가 조금씩 드러났다.

저주의 화살

갑술환국이 단행된 후 인현왕후가 복위되었다. 숙종은 인현왕후를 폐위시켰던 과거의 잘못을 뉘우쳤다. 숙종의 괄괄한 성격으로 보건대 드문 일이었다. 중궁의 회복을 알리는 비망기에서 "기사년의 일을 생각하면 절로 속에서 부끄러워진다. 진정眞情을 살피지 못하고 말만 들추어서 아내를 잘못 의심했다"고 솔직히 반성했다. 그런데 복위 이후로도 인현왕후의 삶은 순조롭지 못했다. 6년이 지난 1700년(숙종 26) 3월부터 다리 통증이 심해지더니 이듬해 8월 14일, 창경궁 경춘전景春殿에서 숨지고 말았다. 서른다섯 살의 젊은 나이였다. 인현왕후는 열다섯 살에 숙종의 계비로 입궁한 후 자식을 낳지 못했다. 또한 자주 환국을 겪고 폐위와 복위를 반복했다.

인현왕후의 안타까운 죽음 앞에서 숙종은 분노했다. 인현왕후가 와병 중인 2년 동안 희빈 장씨는 단 한 번도 문병을 하지 않았다. 장씨는 인현왕후를 '중궁'이라 하지 않고 '민씨'라고 불렀을 뿐 아니라, '민씨는 실로 요사스런 사람이다'라며 증오의 말을 내뱉었다. 숙종은 이런 장씨를 괘씸히 여겼다. 인현왕후의 죽음은 장씨에게도 결코 이롭지 못했다. 장씨는 왕비로 복위되기는커녕 인현왕후를 저주한 장본인으로 몰렸다. 그리하여 먼저 갑술환국 때 유배당했던 희빈 장씨의 오빠 장희재張希載가 처형을 당했다.

인현왕후의 병이 위중해지자 장씨는 내심 왕비로 복위할 절호의 기회라고 생각했다. 시녀들을 몰래 보내 인현왕후의 침전을 왕래하며 병 상태를 관찰했다. 심지어 궁녀를 시켜 측간厠間에 갈 때도 따라 갔으며, 창에 구멍을 뚫어서 안을 엿보기까지 했다. 주위 사람들은 장씨가 저주한 빌미로 인해 인현왕후가 병에 걸렸을 거라고 의심했다. 인현왕후도 장씨의 궁녀인 시영이 저주를 했다고 생각했지만 뚜렷한 증거를 찾진 못했다. 인현왕후는 병이 낫지 않자 괴로운 마음에 오빠 민진후閔鎭厚를 불러 눈물을 흘리며 하소연했다.

희빈 장씨의 저주 사건에 대한 조사가 시작되었다. 인현왕후로부터 은혜를 입은 숙빈 최씨가 나섰다. 평상시 왕비가 베푼 은혜를 감사히 여기던 최씨는 분한 마음을 이기지 못한 채 임금에게 몰래 고했던 것이다. 인현왕후는 점점 야위다 못해 나중에는 살이 거의 없을 정도로 말라 죽어갔다. 그래서 인현왕후는 병상에서 매번 "이 병이 기이하다"고 말했다. 숙종도 참담한 모습으로 죽어가는 왕비를 보면서 저주가 아니고서는 이렇게 아플 수는 없다고 생각했다.

장씨의 죄목을 조사하던 과정에서 취선당就善堂 서쪽에 신당神堂을 차려놓고 기도를 한 사실이 드러났다. 취선당은 숙종이 장씨를 위해 지어준 별당이었다. 장씨가 신당에 빌고 다른 한편으로 저주를 했다는 소문이 궁궐 내외에 자자했다. 이를 사실로 확인한 숙종은 화가 치밀어 '밤낮으로 이를 갈았다'고 한다. 인현왕후가 저주 때문에 죽었다고 생각한 숙종은 밤낮으로 우울하여 잠을 잘 수 없었다. 반드시 저주 사건의 음흉한 정상情狀을 샅샅이 밝혀내 인현왕후의 한을 풀어야 자신의 마음이 편안해지고, 나라 꼴도 회복될 것이라 여겼다.

1701년(숙종 27) 숙종은 장씨의 궁녀인 숙영, 시영, 축생, 철생 등을 친국했다. 숙종은 이들에게 신당을 설치한 배경과 저주를 한 무녀가 누구인지 캐물었다. 시영은 세자(훗날 경종)가 천연두를 무사히 넘길 수 있도록 신당을 설치했다고 둘러댔다. 세자가 음덕을 받아 마마신(천연두를 관장하는 신)을 피할 수 있도록 신당을 배설하여 기도했다는 것이다. 또 무녀가 항상 '세자에게 액이 있다'고 말했기에 이를 염려한 장씨가 신당을 배설했다고 했다. 천연두는 왕실 사람들에게도 무서운 전염병이었기에 궁궐 내에 신당을 설치하여 마마신을 모시는 일이 잦았다.

하지만 숙종은 궁녀들의 진술을 믿지 않았다. 그들은 굿을 주관했던 무녀가 죽었고, 굿을 하던 신당을 옮겼다며 어물거렸다. 또 구체적인 실성에 대해서는 서로에게 진술을 미뤘다. 그런데 죽은 무녀인 태자방太子房의 아들 이수장李壽長을 잡아와 심문하다보

니 중요한 단서가 나왔다. 또 다른 무녀인 오례五禮가 저주의 화살을 쏘았다고 발설한 것이다.

"굿을 할 때마다 오례가 활과 화살을 차고 풍악을 울리며 '내가 장차 민 중전을 잡아서 쇠 그물에 넣겠다'고 했습니다. 이어서 화살을 마구 쏘면서 벽력같은 큰소리로 '내가 민 중전을 쏘아서 이미 우물 가운데 던져넣었다'고 부르짖었습니다. 그리고 '장 중전이 복위할 것이고 장 대장(장희빈의 오빠 장희재)도 바다를 건너올 것이다'라고 했습니다."(『숙종실록』 27년 9월 27일)

과연 무녀 오례가 쏜 저주의 화살은 민씨의 심장을 향해 날아갔을까. 신이 들린 오례는 인현왕후 민씨를 잡아서 쇠 그물에 넣겠다고 큰소리쳤다. 그리고 화살을 마구 쏘면서 민씨를 맞혀 우물에 던졌다고 떠들었다. 장씨 세력들은 무녀로 하여금 인현왕후를 저주의 함정에 빠뜨리는 대신 장씨를 중궁으로 복위시키고, 제주도로 귀양 갔던 장희재를 돌아오게 해달라는 굿을 했던 것이다.

🎞️ 장씨와 민씨 집안의 악연

장희빈과 인현왕후는 드라마의 단골 소재다. 1971년 한 방송국에서 연속극 「장희빈」을 방영한 이후로 장희빈과 인현왕후를 등장시킨 역사 드라마가 몇 차례 제작되었다. 장희빈과 인현왕후의 삶이 극적일 뿐 아니라 이들의 팽팽한 대립이 흥미롭기 때문이다. 그런데 드라마에서 두 인물의 성격은 매우 대조적이다. 인현왕후는 어질고 착한 왕비로, 장희빈은 표독스러운 후궁으로 그리고 있다. 특히 장희빈이 인현왕후의 초상에 화살을 쏘거나 인형에 바늘을 찔러 저주를 하는 장면은 장희빈을 최고의 악녀로 만들었다. 드라마에 나오는 것처럼 실제로도 장희빈은 악독한 저주를 불사하는 최고의 패륜녀였을까.

서인(노론) 측에서 편찬한 『숙종실록』에서는 대체로 장희빈과 그 일가에 대해서 부정적으로 서술했다. 장씨를 언급한 『숙종실록』(12년 12월 10일)의 기록을 살펴보자.

"장씨張氏를 책봉하여 숙원淑媛으로 삼았다. 전에 역관 장현張炫은 나라 안의 거부로서 복창군 이정李楨과 복선군 이남李柟의 심복이 되었다가 경신년의 옥사에 형을 받고 멀리 유배되었다. 장씨는 곧 장현의 종질녀다. 나인으로 뽑혀 궁중에 들어왔는데 자못 얼굴이 아름다웠다. 경신년 인경왕후가 승하한 후 비로소 은총을 받았다. 명성왕후가 곧 명을 내려 그 집으로 쫓아냈는데 숭선군 이징李澂의 아내 신씨가 진기한 보화로 여겨 자주 그 집에 불러들여 보살펴주었다."

장씨의 이름은 옥정玉貞이라 전한다. 그녀의 아버지 장형張炯과 당숙 장현도 모두 역관이었다. 아버지가 일찍 숨졌으므로 장옥정은 장현의 보살핌을 받았다. 장현은 온 나라에 부자라고 소문날 정도이니 역관을 하면서 상당한 부를 축적한 듯하다. 수역관首譯官이었던 그는 종1품인 숭록대부에까지 올랐다. 장현은 외교적 수완이 좋을 뿐 아니라 정치에도 능수능란했다. 그는 청나라 사람들에게 뇌물을 주고 관청에 보관한 문서를 빼돌리기도 했다. 600금을 주고 문서를 구입하여 조정에 바친 덕에 그의 자손들까지 벼슬을 얻었다. 장현은 정치적으로 남인과 당을 맺었다. 그는 남인의 영수인 민암閔黯과 절친한 관계였다. 민암은 연경에 갈 때는 수역관인 그를 대동하고자 했다. 장현의 후광을 받아 장씨의 오빠인 장희재도 승승장구했다. 장희재가 군기시軍器寺와 사복시司僕寺를 관리하는 벼슬을 얻자 서인들은 미천한 자에게 중대한 임무를 맡겼다며 불평했다.

용모가 아름다운 장씨는 처음에 나인으로 뽑혀 궁궐에 들어왔다. 장씨는 숙종의 원비인 인경왕후보다 두 살, 인현왕후보다는 여덟 살이 많았다. 위 기록처럼 숙종의 사랑을 받기 시작한 때는 1680년(경신년, 숙종 6) 무렵이었으며, 1686년(숙종 12)에는 내명부의 종4품인 숙원이 됨으로써 후궁으로서의 정식 지위를 얻었다.

장씨는 인경왕후가 죽은 뒤로 숙종의 총애를 받았으나 명성왕후가 그녀를 내쫓았다. 명성왕후가 정사에 지나치게 간섭했음에도 숙종은 감히 친모의 명을 거역하지 못했다. 명성왕후는 남인인 장씨를 몹시 미워했다. 골수 서인이었던 명성왕후는 남인의 주축을 이루는, 인평대군(효종의 동생)의 아들인 이른바 삼복(복창군, 복선군, 복평군)과는 적대적 관계였다. 그런데 장씨 집안은 이들의 심복으로 일했을 뿐만 아니라 숭선군과도 막역한 관계를 유지하고 있었다. 숭선군은 귀인 조씨의 장남으로 효종 시절에 고난을 겪은 바 있다. 숙종 시절까지 정정했던 인조의 계비이자 궁궐의 어른인 장렬왕후(자의대비)가 숭선군의 아내 신씨를 신뢰했다. 신씨가 장씨를 총애했으므로 장렬왕후는 인현왕후와 소원한

관계가 되었다.

순진했던 인현왕후는 왕비가 된 직후에 임금의 은총을 입은 장씨를 민가에 내쳐둘 수 없으므로 다시 궁으로 불러들이자고 명성왕후에게 권유했다. 그러자 명성왕후는 이렇게 말했다.

"내전內殿(왕비)이 그 사람(장씨)을 아직 보지 못했기 때문이오. 그 사람은 매우 간사하고 악독합니다. 주상이 평일에도 희로의 감정이 느닷없이 일어나시는데, 만약 꾐을 받으면 국가의 화가 됨을 말로 다 할 수 없을 것입니다. 내전은 후일에도 마땅히 내 말을 생각해야 할 것이오."

1681년(숙종 7)에 입궁한 인현왕후는 당시만 해도 궁녀에 불과한 장씨를 염려하지 않았다. 하지만 명성왕후는 간사한 장씨가 숙종의 총애까지 얻고 있으니 이후에 엄청난 정적으로 성장할 수 있다고 보았다. 명성왕후는 감정 기복이 심한 아들의 성격이 못마땅했다. 이런 숙종이 남인의 교활한 여인에게 빠진다면 서인에게 불리한 정치수를 둘 것이라 우려했다.

명성왕후의 예측은 틀리지 않았다. 그녀가 1683년(숙종 9) 세상을 뜨자 숙종은 보란 듯이 장씨를 다시 입궁시켰다. 장애물이 없어진 장씨는 교만해졌다. 어느 날 숙종이 그녀를 희롱하자 "제발 나 좀 살려주세요"라며 인현왕후 앞으로 뛰어들었다. 인현왕후가 질투하는지 그 기색을 살펴보기 위해서였다. 인현왕후가 대뜸 꾸짖었다.

"너는 마땅히 전교傳敎를 잘 받아야 한다. 어찌 감히 이와 같이 할 수 있는가."

어린 인현왕후에게 야단을 맞은 장씨는 불만을 품었다. 인현왕후가 시키는 일에 공손하지 않았고, 불러도 따르지 않았다. 그러자 인현왕후가 명하여 장씨의 종아리를 때렸다. 이때부터 장씨는 인현왕후에게 독한 원한을 품었다고 한다. 인현왕후는 장씨를 다스리기 어려워지자 다른 방법을 썼다. 숙종에게 새로운 후궁을 받아들이기를 권한 것이다. 같은 서인인 김창국金昌國의 딸이 궁에 들어왔다. 인현왕후는 또 다른 후궁을 이용하여 장씨를 견제하려는 정치술을 폈으나 숙종의 마음을 돌리지 못했다.

장씨 집안과 인현왕후 집안의 악연은 이뿐만이 아니었다. 민정중閔鼎重(인현왕후의 큰아버지)과 장희재도 숙정淑正으로 인해 서로 으르렁거리게 되었다. 숙정은 장희재의 첩이었다. 나중에 본처인 작은아기를 쫓아내고, 자신이 장희재의 처가 되었다. 숙정은 숭선군의 노비가 낳은 딸이었는데 기녀로 일했다. 숙정은 노래를 잘하는 기녀로 유명했으며, 경신년(1680) 무렵부터 장희재의 첩으로 살았다. 계해년(1683)에 인조반정의 60주기를 맞아 정명공주의 집에서 잔치를 베푼 적이 있었다. 기녀를 불러 술을 따르고 가무를 하는 큰 행사에 숙정이 포함되었다. 당시 포도부장이었던 장희재는 어떤 신하가 숙정을 희롱하려 하자 기분이 상했는지 그녀를 대궐 문밖으로 불러서 나가버렸다. 이때 좌의정 민정중이 크게 화를 냈다. 조종의 큰 연회가 끝나기도 전에 기녀를 데리고 간 장희재를 엄히 다스리게 했다. 이로 인해 장희재는 뼈에 사무칠 정도로 민정중에게 원한을 품었다고 한다.

▨ 인현왕후의 시샘

『인현왕후전』은 인현왕후의 생애를 소설처럼 풀어 쓴 궁중서 사문학이다. 작가가 밝혀지지 않았으나 인현왕후를 모시던 궁인이나 친정 쪽 일가가 쓴 것으로 짐작된다. 인현왕후는 명문가인 여흥 민씨 집안에서 태어났다. 아버지가 민유중閔維重이고, 외조부가 송준길이다. 그녀는 서인들의 후광을 받는 독보적 존재로서 열다섯 살에 숙종의 계비가 되었다. 『인현왕후전』은 인현왕후가 왕비가 된 이후로 대비마마를 효심으로 봉양하고, 상감을 받들어 덕으로 인도하도록 했다고 한다. 또 비빈妃嬪과 궁녀를 다스림에 있어서도 은혜와 위엄을 병행했으며, 선악과 친소親疏를 가리지 않고 사람을 아끼며 사랑하는 화기和氣가 봄 동산 같다고 했다. 예절과 법도가 엄숙하고 강명剛明하시니 대궐 사람들이 모두 인현왕후가 지닌 성덕聖德의 아름다움에 감탄할 지경이었다.

『인현왕후전』에서는 인현왕후가 시기와 질투가 전혀 없는 성인으로 묘사되지만 실제의 그녀는 달랐다. 숙종의 사랑을 독차지한 장씨가 숙원의 위치에 오르자 인현왕후의 투기가 본격화되었다. 인현왕후는 자신이 꾼 현몽을 숙종에게 말하여 장씨를 곤란하게 하려 했다. 선왕先王과 선후先后가 꿈에 나타나 이렇게 말했다는 것이다.

"내전內殿과 귀인貴人(김창국의 딸)은 선묘宣廟(선조) 때처럼 복록福祿(복되고 영화스러운 삶)이 두텁고 자손이 많을 것이다. 그러나 숙원은 아들이 없을 뿐만 아니라 복도 없으니, 오랫동안 궐내에 있게 되면 경신년(1680)에 실각한 사람들에게 당부黨付(무리에게

의지)하게 되어 국가에 이롭지 못할 것이다."(『숙종실록』 15년 4월 21일)

숙종의 마음이 장씨에게 기울던 때였다. 그러나 이 현몽 이야기는 오히려 숙종의 빈축을 사게 되었고, 인현왕후가 폐출되는 배경으로 작용했다. 결과적으로 인현왕후나 귀인 김씨는 자식을 낳지 못했지만 장씨는 엄연히 세자를 출산했다. 사실과 동떨어진 현몽은 거짓으로 꾸며낸 이야기로 여겨지기 십상이었다. 숙종은 인현왕후가 선왕을 들먹이는 간사하고 악독한 계획을 꾸몄다고 생각했다.

인현왕후는 숙종에게 큰소리로 떠들며 장씨를 비난하기도 했다. 이것은 누가 보더라도 장씨를 무함하는 말이었다.

"숙원은 전생에 짐승의 몸이었는데 주상께서 쏘아 죽이셨으므로 묵은 원한을 갚고자 이 세상에 태어났습니다. 그래서 경신년 역옥逆獄 후에 불령不逞(원한을 품고 제멋대로 행동)한 무리와 서로 결탁했던 것이며, 화는 장차 헤아리지 못할 것입니다."(『연려실기술』 숙종조 고사본말)

장씨를 총애하다가 숙종이 보복을 당할 것이란 망측한 예언이었다. 인현왕후의 말에 따르면, 장씨는 전생에 숙종에게 죽임을 당한 짐승으로 그 원한을 갚고자 후생에 태어났다는 것이다. 차마 듣기에도 섬뜩한 표현이었다.

『인현왕후전』에서는 인현왕후가 예절과 법도를 엄숙히 갖췄고, 사람을 아끼고 사랑하는 화기가 봄 동산 같다고 했다. 그런 인현왕후에게서 어찌 이런 말이 나올 수 있었을까. 숙종은 인현왕후가 "덕은 없고 언행이 사나우며, 말과 행동이 분노와 원망에 차 있어 세월이 갈수록 감화의 기대가 끊어지고 있다"고 평가절하했다. 또 인현왕후가 허물을 진 것이 성종 대의 윤씨보다 더할 뿐 아니라 윤씨가 하지 않던 행동까지 겸했다고 비난했다. 윤씨는 조선 왕실 역사에서 투기가 가장 심했던 인물이다. 숙종의 말대로 윤씨보다 인현왕후의 허물이 더 심했다면 『인현왕후전』에 기록된 아름다운 행실은 거짓이나 다름없다.

인현왕후에 대한 실망감이 자꾸 쌓여간 반면, 장씨는 숙종이 그토록 원하던 임신을 했다. 1688년(숙종 14) 10월, 장씨는 왕자를 출산했다. 훗날의 경종이다. 그런데 서인들은 산모를 돌보기 위해 궁에 들어온 장씨 어머니를 욕보이고자 했다. 장씨 어머니가 8인이 메는 옥교玉轎를 타고 입궐했다는 것을 이유로 사헌부의 지평 이익수李益壽가 관원을 보내 종을 체포하고, 가마를 빼앗은 것이다. 진노한 숙종은 그 관원을 매로 쳐서 죽이라고 명했다. 숙종은 서인들의 사주를 받은 사헌부 관원들이 장씨가 임신한 이후로 본가를 엿보고 뒤를 밟다가 종국에 벌인 행패라고 여겼다.

🌀 원자의 출산과 억울한 폐출

장씨가 낳은 왕자는 서인들에게 큰 골칫거리였다. 왕자가 왕위에 오른다면 서인들에게 불리한 정국이 조성될 것은 뻔했다. 그런데 『인현왕후전』에서는 "장씨가 왕자를 출산했을 때 상감이 지나치게 사랑하심은 이를 것도 없고, 인현왕후도 크게 기뻐하시어 어루만져 사랑하심을 자기가 낳은 자식같이 했다"고 적었다. 과

연 그러했을까. 숙종의 말을 빌리자면 "인현왕후는 원자가 탄생했다는 말을 듣고부터는 매우 노여운 기색을 드러내며 도리에 어긋난 불평하는 말을 한 것이 한두 번이 아니다"라고 했다.(『숙종실록』 15년 4월 23일) 아무리 성인군자라도 정적이 출산한 왕자를 보고 기뻐할 왕비가 있을까. 숙종의 말에 더 신뢰가 가는 것은 이 때문이다.

서른이 다 되어서야 아들을 본 숙종은 들떠 있었다. 그리하여 숙종은 장씨가 왕자를 낳자 아기를 두 달 만에 원자로 정하려 했다. 숙종의 성급한 기질 때문이기도 하지만 인현왕후와 서인들의 반기를 일찍이 차단하자는 속셈에서였다. 1689년(숙종 15) 1월, 숙종은 왕자의 명호名號를 듣고자 한다면서 대신 이하 신료들을 모두 소집시켰다. 숙종의 마음은 이미 정해져 있었다. 숙종이 꺼낸 첫마디는 "감히 이의를 제기하는 자가 있다면 벼슬을 바치고 물러가라"였다. 그럼에도 당파를 떠나 모든 신하가 이런 성급한 조치에 반대했다. 인현왕후가 아직 젊은 데다 태어난 지 두 달밖에 안 된 아이를 원자로 정하는 것은 유례없는 일이었기 때문이다. 그러나 숙종은 특유의 조급함으로 이를 밀어붙였다. 5일 후에 바로 원자의 정호定號를 종묘와 사직에 고했다. 그날 장씨는 소의昭儀에서 희빈禧嬪(내명부 정1품)으로 지위가 상승되었다.

산림의 영수 송시열이 나서서 원자 정호를 반대하는 상소를 올렸다. 이에 맞서 숙종은 서인 세력에 대한 대대적인 숙청에 나섰다. 반대급부로 목내선, 김덕원, 여성제 등 남인 세력이 대거 등용되었다. 서인에서 남인으로 정권 교체가 이뤄진 이 사건이 바로 기사환국(1689)이다. 남인이 정권을 잡게 되자 인현왕후가 설 자리는 더 좁아졌다. 숙종은 송시열의 처벌을 의논하는 자리에서 인현왕후를 폐출하겠다는 뜻을 밝혔다. 숙종은 인현왕후가 선왕의 꿈을 멋대로 지어내고, 장씨를 투기했다는 이유를 들었다. 하지만 이런 시샘이 왕비를 쫓아낼 정도의 큰 잘못은 아니었다.

그럼에도 그 누구도 숙종의 밀어붙이기를 막을 재간은 없었다. 1689년(숙종 15) 4월, 숙종은 인현왕후의 추천으로 입궁한 김씨부터 내쫓았다. 김씨는 숙종이 빈청에서 신하들을 만나면서 메모해둔 종이를 의자 옆에 두었는데 이를 몰래 소매 속에 감추었다가 발각된 바 있었다. 숙종은 김씨가 교사스럽고 간특한 인현왕후에게 밤낮으로 아첨하고, 혈당血黨을 맺어 못 하는 짓이 없다는 죄명을 달아 폐출시켰다. 다음 날 숙종은 신하들에게 구전舊典을 조사하여 인현왕후도 폐출시키라는 명을 내렸다. 이날은 인현왕후의 생일이었으니 인간적인 도리에 어긋난 처사였다. 서인庶人으로 강등되어 폐출된 인현왕후는 친정으로 돌아갔다. 숙종은 조금도 머뭇거리지 않았다. 곧이어 신하들에게 희빈 장씨를 왕비로 삼겠다는 전지傳旨를 내렸다. 숙종은 "희빈 장씨가 좋은 집에서 태어나 머리를 땋아 올릴 때부터 궁중에 들어와서 인효공검仁孝恭儉했고, 덕이 후궁 가운데 드러나 일국의 어머니가 될 만하다"라며 장씨를 극찬했다.

『인현왕후전』은 장희빈이 왕자를 출산한 이후로 더 방자스러워졌고, 왕비를 차지하려는 역심逆心이 생겼다고 한다. 장희빈은 인현왕후가 자신을 저주한다면서 헐뜯고 모함했다. 후궁들을 합세시켜 이런 소문을 내자 숙종이 듣고 흑백을 분별하지 못하여 인현왕후를 폐출시키게 된 것이라 했다. 하지만 인현왕후의 폐출은 장희빈의 모해보다는 숙종의 정치적 선택에 기인하는 것이다. 무엇보다 이 사건이 서인에서 남인으로 정권을 대대적으로 교체하는 과정에서 일어났기 때문이다.

▨ 『인현왕후전』과 『숙종실록』의 간극

남인은 정권을 잡았음에도 시름이 깊어갔다. 서인들은 호시탐탐 복권을 노리고 있었다. 변덕이 심한 숙종은 언제 환국을 일으켜 남인을 쫓아내고 서인을 등용할지 몰랐다. 그리하여 남인은 서인을 완전히 제거하고자 이른바 함이완咸以完 고변告變 사건을 일으켰다. 1694년(숙종 20) 3월, 함이완은 한중혁, 김춘택, 유복기 등이 도당徒黨을 만들어 자금을 확보하고, 간악한 짓을 하고자 했다고 고변했다. 궁지에 몰린 서인들도 유학幼學 김인金寅의 맞고변으로 대응했다. 장희재가 김해성金海成에게 뇌물을 주어 숙원 최씨를 독살하려고 했으며, 윤희와 성호빈 등이 반역을 도모했다는 고발이다. 이를 민암과 오시복 등도 알고 있었다고 했다. 함이완의 고변에 따라 한중혁 등을 가두고 심문시켰던 숙종은 3일 만에 맞고변이 나오자 황당하기 이를 데 없었다.

그런데 숙종은 서인의 손을 들어주었다. 숙종은 내심 우의정 민암을 의심했다. 함이완이 직접 고변한 게 아니고, 민암을 통해 간접적으로 고변한 것을 이상하게 여겼다. 숙종은 민암이 함이완을 따로 만난 사실도 알게 되었다. 그러잖아도 숙종은 기사환국 이후로 지속되었던 남인의 세도에 염증을 느낀 터였다. 총애하는 숙원 최씨를 독살하려 했다는 점도 숙종의 심기를 자극했다. 숙원 최씨는 영조의 생모였다. 인현왕후의 아버지 민유중이 입궐시켰는데, 나중에 숙종의 눈에 들어 후궁으로 발탁되었다. 숙원 최씨는 인현왕후를 곁에서 보좌하면서 서인으로서 정치적 역할을 했다.

그해 4월 1일, 숙종은 서인 정권으로 바꾸는 갑술환국(1694)을 단행했다. 남인 권대운, 목내선, 김덕원 등이 삭탈관작削奪官爵되었으며, 민암, 유명현, 이의징 등이 절도絶島에 안치되었다. 남인이 떠난 빈자리는 서인으로 채워졌다. 인현왕후도 다시 별궁別宮으로 옮겨오도록 했다. 남인의 수난 시대가 다시 열린 것이다. 이때 장씨가 대로한 것은 물론이다.

『인현왕후전』에는 숙종이 인현왕후를 복위시키려고 하자 장희빈이 발악하는 장면이 나온다. 흥분한 장희빈은 악녀로서의 기질을 어김없이 분출했다. 인현왕후에게 문안의 절을 받으려고 할 뿐만 아니라 애꿎은 세자를 마구 때린다. 심지어 상감이 나무라자 수라상을 발로 차 산산이 흩어놓는다. 하지만 내외가 엄격한 궁궐에서 이런 일이 가능할까. 장희빈을 둘도 없는 포악한 인물로 그리기 위해 이런 생동감 있는 대목을 넣은 것이다. 『인현왕후전』이 소설로 보이는 것도 이 때문이다. 하지만 이를 사실로 받아들인 후대 사람들은 장씨를 둘도 없는 포악한 악녀로 인식하게 되었다.

추악한 장희빈에 비해 인현왕후는 성인과 같았다. 겸양과 사양은 조선시대 왕비의 중요한 미덕이었다. 『인현왕후전』에서는 인현왕후가 다시 입궐하라는 어명조차 따르지 않고 사양했다고 전한다. 인현왕후가 입궐을 두고 밀고 당기는 과정이 무려 18일 동안 지속되었다. 하지만 『숙종실록』(20년 4월 12일)에는 4월 10일 어명을 받은 중사中使(왕명을 전달하는 내시)가 찾아와 외문의 열쇠를 달라고 청한 이후로 3일 만에 인현왕후가 경복당에 입궐했다고 기록되어 있다.

실은 여러 곳에서 『인현왕후전』과 『숙종실록』의 간극을 찾아볼 수 있다. 이 간극은 소설과 역사의 차이를 뜻한다. 『인현왕후전』은 인현왕후와 서인 측의 눈으로 장희빈을 묘사한 소설이다. 이 작품의 목적은 인현왕후의 생애를 집중 조명함으로써 그녀를 가장 어진 왕후로 떠받들고 성인화하는 것이다. 시종일관 인현왕후를 최고의 미덕을 갖춘 여성으로, 장희빈을 패악한 악당으로 그리고 있다. 그렇다면 『인현왕후전』은 특정 당파의 입장이 정치적으로 반영된 소설이다. 이것이 『인현왕후전』에 기술된 내용을 곧이곧대로 믿을 수 없는 이유다.

장형 묘 저주 사건

남인은 절치부심하며 다시 환국의 기회를 잡고자 했다. 이 와중에 장형(희빈 장씨의 아버지) 묘 저주 사건이 발생했다. 1696년(숙종 22) 4월, 생원 강오장姜五章이 장형 무덤의 묘갈墓碣이 부서지고 누군가 흉하고 더러운 물건을 묻었다는 상소를 올렸다. 숙종은 세자 외조부의 묘에 행한 저주를 방관할 수 없었다. 이 사건을 잘 알고 있는 업동業同을 불러 진위를 물었다. 업동은 장희재 집에서 일하는 종이었는데, 그의 진술은 이러했다.

"지난해 비석이 깨진 변괴가 있어 주인이 저를 시켜서 지키게 했습니다. 올해 3월 호패 하나가 무덤 앞에 떨어져 의아하게 여겼습니다. 둘러보니 묘소의 용미龍尾에 나무를 깎아 사람을 만들고, 목도木刀를 땅 가운데에 꽂아 묻어두었습니다. 또 안주인의 무덤에도 목인木人과 목도를 묻어둔 것을 보았습니다."(『숙종실록』 22년 4월 29일)

장형 묘의 비석을 깨뜨리고 장씨 집안을 저주한 사건이 발생한 것이다. 숙종은 국청을 설치하고 호패부터 조사시켰다. 호패의 주인공은 병조 판서 신여철申汝哲의 종인 응선應先이었다. 그러자 신여철을 위시한 서인들은 난처한 입장이 되었다. 잘못하면 서인들이 장씨 집안을 저주한 사건으로 보일 수 있었기 때문이다. 그런데 아무리 봐도 수상한 점이 있었다. 응선은 묘소가 있는 연서延曙(지금의 은평구 불광동 일대)에는 간 적이 없으며, 응선이 찬 실제 호패와도 다른 점이 많았다. 하지만 숙종은 일단 서인들을 의심했다. 죄인을 잡지 못하면 국청의 당상堂上에게 중죄를 줄 것이라며 호통쳤다. 국청은 죄인으로 지목된 응선과 김천추金天樞를 여러 차례 형신했으나 죄를 인정하지 않았다. 고문을 감당하지 못한 김천추는 스스로 혀를 깨물어 자살을 기도했다. 결국 형신을 받다가 승복하지 않고 죽었다.

서인들은 막다른 골목에 몰린 형국이었다. 숙종이 장형 묘 저주 사건을 기화로 환국을 감행하여 남인에게 정권을 넘길 수도 있었다. 서인들은 사건을 뒤집을 만한 단서를 부지런히 찾았다. 그러던 중 묘소 인근에 사는 박일봉朴一奉을 붙잡았다. 박일봉은 장가張家 묘지기인 성시준의 아내 옥례玉禮로부터 들은 이야기를 발설했다. 옥례가 양식을 가지고 와 묘소를 지키는 업동에게 그 이유를 물어서 들었다는 이야기였다. 그때 업동은 이렇게 답했다.

"이달 13~14일 사이에 반드시 변고가 있을 것이므로 지킬 따름이다."

업동이 변고가 난다는 사실을 미리 알고 있었다니 수상한 일이었다. 또 업동의 양식이 부족한 것을 보고 한양으로 들어가 가져오라고 말하자 "변을 일으킨 것은 정해진 날짜가 있으므로 굶주림을 참고 기다리겠다"고 답했다. 변고를 기다리고 있다는 말이었다. 업동은 무고 사건을 꾀하고 있었던 것이다. 성시준은 13일 동틀 무렵 업동이 묘소로 올라가자 그의 뒤를 쫓았다. 그런데 업동이 어떤 물건을 뽑아서 몰래 소매 안에 감추는 것이었다. 성시준이 보여달라고 청했지만 업동은 들어주지 않고 곧바로 한양으로 갔다.

국청은 성시준과 옥례, 그리고 업동을 체포해 대면시켰다. 업동을 추궁하니 답하지 못하는 것이 많았다. 업동은 자신의 주인이 불길한 꿈을 꾸고 나서 묘소에 변이 있을까봐 미리 지키게 했다고 둘러댔다. 하지만 박일봉과 성시준, 옥례의 일관된 진술을 보건대 업동이 남인의 지시를 받아 스스로 저주 사건을 벌였을 가능성이 높았다. 이제 상황이 역전되어 업동의 주인 장희재와 남인들이 수세에 몰렸다. 그런데 소론인 남구만南九萬과 유상운柳尙運 등이 업동을 보호하고 나섰다. 의심만으로 옥사를 구성할 수 없으니 업동을 추문하지 말자고 주장했다. 의아스럽게 숙종도 남구만의 편을 들었다. 숙종은 업동을 국문해서 실상을 밝히면 갑술환국으로 초토화된 남인의 씨가 완전히 마를 것이라 염려한 것이다.

업동을 풀어주자 삼사三司(사헌부, 사간원, 홍문관)는 물론이고, 관학의 유생들이 집단으로 상소를 올렸다. 세자의 미래를 걱정한다면 흉물을 묻어 저주한 적들을 끝까지 조사하여 바뤄야 한다는 것이었다. 실은 업동의 죄를 끝까지 추적해서 그 뒤에 숨은 남인을 파헤치자는 의도였다. 조정이 시끄러워지자 숙종도 더는 업동을 비호하기 어려워졌다. 업동을 비롯한 용의자들에 대해서 조사가 다시 시작됐다. 이 사건에 연루된 김시관金是梡, 이홍발李弘渤, 방찬方燦, 성두방, 최국헌崔國憲, 이동엽, 이동량이 줄줄이 끌려왔다. 업동은 장희재의 처조카인 김시관이 묘소를 지키게 했다고 진술했다. 김시관은 이의징의 하인 방찬을 끌어들였다. 방찬으로부터 변고가 있을 거란 얘기를 들었다고 했다. 김시관과 방찬을 대질심문하고 형신하자 방찬이 모든 사실을 자백했다.

"비석을 깨뜨린 일은 최국헌과 이동엽이 했습니다. 이홍발이 저로 하여금 신여철의 종의 호패를 얻도록 시켰습니다. 제가 성두방을 시켜 응선과 사귀게 했고, 응선이 술에 취한 틈을 타서 호패를 잘라내어 이홍발에게 가져다주었습니다."(『숙종실록』 22년 7월 24일)

이홍발은 이의징의 아들이었다. 훈련대장 이의징은 갑술환국 때 절도로 안치되었다가 이듬해에 사사당한 남인이다. 최국헌은 남인들의 운세를 봐주는 점쟁이였다. 최국헌은 저주 사건의 꾀를 내면서 "비석을 깨뜨린 사건을 서인에게 돌리면 반드시 환국이 있을 것이다"라고 말했었다. 이의징이 갑술환국 이후에 죽자 이홍발과 최국헌은 서인들에게 복수를 하고자 저주 사건을 모의했다. 장희재 집안의 김시관도 이 모임에서 합심을 했다.

방찬은 저주 사건을 일으킨 과정을 낱낱이 자백했다.

"비석을 깨뜨린 변고를 서인에게 돌리고자 했습니다. 묘소에 흉물을 묻고 호패를 떨어뜨려두고서 장가張家 사람으로 하여금 흉물을 파내고 호패를 줍게 하면, 반드시 서인이 한 짓으로 여길 것이라 상의했습니다. 이홍발이 장가에 가서 살펴보라고 권했으므로 제가 김시관에게 말하여 업동을 내보냈습니다."

장형 묘 저주 사건은 김시관과 이홍발 등 남인 세력이 획책한 자작극이었다. 남인은 이 사건을 일으켜 서인들을 모략하고자 했다. 이동엽과 이동량 형제가 묘소를 지키는 사이에 최국헌과 천학선이 도끼로 비석을 내리쳐서 깨뜨렸다. 또 최국헌은 이동엽, 천학선과 함께 나무 인형을 분묘 앞에 묻어두었다. 이 인형에는 왕비, 왕세자의 나이와 함께 "이위화살무석야离爲火殺無惜也"라는 글귀를 썼다. '이离'는 '남인'을, '화火'는 '화禍'를 의미한다. 풀이하자면 '남인이 화가 될 것이니 죽여도 아까울 것이 없다'는 뜻이다. 서인이 남인을 저주했다는 증표로서 나무 인형에 써둔 글귀였다.

이홍발은 고문을 받다가 죽었으며, 방찬을 비롯한 죄인 일곱 명은 군기시 앞길에서 능지처참을 당했다. 죄인들의 자백으로 인해 남인이 서인을 공격하고, 환국을 조성하고자 저주 사건을 꾸민 사실이 만천하에 탄로났다. 결국 이 저주 사건은 남인에게 자충수가 되고 말았다. 숙종은 남인에 대해 일말의 기대조차 하지 않게 되었다. 그런데 이보다 더 큰 먹구름이 장씨와 남인을 향해 몰려오고 있었다.

▨ 인현왕후의 질병은 큰 종기

1700년(숙종 26) 3월부터 인현왕후의 양쪽 다리에 아픈 증세가 나타났다.[12] 약방(내의원)이 숙종에게 아뢰었다.

"중궁전이 며칠 전부터 양쪽 다리가 아픈 징후가 있었습니다. 어제 저녁 이후로는 통증이 배로 극렬해지니 증상이 통풍과 유사합니다. 다리가 아픈 징후는 오른쪽이 심한데 환도혈[13] 윗부분의 요척腰脊(요추골) 부위에서 현저하게 붓기가 있고 통증은 참기 어려울 지경입니다."(『승정원일기』 26년 3월 25일)

약방은 처음에 인현왕후의 질병을 통풍과 유사하다고 진단했다. 인현왕후는 환도혈 주변에 붓기가 있고, 통증을 참기 어려울 만큼 고통스러워했다. 치료를 계속해도 듣지 않았다. 4월부터는 인현왕후에게 경련이 시작되었고, 5월에는 환부에서 고름까지 나왔다. 의약청을 설치하여 치료를 했지만 인현왕후의 병은 호전되지 않았다. 6월 이후로는 복통, 구토, 설사 등까지 겹쳐 큰 고통을 받았다. 결국 1701년(숙종 27) 8월, 인현왕후는 사망했다. 1년

6개월 동안 병마와 싸우다가 이겨내지 못하고 죽은 것이다.

그런데 『인현왕후전』에서는 희빈 장씨가 신당을 차려놓고 갖가지 저주를 내린 끝에 인현왕후가 병에 걸렸다고 했다. 이것이 정말 사실일까. 장씨의 무리들은 을해년(1695)부터 외신당에 찾아가 기도를 시작했다. 갑술환국이 발생하여 남인이 실각하고 희빈으로 강등된 장씨가 복위를 꾀하고자 신에게 의탁한 것은 사실이다. 그 뒤로 궁궐 내에 내신당을 설치했으며, 자신을 위해 축원을 시작한 때는 1701년 2월이었다. 그런데 인현왕후의 병세는 이미 1700년 3월에 발병했다. 시기적으로 볼 때 신당과 축원, 그리고 질병 사이에 반드시 연관성이 있다고 보기는 어렵다. 한편, 오례가 화살을 마구 쏘면서 '민 중전을 잡아 쉬 그물에 넣겠다'고 악담을 퍼부었던 때는 1700년(숙종 26) 7, 8월께였다. 인현왕후의 병은 그보다 앞서 나타났으므로 오례가 쐈던 저주의 화살도 병의 원인으로 보기 어렵다. 그러므로 인현왕후는 저주가 아닌 질병으로 인해 장기간 앓다가 사망했다고 봐야 한다.

그렇다면 인현왕후의 병명은 무엇일까. 인현왕후는 옹저癰疽가 악화되어 사망했다. 옹저는 큰 종기를 말한다. 서양 의학의 시각에서 보면 화농성 관절염이 인현왕후의 사인死因이다. 종기는 세균이 피부에 침투하여 생기는 질환으로, 누르면 아프고 심할 경우 고름까지 나온다. 더욱이 큰 종기는 발열과 오한 같은 증상을 동반하며, 치료가 잘 안 되면 농양으로 악화된다. 항생제가 흔한 요즘에는 큰 병으로 여겨지지 않지만 조선시대 사람들은 이 옹저로 인해 심하게 앓았다. 종기의 독기가 심장부까지 침입하면 가

숨이 답답하고 정신이 혼미해지다가 종국에는 죽음에 이르렀다.

『동의보감』 「잡병」 편에서는 "억울하여 마음이 상하거나 소갈을 오래 앓으면 반드시 옹저나 정창疗瘡(심한 부스럼)이 생기므로 조심해야 한다"고 했다. 옹저가 스트레스로 인해 발생하거나 상태를 더 악화시킬 수 있음을 말해준다. 인현왕후는 어린 나이에 왕비로 간택된 이후 아이를 낳지 못하여 엄청난 스트레스를 받았다. 마음이 위축되었던 그녀는 숙종에게 김씨와 최씨를 후궁으로 삼을 것을 요청하기까지 했다. 자신의 측근이라도 숙종의 원자를 낳게 하기 위해서였다. 조선시대에 아들을 낳지 못하는 일은 칠거지악七去之惡 중 하나로 아내를 내쫓을 정당한 사유가 되었다. 실제로 숙종도 인현왕후를 폐출시킬 때 이를 언급한 바 있다. 이는 인현왕후에게 죽을 때까지 씻을 수 없는 상처였다. 『인현왕후전』에서도 위중한 인현왕후가 "내 무자박덕無子薄德으로 성상의 은총을 입어 갚을 길이 없거늘……" 하면서 흐느껴 우는 대목이 나온다. 숨지는 날까지도 인현왕후는 자신이 석녀石女였다는 사실이 마음에 사무치고, 숙종에게 송구스러웠을 게다.

인현왕후가 받은 스트레스는 그뿐만이 아니었다. 정치적으로 인현왕후가 받았던 마음의 상처는 그 어떤 종기보다도 더 아프고 고통스러웠다. 숙종이 단행한 잦은 환국 때마다 인현왕후는 마음을 졸여야 했다. 특히 기사환국의 여파로 서인이 쫓겨나고, 자신이 친정으로 쫓겨나는 수모를 당할 때는 죽고 싶은 심정이었을 것이다. 반면, 희빈 장씨가 건강한 원자를 출산하고, 숙종의 총애를 얻어 왕비로 등극하는 것을 목도한 인현왕후는 전신에 종기가 퍼지고도 남을 충격을 받았을 터이다. 이런 파란만장한 삶이 그녀에게 심한 정신적 스트레스를 일으키고, 젊은 나이에 종기가 악화되어 죽음에까지 이르게 한 것이다.

한편 내의원 의원들이 인현왕후의 질병에 맞는 적절한 치료를 행하지 못한 점도 사망 원인으로 들 수 있다. 그들은 화농에 적극적으로 대응하지 못했다. 환부에는 고름이 가득 차 있었고, 사망할 때까지도 고름이 계속 나왔다. 환도혈에서 고름이 한참 나왔을 때 아래쪽 고름까지 완전히 배출시키지 못한 까닭이다. 의원들이 부항으로 고름을 빼는 외치법을 쓴 것은 한두 차례에 그쳤고, 약차藥茶와 침을 위주로 한 내치법에 주력했다. 이것은 의원들의 패착이었다. 고름을 완전히 제거하여 독기를 소멸시켰다면 인현왕후의 상태는 나아질 수도 있었다. 인현왕후의 사인은 희빈 장씨의 저주 탓이 아니었다. 스트레스와 울화가 쌓여 면역력이 크게 약해졌으며, 장기간의 와병 중에도 그에 맞는 치료를 받지 못했기 때문이다.

외신당과 저주의 화살

『인현왕후전』은 장씨의 저주 때문에 인현왕후가 죽은 것으로 못 박았다. 희빈으로 강등된 장씨가 인현왕후에게 원한을 품었고, 장씨는 인현왕후를 독살하려고까지 했다. 궁인을 매수하여 독약을 수라상에 넣으려 했는데, 이를 눈치챈 인현왕후가 경계를 하여 화를 피했다. 그러자 장씨는 원수를 갚을 방법을 저주에서 찾았다. 『인현왕후전』에서는 장씨가 궁녀에게 저주의 화살을 쏘

230

도록 시켰다고 이렇게 기술하고 있다.

"요사스런 무녀와 흉악한 술사術士를 얻어 주야로 모의하고 영
숙궁永肅宮 서편에 신당을 배설하고 각색 비단으로 흉악한 귀신을
만들어 앉히고, 후后의 성씨 생월생시를 써서 축사를 만들어 걸
고 궁녀에게 화살을 주어 하루 세 번씩 쏘아 종이가 해지면 비단
으로 습렴襲殮해 중전 신체라 하고 못가에 묻고 또 다른 화상畵像
을 걸고 쏘아, 이렇게 한 지 3년이 되나 후의 신상이 반석 같으시
니 더욱 앙앙하여……."

장씨가 영숙궁 서쪽에 신당을 설치하고 인현왕후의 화상을 만
들어 하루에 세 번씩 화살을 쏘아 맞혀 저주를 했다는 것이다.
화상이 화살에 맞아 너덜너덜해지면 이를 중전의 시신이라 여기
고, 염습을 한 뒤 못가에 묻는 일을 3년에 걸쳐서 했다. 중전을
화살로 쏘아 죽인 뒤에 매장하는 과정을 실제처럼 연출한 것이
다. 이것은 유사한 행위를 하면 비슷한 결과가 초래된다는 유감
주술類感呪術의 하나다. 과연 『인현왕후전』에서 묘사한 장희빈의
저주는 진실이었을까.

『숙종실록』을 살펴보면, 희빈 장씨를 위해 기원했던 장소는 궁
밖의 외신당과 궁 안의 내신당 두 곳으로 나온다. 그런데 저주의
화살을 쏘았던 신당은 내신당이 아니라 외신당이었다. 외신당에
서 저주의 굿을 주도한 자는 장희재의 아내인 숙정이었으며, 그
자리에 희빈 장씨는 참여하지 않았다. 결론적으로 영숙궁 서쪽
의 신당에서 인현왕후의 화상을 만들어 저주의 화살을 쏘았다
는 것은 역사적 사실이 아니란 말이다.

조선 정부는 무당들을 도성 바깥으로 몰아냈다. 쫓겨나간 무당들은 한강변에 신당을 설치하고 굿을 했다. 장씨를 위하여 굿을 했던 태자방과 오례도 그러한 무녀들이다. 숙정은 무녀들과 폭넓게 교유하며, 장희빈의 후원을 받아 굿을 주도했다. 후궁들이 대부분 그렇듯이 장희빈은 단골무당을 정해놓고 자신의 안녕을 빌고자 했다. 그 사이에서 숙정이 모든 일을 맡아 처리했다.

원래 외신당을 지키는 무녀는 태자방이었다. 태자방은 만명萬命 제석帝釋이란 신을 모셨으며, 신당에는 활과 화살을 두었다. 활과 화살은 태자방이 모시는 신의 상징물(신체神體)이었다. 기묘년(1699)에 태자방이 죽자 서강西江에 사는 다른 무녀가 신당에 와서 거처했다. 신당을 접수한 무녀의 이름은 오례였다. 이후 오례가 굿을 주관했다. 태자방이 모시던 신을 이어받은 오례는 활과 화살을 잡고 장씨를 위해서 축원을, 인현왕후에 대해서는 저주를 했다. 장씨의 최측근 궁녀였던 차축생車丑生은 그 사실에 대해 이렇게 말했다.

"태자방 신당에선 항상 숙정이 주관했습니다. 지난해 11월 굿을 할 때에는 무녀(오례)가 갓을 쓰고 붉은 옷을 입은 채 활과 화살을 가지고 춤추었습니다. 또 활을 쏘면서 '내가 마땅히 민 중전을 죽이리라. 민 중전이 죽는다면, 어찌 좋지 않으랴. 어찌 좋지 않으랴'라고 했습니다."(『숙종실록』 27년 9월 28일)

오례의 굿을 옆에서 도왔던 자근례者斤禮도 비슷한 진술을 했다. 오례는 붉은 치마와 비단옷을 입었고, 신이 강령하면 이렇게

말했다고 했다.

"나는 왕신王神의 첩이다. 기해생己亥生은 곧 나의 자손이다. 마땅히 남몰래 도움을 주셔서 내상고內廂庫를 기해생에게 옮겨주소서."

오례는 스스로를 왕신의 첩이라 일컬었다. 장희빈과 같은 처지임을 강조한 것이다. 기해생은 장희빈을 가리켰다. 오례에게 내린 신은 장희빈이 자신의 자손이라 했다. 무기 창고인 내상고[14]를 장희빈에게 옮겨달라는 것은 곧 장희빈이 중전 자리에 다시 오르게 해달라는 기원이다. 또 오례는 굿을 하다가 자신을 '사살신四殺神'이라 불렀다. "신께서 바야흐로 사냥을 나가신다"며 활과 화살을 잡은 뒤 문밖으로 나가 북쪽을 향해서 마구 쏘아댔다. "내가 마땅히 민씨를 죽이겠다"고 말하기도 했다. 오례에게 강림한 신은 무武를 다루는 사살신이었다. 사살신은 활을 쏘고 무기 창고를 관장하는 무신武神이었다. 사살신이 강림한 오례가 인현왕후가 있는 북쪽을 향해 화살을 쏘면서 민씨를 죽이겠다고 저주한 것은 사실이었다.

그런데 활과 화살은 사실 특별한 게 아니라 무당들이 일반적으로 쓰는 무구巫具로, 조선시대의 대표적인 무기였다. 용맹한 무신이 접신할 때 필수적으로 갖춰야 하는 도구였다. 지금도 한강변의 부군당굿을 보면 활과 화살이 무구로 자주 등장한다. 이를테면 무당이 군웅거리를 할 때 홍철릭에 갓을 쓰고, 활과 화살을 손에 든다. 그런 뒤 마을의 평안을 위해서 액을 사냥하는 장면을 연출한다. 어떤 과녁이나 화상에 직접 맞히는 것이 아니라 사방으로 돌아다니며 허공에 활을 쏘아 액을 쫓아낸다. 군웅거리는 부군당굿에서뿐만 아니라 서울 경기 지역의 마을굿에서도 흔히 볼 수 있다. 신이 내리지 않는 세습무가 주관하는 동해안 별신굿에서도 활을 쏘는 장면이 등장한다.

한편 실제로 굿하는 장면을 보면, 무당들이 접신한 뒤에 공수(신의 소리)를 줄 때 남을 저주하는 법은 거의 없다. 단골을 위해 미래를 예측하고 축원해주는 것이지 상대를 해하기 위한 저주를 하지는 않는다. 사살신이 강령한 오례가 '민씨를 죽이겠다'고 한 것은 이례적인 일이다. 이것은 인현왕후에 대한 반감과 희빈으로 강등된 장씨의 처지, 그리고 숙정의 강한 요청을 의식하여 내뱉은 말인 듯하다.

사실상 『인현왕후전』의 화살 저주는 지어낸 이야기다. 장희빈이 인현왕후의 화상을 만들어두었으며, 화살로 쏘아 맞혔다는 사실은 『숙종실록』 어디에도 등장하지 않는다. 다만 '무당 오례가 굿을 하다 액을 쫓아내고, 무신의 위용을 뽐내기 위해서 활을 쏘았다'는 이런 굿거리 장면은 서울 경기 굿의 군웅거리에서도 흔히 볼 수 있다.

▨ 내신당의 당의와 저주물

『인현왕후전』에서는 인현왕후의 화상에 화살을 쏘아 맞히는 저주가 먹히지 않자 또 다른 저주를 했다고 기술한다.

"희재의 첩 숙정은 창물娼物로 요악한 자라, 죄가 극심하여 정실正室을 모살하고 정처가 되었더니 장씨가 청하여 의논하니 이는 유유상종이라. 궁흉극악한 저주 방정을 다 하여 흉한 해골을 얻어 들여 오색 비단으로 요귀, 사귀를 만들어 밤중에 정궁正宮 북벽 섬돌 아래 가만히 묻고 또 채단으로 중전의 옷 일습을 지어서 해골을 가루로 만들어 솜에 뿌려두었으니 누구라고 그런 흉모를 알았으리요."

화살 저주를 했음에도 인현왕후가 튼튼한 반석과 같으니 숙정과 짜고 해골로 저주하는 일을 도모했다는 것이다. 해골과 비단으로 귀신을 만들어 섬돌 아래에 묻어두었으며, 옷 사이에 해골 가루를 뿌린 뒤에 중전에게 바쳤다. 중전이 이를 의심하여 저주의 옷을 입지는 않았지만 결국 요악한 재앙이 침투하여 경진년(1700) 가을부터 옥체가 편찮게 되었다고 했다. 이런 저주는 과연 사실이었을까.

1700년(숙종 26) 6월 무렵 숙정과 오례 사이에 갈등이 생겼다. 오례가 숙정에게 상을 받게 해달라고 부탁했는데 들어주지 않았던 것이다. 1701년 정월에는 오례가 숙정에게 "기해생에게 삼재가 있을 터이니 아예 삼가고 굿을 하지 말라"고 말했다. 인현왕후가 위중해졌으니 희빈 장씨는 더욱 굿을 해야 할 판이었다. 숙정은 태자방의 남편으로 하여금 오례를 내쫓게 했고, 2월에는 신당을 취선당就善堂의 서쪽 온돌방으로 옮겼다. 장희빈은 이 취선당에 내신당內神堂을 세웠다.

내신당에서는 장씨와 아울러 시영, 숙영, 설향 등 궁녀들이 모여 빌었다. 장씨가 다시 중궁이 되게 해달라고 기원한 것은 물론이다. 그런데 내신당에는 당의唐衣(궁궐 여성들의 예복) 한 벌을 상자에 넣어 모셔둔 것이 있었다. 당의는 말명신을 상징하는 신체神體였다. 숙정은 태자방이 죽은 뒤 외신당의 만명제석萬命帝釋을 희빈의 궁궐로 옮겨갔다고 진술했다. 만명제석은 '말명신'을 일컫는다. 무속에서 말명은 '죽은 자의 영혼' 혹은 '조상신'을 가리킨다. 후손의 꿈에 나타나는 조상을 '말명'이라고도 했다. 원한을 품은 말명이 자주 보이면 가정에 화를 미친다고 여겼다. 그리하여 조상의 옷을 만들어 동고리에 넣어서 집 안이나 무당 집에 모셔두는 풍습이 생겼다.

희빈 장씨에게도 이런 일이 있었다. 어느 날 희빈 장씨의 꿈에 어느 죽은 공주가 나타났다. 그녀는 "옷을 입고 싶다"고 장씨에게 말했다. 장씨의 꿈 이야기를 들은 무당은 옷을 만들어 신당에 바쳐야 한다고 했다. 희빈 장씨는 민 상궁과 숙영을 시켜 어린아이가 입을 만한 크기의 윗옷 16벌, 치마 10여 벌을 비단으로 만들게 했다.(『숙종실록』 27년 10월 3일) 죽은 공주를 달래기 위해 이 옷들을 신당에 올리고, 흰밥과 떡을 제물로 차려서 축원을 했던 것이다. 신당에 모셨던 여러 벌의 옷은 결코 인현왕후를 해하고자 하는 저주의 옷이 아니었다. 신을 상징하는 소중한 물품으로서 지극정성으로 보관하는 신체였다.

그런데 저주 사건에 대한 조사가 시작되자 희빈 장씨의 궁녀들은 내신당에 있던 당의를 비롯한 제물들을 모두 불태워 없앴다. 하지만 이 사실은 이미 궁궐 사람들에게 널리 퍼졌다. 수상한 옷을 신당에 두었다는 소문은 인현왕후의 측근들에게 입소문으로 전해졌다. 더욱이 엉뚱한 상상력까지 더해짐으로써 신에게 바쳤던 당의는 어느새 저주의 옷으로 바뀌었다. 그리하여 『인현왕후전』에서는 해골 가루를 묻힌 저주의 옷이 등장하는 것이다. 『인현왕후전』에서는 희빈 장씨가 온갖 비단으로 옷을 짓고, 해골 가루를 몰래 솜에 뿌린 뒤 인현왕후에게 주었다고 했다. 『숙종실록』에서 장희빈이 신령에게 바치기 위해서 지은 옷이 『인현왕후전』에서는 저주의 해골 가루 옷으로 탈바꿈한 것이다.

그렇다면 희빈 장씨는 어떤 저주를 했을까. 희빈 장씨는 오랜 궁궐 저주의 관습에 따라 인현왕후의 거처에 저주물을 묻는 방식을 택했다. 후궁들이 자주 쓰는 것이었다. 장씨는 숙정에게 서찰을 보내 저주물을 만들어오게 했다. 비단 조각으로 각씨(여자인형) 7개를 만들고, 이 인형에 다홍치마와 남저고리를 입혔다. 죽은 새와 쥐, 그리고 붕어까지 구해서 여기에 담았다. 철생鐵生이 이 저주물을 넣은 버드나무 상자를 들고 몰래 궁 안으로 들어왔다. 저주물을 묻는 일은 시영이 맡았다. 초저녁에 설향雪香과 숙영을 데리고 가서 통명전通明殿 서쪽과 근처 연못에 각씨와 붕어를 묻었으며, 통명전 뒤 계단에는 새, 붕어, 쥐 등 동물 사체를 묻었다. 또 시영과 설향은 대조전의 침실 안에도 저주물을 두었다. 창경궁의 통명전과 창덕궁의 대조전은 대개 내전內殿으로 쓰였다. 이곳에 저주물을 매장했으니 인현왕후를 저주했다는 사실은 틀림없다. 숙영의 공초에서 이 저주가 모두 사실로 밝혀졌다. 숙정을 비롯해 숙영, 축생 등 장씨의 저주 사건에 가담했던 궁녀들은 모두 역모죄에 얽혀 참형을 당했다. 『숙종실록』(27년 10월 7일)은 장희빈의 궁녀들이 통명전의 섬돌과 대조전의 침실에 묻어둔 각종 흉물을 찾아냈으며, 장희빈에게는 왕비를 질투하여 모해한 죄로 자진하라는 명을 내렸다고 했다.

영조 대 무신당의 저주 사건: 독살과 매흉 그리고 방화

"박도창이 '대궐 문에 음해를 하여 조금씩 잠식하게 하고, 방화하고 매흉埋凶하는 일을 차례로 한다면 나라가 반드시 지탱하지 못할 것이다. 그런 뒤에는 도당을 거느리고 거병하여 대궐을 침범하겠다'고 했습니다."(『영조실록』 6년 4월 21일, 이동혁의 공초에서)

영조는 즉위년부터 끊임없이 왕권의 정통성 문제에 시달려야 했다. 소론과 남인의 과격파들은 영조가 경종을 독살하여 왕위에 올랐다며 그를 역적으로 여겼다. 이들은 영조와 노론의 공세 속에 막다른 절벽에 몰리자 무신란(이인좌의 난)을 일으켰다. 무신란은 평정되었지만 이를 도모했던 무신당은 완전히 제거되지 않았다. 그들은 다시 변란의 기회를 잡고자 했다. 그러던 중 1730년 순정이 궁궐에 흉한 저주물을 광범위하게 묻은 매흉 사건이 발생했다. 순정은 효장세자를 독살한 궁인으로 의심되던 자였다. 영조가 국청을 열어 저주 사건을 조사하던 와중에 전前 환관 최필웅 일행이 궁궐의 담을 넘어 방화를 일으키려 했던 사건이 발생했다. 사건은 여기서 끝나지 않았다. 저주 사건과 방화 사건의 열쇠를 쥐고 있던 박도창을 엄히 신문하고 있을 때 그가 독살되고 말았다. 그뿐만이 아니었다. 그를 죽인 것으로 의심되던 나장마저 독약을 먹고 죽었다. 연이은 매흉과 독살, 그리고 방화를 일으킨 주범은 도대체 누구란 말인가.

▨ 효장세자의 죽음

1730년(영조 6) 3월 9일, 영조는 대신들과 의금부 당상, 포도대장을 급히 불러 모았다. 자정 무렵인 삼경三更이었다. 모두들 잠들 시간에 대신 이하의 신하들을 모은 이유는 필시 역모 사건 때문이었다. 인정문 뜰에는 순정順正과 세정世貞이 끌려와 있었다. 순정은 과거 효장세자를 5년 동안 양육했던 보모상궁이었다. 세정은 민가에 사는 과부로 순정과 돈독한 관계를 맺었던 이였다. 이들은 왜 깊은 밤에 대역 죄인으로 끌려와 심문을 당한 걸까.

그들에 대한 친국이 끝나고 이튿날 영조는 국청을 열었다. 영조는 신료들이 땅에 엎드리자 눈물을 흘리며 흐느꼈다. 재작년 죽었던 효장세자를 생각하며 흘리는 눈물이었다. 영조는 억지로 마음을 진정시키며 입을 열었다.

"재작년 원량元良(세자)의 병이 증세가 자못 이상하게 되었을 적에 도승지 또한 '의원도 증세를 잡을 수가 없다고 합니다'라고 하지 않았던가. 나도 진실로 의심했지만 일찍이 입으로 말하지 않았다. 지난번 화순옹주가 홍진(홍역)을 겪은 뒤 하혈하는 증세가 있어 매우 괴이하게 여겼다. 이제 와서 비로소 독약을 넣어 그렇게 된 것임을 알았다. 그가 이미 세자의 사친私親에게 독기를 부렸기 때문에 세자가 점점 더 장성하는 것을 좋게 여기지 않아 다시 흉악한 짓을 했다. 포대기에 있는 사왕녀四王女에게도 모두 독약을 썼다."(『영조실록』6년 3월 9일)

누가 세자를 죽이고, 세자의 어머니와 아울러 공주들에게까지 독약을 썼다는 말인가. 영조의 원비 정성왕후, 계비 정순왕후는 다 아이를 낳지 못했다. 영조의 혈육은 모두 후궁이 낳았다. 효장세자는 첫째 후궁인 정빈 이씨와의 사이에서 낳은 장남이다. 영조는 효장세자를 무척 아끼고 사랑했다. 하지만 효장세자는 1728년(영조 4) 병을 앓다가 얼마 안 가 숨지고 말았다. 효장세자가 위중해진 10월 29일, 내의원에서 세자를 진찰했다. 이때 영조는 한숨을 쉬며 말했다. "이제는 세자가 자고 먹는 것이 평상같지 못하여 증상이 쉽게 낫지 않을 듯하며, 의관도 확실하게 말하지 못한다." 세자의 증상이 악화된 이유를 쉬이 밝힐 수 없었던 것이다.

11월 7일, 세자가 위중한 상태가 되었음에도 의관은 진단을 내리지 못했다. 영조는 삼다蔘茶를 쓰려 했으나 의관들은 굴피죽여

탕橘皮竹茹湯을 청했다. 의견이 엇갈리는 바람에 투약을 결정하지 못했다. 처방을 두고 미적거리는 사이 세자는 열 살의 어린 나이로 죽었다. 세자가 숨지자 영조는 "종묘사직을 장차 어찌할 것인가" 하며 오랫동안 통곡했다.

세자가 죽은 지 3일이 지나 대간들이 세자의 증세에 맞춰 약을 쓰지 못한 의관을 처벌하라고 청했다. 당연한 일이었다. 그런데 영조는 의외로 이렇게 답변했다. "장수와 단명은 하늘에 달렸다. 어찌 구구한 약을 믿겠는가." 사랑하는 세자를 잃은 부왕의 태도가 아니었다.

실은 영조는 효장세자가 독살되었다고 의심했다. 마음속에 분노의 불길이 일고 있음에도 영조는 참아야 했다. 스스로 독살설을 제기하여 조정을 흔들 처지가 아니었다. 영조는 세자의 독살을 의심하면서도 범인의 죄상을 밝히고 강력히 처벌하지 못했다. 혐의자로 지목된 궁녀가 있었음에도 국청을 열어 심문하지 않았다. 세자가 숨진 지 2년이 지나서야 영조는 효장세자를 독살시킨 범인을 국청에 세우게 되었다.

순정의 양심 탓인가

영조는 빈궁嬪宮으로 가는 길에 엄밀히 경계를 시킨 적이 있었다. 그때 순정이 무언가를 매흉埋兇(흉한 것을 묻는 일)하다가 들켰다. 순정을 엄히 캐물으니 창경궁 도처에 끔찍한 저주물을 묻은 사실이 드러났다. 창경궁에는 깨끗하고 맑은 땅이 한 치도 없을 정도였다. 순정으로 하여금 직접 매흉한 곳을 가리키도록 한 뒤 땅을 파보았더니 뼛조각과 가루, 쇠기름 같은 것이 곳곳에 묻혀 있었다. 빈궁 및 옹주방翁主房의 담장 밖에도 더러운 물질들이 모두 깔려 있었다.

매흉 사건으로 인해 순정에 대한 심문이 본격적으로 이뤄졌다. 그런데 영조의 목적은 이번 저주 사건을 캐는 것이 아니었다. 궁극적으로 순정이 효장세자를 독살한 죄를 밝히고자 했다. 세자뿐만 아니라 정빈 이씨와 어린 옹주들에게도 독약을 쓴 흔적이 역력했다. 영조의 말대로라면 순정은 자신의 피붙이를 모두 죽이려고 한 죄인이었다. 그런데 순정은 영조 일가에 대해서 왜 그토록 악의를 품은 걸까.

영조는 "순정의 성질이 본래 흉악하여 다른 궁인을 사주하여 동료들을 욕하게 했고, 소리 지르며 화를 내어 세자 및 사친을 욕하기까지 했다"고 말했다. 순정은 왕자와 정빈 이씨에게 욕을 하며 불순한 짓을 하다가 결국 궁궐에서 추방당했다. 그러던 중 영조가 왕세제가 된 이후 순정은 다시 입궁할 기회를 얻었다. 순정은 어린 왕자와 옹주를 돌보는 일을 하다가 왕자가 세자로 책봉된 이후에는 옹주방 소속이 되었다. 영조는 동궁방에 소속되지 못한 순정이 앙심을 품게 되었다고 잘라 말했다. 하지만 원하던 동궁방의 나인이 되지 못했다는 것이 실로 영조의 지친至親 모두에게 독약을 쓸 정도로 역심을 품을 일이던가.

순정에게 뼛가루로 저주하는 방식을 가르쳐준 사람은 세정이었다. 『영조실록』(6년 3월 11일)에 실린 김이건金二建의 공초에는 거어지去於之와 함께 수시로 무덤에서 뼈를 구해온 사실이 적나라하게 실려 있다. 세정은 거어지를 시켜 뼈를 구해오게 했다. 거름을 지는 천역을 하는 김이건과 함께 거어지는 연희궁 근처의 산봉우리로 올라갔다. 이곳에는 무덤이 많았다. 무덤을 파헤쳐 사람의 팔뼈와 정강이뼈, 갈비뼈, 그리고 어린아이의 두골 등을 수건에 싸서 내려왔다. 거어지와 김이건이 이렇게 손쉽게 뼈를 구할 수 있었던 것은 조선시대에 초분草墳 매장법이 흔했기 때문이다. 초분은 유교식 장례법이 들어오기 전, 우리나라에서 성행한 매장법이다. 사람이 죽으면 바로 땅에 매장하지 않고, 땅 위에 널판을 깔아서 시신을 올려둔 뒤 이엉으로 덮어둔다. 그러면 살은 썩고 뼈만 남는데, 이 뼈를 골라서 다시 땅에 매장하는 방식이다. 유교식 장례가 보편화된 이후에도 초분의 풍속은 사라지지 않고 이어졌다.

거어지와 김이건은 사람 뼈뿐 아니라 여우 뼈도 구해왔다. 흰색을 띠는 사람 뼈에 비하여 여우의 뼛가루는 검은색이었다. 김이건은 뼈를 구해주는 대가로 의복과 음식을 얻었다. 뼈를 구해서 거어지의 집으로 갈 때마다 면포와 돈, 쌀과 장醬 등을 받을 수 있었다. 하루는 그가 거어지의 집에 갔는데 궁중에서 온 나인이 있었다. 이 나인은 "이 뼈는 동궁東宮에다 쓰려고 한다"고 말했다. 또 "내가 원한의 마음이 있어 저주를 하려 하며, 당신의 밥과 옷은 내가 줄 테니 행여나 이 사실을 누설하지 말라"고 말했다. 거어지와 김이건이 구해온 뼈들은 세정의 하인들이 뼛가루로 만들어 봉투에 넣은 뒤 순정에게 전해졌다. 저주의 뼈가 주로 효장세자를 대상으로 쓰였음은 물론이다.

그런데 순정이 아무리 악독한 원한을 품었다고 해도 그녀는 한낱 궁중의 나인에 불과했다. 이런 거대한 저주 사건을 나인 혼자서 도모할 수는 없었을 것이다. 또 지속적으로 뼛가루를 구해오기 위해서는 인력과 자금이 필요했다. 세정의 하녀인 윤금尤金을 국문하다보니 또 다른 진술이 나왔다.

"세정의 집에 무녀가 왕래했습니다. 세정의 오라비 이하방李夏芳이 뼛가루를 구해서 세정에게 보냈습니다. 박도창朴道昌은 세정의 족속으로 빚을 받는다며 자주 왕래했고, 종을 시켜 편지를 보내 누설하지 말라고 부탁했습니다."

세정은 거어지와 김이건으로부터 뼛가루를 구해왔다고 말했지만, 이와 다른 통로가 또 있었던 것이다. 이하방과 박도창은 세정이 감춰둔 인물이었다. 윤금이 고문을 이겨내지 못하고 중요한 비밀을 발설한 것이다. 세정의 집에 왕래한 무녀 논업論業을 국문하니 왕녀王女를 죽이려 했다고 진술했다. "순정이 아기들을 죽이려 한다고 했습니다." 공초를 들은 영조는 분노하며 신하들에게 이르렀다.

"흉악하도다. 왕녀들을 모조리 죽이려 했다니. 그 말 속에는 자연히 세자가 들어 있는 것이다. 그 말이 너무나도 흉악하다."

영조는 독살당한 효장세자가 떠올라 가슴이 아렸던지 그날 세자의 혼궁을 직접 찾아가 제사를 지냈다.

김상궁, 금기의 이름

영조는 순정의 저주 사건에 연루된 자들을 즉시 처형했다. 순정을 친국한 이튿날인 3월 9일, 무기고 앞에서 바로 목을 베어 죽였다. 이후로 세정과 거어지, 이하방도 모두 결안結案(사형죄를 결정한 문서)을 받은 즉시 죽였다. 중요한 단서를 쥐고 있는 박도창만 의금부에 가두어두었다.

그런데 일사천리로 진행되던 국청이 갑자기 멈췄다. 난데없이 죄인의 입에서 김상궁이라는 이름이 튀어나온 것이다. 영조 시절 김상궁은 금기어였다. 당초 무녀 논업은 "동궁의 김상궁 외에는 본래부터 아는 나인이 없습니다"라며 발뺌했다. 이 말을 들은 영조는 움찔했을 터이다. 또 복랑福娘을 친국하는 자리에서 영조의 마음을 뒤흔드는 증언이 나왔다.

"석례石禮가 번번이 흉악한 물건을 순정에게 전달했습니다. 하루는 동궁의 김상궁과 순정이 술을 마시며 저를 부르기에 '이것은 반드시 흉악한 짓을 하려고 모의하는 것이다'라고 생각했습니다. 과연 순정이 뼛가루를 가지고 온돌방 문 안으로 들어갔다가 나와서 '그것을 내가 사용했다'고 했습니다."(『영조실록』 6년 3월 17일)

김상궁은 순혜順惠라는 궁인이었다. 순혜는 순정과 친근한 관계로 저주 사건을 모의하는 술자리에도 참석했다. 죄인의 공초에 이름이 나오면 반드시 국문장에 끌려나와 처참한 고문을 당했다. 김상궁도 국문장으로 끌고 와야 하는 법이었다. 하지만 영조는 그러기는커녕 서둘러 김상궁을 유배 보냈다. 당연히 사간들이 반발했다. 사간 허옥許沃은 영조에게 김상궁을 조사해야 한다고 아뢰었다.

"지난 신축년(1721)에는 독약을 쓴 일이 있었고, 이번에는 동궁께 해를 미쳤습니다. 흉악한 정황에는 서로 관련된 자가 있을 것입니다. 끝까지 실상을 조사하는 일을 그만둘 수 없습니다."

홍상인도 허옥의 의견을 지지했다. 김씨 궁인(김상궁)의 사건이 일어났을 때 죄인을 잡지 못해 사람들이 통탄했다며 김상궁을 끝까지 추궁하자고 주장했다.

그런데 영조는 인원왕후를 들먹이면서 말을 흐렸다.

"그런 말을 해서 동조東朝(태후)께 근심을 끼치지 마라. 이번 내 처분에 서덕수徐德修를 제기하지 않은 것 또한 뜻이 있는 것이다."

영조와 신하들은 모두 1722년(경종 2)에 조정을 뒤흔들었던 목호룡의 고변을 떠올리고 있었다. 소론 과격파 김일경이 사주하여 목호룡이 노론의 역모를 고발했던 사건이었다. 경종이 즉위한 지 겨우 1년이 지난 때였다. 노론이 경종을 압박하여 연잉군(훗날 영조)을 왕세제로 책봉시켰다. 노론은 더 무리수를 두어 왕세제의 대리청정까지 추진했다. 이에 반발한 소론은 노론을 공격하고자 목호룡의 고변 사건을 일으켰다. 이것은 왕세제 시절 영조의 목숨을 앗아갈 수 있었던 사건이다. 그런데 목호룡의 고변으로 인해 조흡趙洽을 심문하는 과정에서 노론의 자제와 궁인들이 결탁하여 독살 사건을 모의했음이 드러났다.

특히 조흡의 진술은 충격적이었다. 왕세제(영조)의 처조카 서덕수가 동궁의 별실에서 궁녀를 상대로 독약 실험을 했다고 밝힌 것이다. 이 때문에 궁녀는 물론이고, 내명부의 종5품 지위에 있던 소훈昭訓 이씨도 독살되었다. 경종을 독살하기 전에 왕세제의 궁인들에게 독약을 실험한 죄상이 드러난 것이니 영조도 그 책임에서 자유로울 수 없었다.

이때 반드시 조사되어야 할 인물이 김상궁이었다. 김상궁은 주방에서 일하는 나인으로 독을 넣은 것으로 의심되던 자였다. 김상궁의 공초를 받으면 모든 역모 사건이 만천하에 밝혀질 수 있었다. 그런데 어찌 된 일인지 그물만 치면 바로 잡을 수 있었던 김상궁을 비호한 사람은 다름 아닌 경종이었다. 우의정 이광좌가 내의원에 명하여 음식에 독을 넣은 날짜를 추리하고, 그날 주방 나인의 명부에서 김씨 성을 가진 자를 찾아내자고 주장했다. 그런데 경종은 단박에 이를 거부했다. 경종은 김상궁이 아닌 왕세제를 보호하고 싶었던 것이다.

그때의 김상궁이 8년이 지나 다시 호명되었다. 그것도 순정의 저주 사건에 김상궁이 얽힌 증거가 드러난 것이다. 순정이 왕자와 옹주들에게 모두 독약을 썼다는 사실을 영조가 눈치챘음에도 불구하고 처벌하지 못했던 것은 김상궁 때문이 아니었을까. 경종은 죽었고, 영조는 왕좌를 차지했다. 상황이 크게 바뀌었는데도 영조는 김상궁을 끝까지 비호하면서 국문장에 올리지 않았다. 김상궁의 범행을 상세히 밝힌다면 영조가 두려워할 만한 사실이 드러날 수 있었던 것이다.

영조는 순혜(김상궁)와 범죄가 마치 풍마우불상급風馬牛不相及과 같은 관계라 했다. 이는 암내를 풍기는 마소가 짝을 찾지만 멀리 떨어져 있어 뜻을 이룰 수 없다는 말이다. 영조의 비유처럼 정말 김상궁은 죄와 전혀 상관없는 깨끗한 인물이었을까. 아니면 독살설에 대한 알레르기 반응이 심했던 영조가 혐의자를 조사하지 못하게 싹부터 무지른 것일까.

그런데 독살에 못지않은 충격적인 사건이 몇 개월 후에 일어났다. 순혜가 유배지에 도착해 아이를 낳았다는 소식이 들려온 것이다.(『영조실록』6년 11월 24일) 조문명趙文命의 말에 따르면, 이미 궁중에 있을 때부터 임신했다는 소문이 퍼졌다고 했다. 역모 사건에 연루된 궁녀가 유배지에서 아이를 낳았다면 이는 임금과 나라의 체통에 먹칠하는 수모가 아닐 수 없었다. 하지만 영조는 분노하지 않았고, 처참處斬하라고 명하지도 않았다. "듣기에도 매우 절통切痛(뼈에 사무치게 원통)하다. 적당한 형률이 있을 것이다"라고만 했을 뿐이다.

독살된 박도창

세정의 집에 왕래했다는 죄로 의금부에 갇힌 박도창은 누구일까. 그는 장교급의 무관이었다. 벼슬은 높지 않았지만 순정 밑에서 하찮은 일을 할 사람이 아니었다. 도승지 조현명趙顯命은 "박도창은 의식衣食이 넉넉한 사람으로 결코 순정에게 부림을 당할 사람이 아니다"라고 말했다. 박도창은 호남을 중심으로 굉장한 부를 지녔고, 인맥의 폭도 넓었다. 그는 호남에 상당한 전답을 소유하고 있었으며, 순천에 수백 명의 노비를 거느리고 있었다. 그는 자신의 말에 따라 장흥을 비롯한 호남 해안가의 뱃사람들을 모두 동원할 수도 있다고 호언장담하기도 했다. 조정의 신료들과도 폭넓게 교류했다. 그가 잡혀오자 조정에서는 동정론이 흘러나왔다. 박도창은 국가에 대해서 원망할 일이 없으며, 흉악한 짓을 할 사람이 아니라는 것이었다. 그들은 어떤 이유로 박도창을 신뢰하고 있었던 것일까. 실은 신하들은 도창을 믿은 게 아니라 그의 입에서 무슨 말이 나올지를 걱정했다.

그런데 박도창이 3월 18일 물고物故를 당했다. 조선시대에는 고문을 당하다가 죽는 일이 비일비재했다. 박도창은 무려 16차례나 형신을 당했으니 죽을 법한 일이었다. 그는 형신이 끝나고 옥사로 들어간 뒤에 즉시 죽었다. 그런데 일주일이 지나 영의정 홍치중洪致中이 박도창이 경폐徑斃되었으니 의심스러운 점이 많아 조사를 해야 한다고 말했다.(『영조실록』 6년 3월 24일) 경폐는 자살을 일컫는 말이지만 박도창의 경우에는 스스로 죽은 것이 아니었다. 그는 죽으면서 입과 코로 물을 토해냈다. 그가 죽기 전에 누군가가 독물을 먹였다는 증거였다. 이런 일이 발생했다면 박도창을 압송했던 나장과 시신을 검사했던 검시관이 즉시 국청에 보고를 해야 마땅했다. 하지만 나장이나 검시관은 모두 함구했고 나중에야 박도창이 의문스럽게 죽었다는 사실이 전해졌다. 박도창은 중죄로 걸려온 자이기에 특별히 의금부에 송치되었다. 임금의 명령에 따라 반역죄를 수사하던 의금부에서 죄인이 살해됐다는 것은 조정에 믿을 사람이 아무도 없다는 뜻이었다.

당일 의금부의 입직 사령과 경비를 맡은 도사, 검시관 등을 모두 유배 보내고, 포도청에 박도창의 살해 사건을 조사하도록 했다. 하지만 이것은 역모에 관련된 죄였으므로 포도청이 할 일이 아니었다. 사헌부에서 국청을 설치하자고 주장했지만 영조는 포도청으로 이송했으니 단서를 얻은 뒤 국청을 설치하는 것이 옳다며 거부했다. 하지만 며칠이 지나 박도창의 독살 살해에 연루된 의금부의 나장 박창휘朴昌輝와 김수창金壽昌이 의금부로 넘겨졌다. 그들은 형조에서 포도청으로 갔다가 다시 의금부로 돌아왔다. 오늘날에 비유하자면 검찰청에 소속된 수사관을 경찰청에 보냈다가 다시 검찰청으로 데려와 조사하는 격이다. 제대로 수사하지 않겠다는 말이나 다름없었다.

김수창은 박도창의 첩이 박가朴哥란 자와 함께 약을 전달했다고 자백했다. 그는 "만일 승복하게 되면 좋지 않을 것이다"라는 말도 덧붙였다. 자신이 모든 것을 자백하게 되면 누군가에게 위험이 닥칠 거라는 협박이었다. 김수창은 박도창 독살 사건의 열쇠를 쥐고 있는 것이 분명했다. 하지만 독살 사건은 더 이상 밝혀지지 못했다. 김수창 역시 독약을 먹고 경폐를 했기 때문이다.(『영조실록』 6년 4월 20일) 그가 자살했을 리는 만무했다. 김수창의 자백에 따라 좋지 않은 결과를 맞게 될 인물이 꾸민 짓임이 분명했다. 하지만 이번에도 당일 입직한 도사를 처벌하는 차원에서 마무리되었다. 함께 박도창을 압송하던 박창휘는 김수창이 죽기 전날 처형당했다. 박도창 독살 사건의 전모를 알고 있는 두 사람이 모두 죽어 결국 이 사건은 미제로 남게 되었다. 박도창, 김수창뿐만이 아니었다. 4월 21일에 죄인 정사공鄭思恭과 박장운朴長運도 음독飮毒으로 인해 죽었다. 모두 자살이라 했지만 그렇게 믿을 수 없는, 독살의 의혹으로 얼룩진 나날이 이어졌다.

▨ 최필웅의 방화 미수

영조는 연이은 대형 사건으로 인해 줄곧 밤잠을 설쳤다. 4월 16일에도 새벽 1시까지 잠을 자지 못하고 있었는데, 갑자기 주위에서 큰소리가 들렸다. 임금이 잠을 자는 침전 인근에서 소동이 일어난 것이다. 영조가 내관에게 물어보니 내반원內班院(내시를 관할하던 관청)에 도둑이 들었다고 했다.(『영조실록』 6년 4월 20일) 도둑을 잡고 보니 정월에 내시부에서 쫓겨났던 최필웅崔必雄이었다. 최필웅은 한밤중에 담을 넘어 궁궐에 잠입했다가 무예별감에게 잡혔다. 그는 무엇을 훔치려고 한 걸까. 사실 이 도둑을 먼저 목격한 사람은 영조였다. 영조는 잠이 오지 않아 내관을 불러 글씨를 대신 쓰는 일을 시켰다. 내관이 물러갈 즈음 수상한 인기척이 들렸다. 영조가 낮은 목소리로 다시 내관을 부르는 소리를 듣고 도둑이 후다닥 달아났다. 이에 무예별감이 쫓아가 범인을 잡은 것이다.(『영조실록』 6년 5월 28일)

이는 매우 위중한 사건이었다. 영조는 순정이 창경궁과 창덕궁 일대에 뼈를 묻은 저주 사건이 발생하자 경희궁으로 처소를 옮겨왔다. 이 소식을 입수한 범인이 왕을 살해할 목적으로 침전까지 접근했을 가능성이 높았다. 담장을 넘은 범인은 최필웅 외에 몇 명이 더 있었다. 영조가 모든 죄인을 다 잡은 뒤에 친국을 하겠다는 명을 내린 것도 이 때문이었다.

놀랍게도 최필웅은 화약을 도둑질하기 위해 궁궐에 잠입했다고 실토했다. 화약을 먼저 도둑질한 뒤 궁궐에 불을 지르는 게 최종 목적이었다. 아무리 내시부에서 쫓겨났다 해도 전前 내관이 궁궐에 방화를 모의했다는 사실은 쉬이 이해되지 않았다. 최필웅은 박세만朴世萬, 주노미周老味와 함께 경희궁의 북문인 무덕문武德門의 담장을 넘어 들어갔다. 최필웅은 내시부에서 방출된 이후로 유랑을 하고 있을 때 박세만을 만났으며, 박세만이 화약을 구한 뒤 방화를 하여 원한을 풀어보라며 사주를 했다고 진술했다. 그렇다면 박세만은 왜 최필웅을 부추겨 방화를 모의한 것일까.

최필웅이 화약을 도둑질하려고 경희궁에 잠입했다는 자백은 거짓이었다. 화약을 구하려고 했다면 군이 경계가 삼엄한 궁궐 내부로 들어갈 이유가 없었다. 조선시대에 화약 제조를 담당하는 기관은 군기시軍器寺 산하의 염초청焰硝廳으로, 지금의 청계천 마전교 건너편에 위치해 있었다. 차라리 염초청에 들어가 화약을 도둑질하는 게 수월했을 것이다. 이들은 더 대담한 목적을 가지고 있었으며, 이는 앞선 저주 사건과도 연결되어 있었다. 이번 방화 미수 사건에는 수십 명이 가담했으며, 철저한 사전 계획에 따라 이뤄졌다.

이들은 2월 초 북영北營(창경궁 북쪽 훈련도감의 분영) 뒤에 모여 방화를 모의했다. 여기에 필요한 자금을 모았으며, 만주萬柱라는 인물을 통해 화약을 구입했다. 3월 보름에는 궐내의 사약방司鑰房에 몰래 들어가 열쇠를 훔쳤다. 사약방은 궁궐의 자물쇠를 관리하는 기관이었다. 최필웅이 궁궐 내의 전각과 담당 기관들을 샅샅이 알고 있기에 가능한 일이었다. 최필웅 일당은 길을 나눠 경희궁의 흥원문과 사직단 근처의 담장을 넘었다. 소지한 화약으로 궁방弓房과 상고廂庫에 불을 지르려고 했다. 궁방은 궁중에 필요한 활을 만들던 곳이며, 상고는 내금위內禁衛가 관할하던 무기고다. 궁궐 무기가 소장된 이곳에 화재를 내려고 했다면 특별한 이유가 있었을 것이다. 그런데 갑자기 순라군과 마주치는 바람에 목적을 달성하지 못하고 도로 나와버렸다. 한 달이 지나 다시 담장을 넘어 들어갔다가 이번에는 영조에게 발각되어 잡히고 만 것이다.

왕이 정사를 보고 조정이 열리는 궁궐은 수도의 중심이다. 궁궐에서의 방화는 곧 국가의 기강이 무너지는 것이요, 임금을 위태롭게 하는 짓이다. 궁궐에서 방화를 일으킨 다음에 높은 산봉우리에서 이를 지켜보면 국가에 큰 화가 떨어진다는 속설이 있었다. 국가를 혼란에 빠뜨리기 위해서는 상징적으로 궁궐에 방화를 일으키는 것만큼 좋은 일이 없었다. 이들은 우왕좌왕하는 틈을 타 왕을 침해하려고 했다. 당초 최필웅을 끌어들인 백세빈白世彬은 방화를 일으키고 나서 묘한 수가 있을 것이라고 진술했다. 묘한 수란 과연 무엇일까.

"박재창은 '최필웅은 죄도 없는데 쫓겨났다. 중금中禁(액정서 소속의 심부름꾼) 모습을 하고 몰래 대궐에 들어가 방화를 하고 은화를 도둑질하게 한 뒤 마땅히 묘한 수가 있을 것이다'라고 말했습니다. 저도 '만일 묘한 수가 있으면 역시 좋겠다'고 했습니다. 묘한 수란 이른바 반역입니다. 방화를 하면 반드시 피신할 것이니, 마땅히 대궐을 침범하되 박진건朴震建과 이태건李太建을 시켜 칼을 품고 대궐에 들어가 변을 일으키는 것입니다."(『영조실록』 6년 4월 18일)

묘한 수란 곧 반역이었다. 박재창은 이 방화 사건의 행동 대장이었다. 박재창은 궁극적으로 반역을 꾀하기 위해 방화 사건을 일으키려 했다. 궁궐의 무기고를 주요 표적으로 삼거나 영조의 침전 근처까지 최필웅이 접근한 이유도 반역을 꾀했기 때문이다. 방화를 모의했던 박재창과 최필웅은 잡혔지만 그 일당이 완전히 토벌된 것은 아니었다. 이후에 궁궐의 경계가 삼엄해졌음에도 한밤중에 또 누군가가 담장을 넘는 사건이 발생했다. 포도청에서 뒤쫓아갔지만 끝내 범인을 잡지 못했다. 5월 1일에는 창경궁에 큰 화재가 발생해 사옹원의 건물 등 49칸이 소실되었다. 『영조실록』(6년 5월 1일)에서는 '실수로 난 불失火'이라 했지만 전후 상황으로 볼 때 충분히 방화로 의심될 만했다.

▨ 무신란의 여진

영조는 재위 초기에 왕권의 정통성 문제로 시달려야 했다. 영조가 바친 게장을 경종이 먹은 뒤 정신이 혼미해졌고, 나아가 어의들이 반대하던 삼다蔘茶를 억지로 처방하게 하여 경종이 의문의 죽음을 당했기 때문이다. 소론 측에서는 경종을 죽인 영조를 왕으로 인정할 수 없다는 여론이 확산되었다. 나주벽서 사건 때 심문을 받던 신치운申致雲은 영조에게 "신은 갑진년(1724) 이후 게장을 먹지 않으니 이것이 바로 신의 역심입니다"라고 일갈했다. 경종을 독살한 주범이 영조라고 확신하고 있다는 말이었다.

영조는 역심을 품은 소론 일파를 일망타진했고, 노론이 정권을 장악하게 되었다. 소론은 뒷걸음칠 수 없는 절벽에 다다르자 남인들과 뭉쳐 국가를 전복시키려는 난을 일으켰다. 바로 1728년

(영조 4) 이인좌, 박필현, 정희량 등이 일으킨 무신란戊申亂(일명 이인좌의 난)이다. 무신란은 기왕의 국부적인 반란과 차원이 달랐다. 호남, 호서, 영남 지역 등 전국적으로 발생했으며, 참여한 반란군 수만 해도 수만 명을 넘었다. 반란 초기에는 이인좌 군대가 청주성을 함락하고 영남의 반란군도 합세하기 위해 북쪽으로 진격하는 등 그 기세가 만만치 않았다.

하지만 결국 반란군은 패배했다. 그 원인 중 하나는 반란에 동조했던 전라 감사 정사효鄭思孝가 성문을 열지 않는 등 내부 분열이 일어났기 때문이다. 한편, 영조는 통이 큰 전략을 취했다. 오명항吳命恒을 비롯한 소론에게 반란의 진압을 맡긴 것이다. 소론으로 하여금 소론, 남인의 연합 반란군을 토벌시켰다. 또 적들과 내통했던 포도대장 남태징南泰徵 등 조정의 내응內應 세력도 신속히 처형했다. 무신란에 종지부를 찍은 영조는 큰 교훈을 얻었다. 노론의 힘을 입어 왕좌에 올랐어도 왕권 강화와 국가 안정을 위해서는 당파의 균형을 꾀하고, 실리를 취해야 한다는 교훈이었다.

무신란이 진압되었음에도 무신당戊申黨은 남아 있었다. 무신란은 패했지만 소론과 남인의 급진파들로 구성된 무신당이 노론의 조정에 굴복하고 영조를 임금으로 생각한 것은 아니었다. 그들은 무신란 실패에 대해 이를 갈면서 새로운 변란을 모색했다. 궁인들과 협력하여 저주를 벌이고, 내시를 사주하여 궁궐에 불을 지르는 등 다양한 방법으로 변란을 꾀했다. 무신란 뒤로 국가 기강의 확립을 주장했던 사헌부의 지평 정형복鄭亨復은 방화 미수 사건이 발생하자 이렇게 주장했다.

"(무신란) 토벌이 엄하지 못하여 악인이 법망을 벗어나고 간악한 싹이 꺾이지 않은 나머지, 여얼餘孽(남은 재앙)이 여전히 성하게 일어나고 있습니다. 심지어 궁궐에 매흉을 하고, 대궐에 잠입하는 변이 생기는 등 극도에 달했습니다. 지금 국청의 죄수들은 그 잔당이 아닌 자가 없습니다. 정사효의 아우, 남태징의 종 만근萬根의 친족, 역적 권첨權詹의 군관이 번갈아 공초에 나왔으며, 그 모의에 참여했습니다."(『영조실록』 6년 4월 21일)

반란의 무리들은 다시 때를 기다리고 있었다. 전라 감사 정사효 아래에서 군관을 맡고 있었던 박도창도 그중 한 명이었다. 무신란의 죄로 인하여 정사효는 유배를 갔으며 박도창도 형벌을 받았다. 시국이 잠잠해지자 박도창은 정사효의 아들 정도륭鄭道隆과 매일 만나다시피 했다. 그들은 도당을 결성하여 정사효를 복직시킬 방안과 다시 거병할 계획을 논의했다. 박도창은 권첨과도 끈끈한 관계를 맺고 있었다. 권첨은 무신란 때 충청도 관찰사였다. 권첨은 반란이 일어났음에도 빨리 출병시키지 않아 청주성이 함락되게 했고, 적들과 내통했다는 혐의를 받고 있었다.

정사효와 형제처럼 지내던 박장운의 집안은 도당을 이끄는 핵심 세력이었다. 박장운의 아들 박재창, 손자 박도종 등 박씨 집안은 주모자 노릇을 했다. 박장운은 국문장에 끌려와 영조에게 "정사효와는 형제처럼 지내서 청백하고 충성스러움을 알고 있습니다. 만일 정사효와 함께 죽으라고 한다면 죽는 것이 원願입니다"라고 했다. 반란자였던 정사효를 높이 평가하고, 함께 죽는 것이 희망이라는 것은 곧 자신도 반란 세력임을 영조 앞에서 당당히

자인하는 셈이었다. 이 말을 들은 영조는 "그 말은 지극히 음흉하고 영악하다"라며 분개했다.

최필웅과 함께 궁궐에 침입했던 박세만은 만근의 일족이었다. 남태징이 처형당한 이후로 그의 수하에 있던 부하들도 반란의 기회를 엿보고 있던 터였다. 그러던 차에 박재창에게 수학했던 백세빈이 궁궐에서 쫓겨난 최필웅을 집으로 데리고 왔다. 궁궐 내 지리와 사정을 소상히 아는 내시와 결탁할 수 있었으니 무신란의 잔당들은 천군만마를 얻은 기분이었다. 궁궐 내부에서 역모를 벌일 수 있는 상황이 무르익었던 것이다.

🪨 두 손을 맞잡은 영조

무신란 이후로 영조는 탕평책을 썼다. 노론과 소론의 온건론자들을 적절히 조정에 배치했다. 영조가 절대 신임하던 영의정 홍치중은 노론 계열의 탕평론자였다. 소론계의 조문명, 윤순尹淳 등도 무신란을 진압하는 데 공을 세웠으며 영조의 탕평책을 지지하는 신하들이었다. 그런데 이 와중에 무신란을 일으켰던 세력들이 또 변란을 꾀한 것이다. 정국은 경색되었고, 노론과 소론이 충돌할 조짐이 보였다. 방화 미수 사건으로 국청에 끌려온 죄인들의 공초는 불을 지피는 격이었다. 백세빈은 박재창의 말을 인용하여 이렇게 말했다. "방화한 다음에 남인이 때를 만나 노론과 소론을 모두 죽이는 계책을 쓰고자 했고, 이 일이 성사되면 도성을 제주로 옮겨 남인인 종실 중에서 현명한 사람을 가려 추대하기로 했다."(『영조실록』 6년 4월 18일)

이들이 말한 남인은 무신란에 뿌리를 둔 남인과 소론 과격파를 통틀어 가리키는 것이었다. 과격파들에게는 무신란을 진압하고, 영조의 탕평책을 돕고 있던 온건 소론들까지도 타도 대상이었다. 조정은 다시 당쟁의 먹구름으로 휘덮였다. 영조는 이번 사건으로 탕평이 깨지고 노론이 다시 득세할까봐 두려웠다. 소론의 수장인 이광좌李光佐는 친국이 끝나고 물러갈 것을 청했다. 이광좌도 이번 사건에서 결코 자유롭지 못했다. 그의 말대로 의금부로 나아가 부월斧鉞(도끼)의 명을 기다려야 하는 형편이었다. 그러자 영조는 영중추부사 이광좌와 판중추부사 민진원閔鎭遠을 탑전榻前(왕 자리의 앞)으로 불렀다. 민진원은 노론의 영수였다. 영조는 왼손으로는 이광좌의 손을, 오른손으로는 민진원의 손을 잡고 이르렀다.(『영조실록』 6년 4월 26일)

"내가 보기에 경들에게는 아직도 한 가닥의 막자膜子(꺼풀)가 있다. 경들은 반드시 이 막자를 제거하고 그대로 머물러야 옳다. 옛사람은 한 잔의 술로 감정을 푼 경우도 있다. 내 비록 성의가 부족하지만 어찌 경들의 막자를 풀지 못하겠는가."

각각 소론과 노론의 좌장이었던 이광좌와 민진원은 당연히 소원한 사이였다. 영조는 이광좌가 있으면 민진원이 서먹서먹하고, 민진원이 있으면 이광좌가 서먹서먹하다고 했다. 이들 사이를 가로막는 막을 제거하고, 둘을 화해시키지 않고서는 진정한 탕평을 기대하기 어려웠다. 수세에 몰려 있던 이광좌는 재차 물러나 엎드려 있기를 청했다. 하지만 영조는 허락하지 않았다.

"승낙받지 못한다면 손을 놓을 수 있겠는가."

반면 공세적 위치에 있었던 민진원은 까다롭게 굴었다. 병으로 인한 아픔은 졸지에 제거할 수 있는 게 아니며, 무신년 이후의 변란이 모두 갑진년(1724)의 병으로부터 나온 것이라 밀어붙였다. 소론이 영조의 즉위를 반대하고, 반란을 일으켰던 옛 기억을 되살리려는 말이었다. 심지어 이로 인해 역적이 생겼다면서 임금의 면전에서 이광좌와 소론을 공격했다. 둘을 화해시키려다 오히려 민진원에 의해 체면이 구겨진 영조는 화를 냈다.

"민 판중추부사가 이 영중추부사를 흉악한 사람으로 의심하고 있다. 자신이 차마 못 하는 일을 어찌 남에게 의심할 수 있는가. 경들 두 사람이 타협하면 시상時象(때가 돌아가는 형편)이 타협될 것이며, 타협하지 않으면 시상도 끝내 타협하지 않을 것이다. 경들 두 사람 중에서 한 사람이 나간다면 시상이 끝내 타협하지 않을 것이다."

영조는 민진원이 너그럽지 못하다며 꾸짖었다. 하지만 민진원은 영조의 말을 따르지 않았다.

"성상께서 이미 소신의 성미가 편협한 것을 알고 계십니다. 40년의 공부는 또한 하루아침에 고칠 수 있는 게 아닙니다. 다만 교화하기 어려운 사람으로 죄를 받게 된다면 다행이겠습니다."

아무리 임금이라 한들 서로 죽이는 상극적 당파를 어찌 하루아침에 화해시킬 수 있겠는가. 영조는 당쟁의 골이 깊고 벽이 높은 것을 실감했으면서도 물러서지 않고 억지를 부렸다.

"만일 경들이 다 같이 머무르겠다고 하지 않으면 경들의 손을 놓아주지 않겠다."

삼각관계에 의해 민망한 상황이 연출되자 영의정 홍치중과 우의정 이집이 나섰다. 두 대신이 곧 마음을 돌릴 것이라며 영조를 안심시켰다. 한 달을 머무르라는 영조의 간청을 더는 거절하기 어려웠던 민진원은 이달에는 머물러 있겠다고 약조했다. 이광좌도 영조의 말에 따랐다.

"신 또한 이달에 머무르기로 힘쓰겠습니다."

그제야 영조는 굳게 잡았던 양 대신의 손을 놓아주었다. 하지만 영조의 화해 시도에도 불구하고 끝내 민진원은 마음의 장막을 열지 않았다. 조정을 파한 후에 민진원은 무신란의 책임이 궁극적으로 소론의 영수인 이광좌에게 있다고 비난했다. 당초 노소론의 화해는 불가능했는지도 모른다.

민진원은 달이 바뀐 5월 1일에 즉시 고향으로 내려갔다. 사실상 영조가 한 달을 머무르라고 내린 어명을 거역한 것이다. 게다가 민진원은 영조의 잘못된 인사로 인해 변고가 자주 일어나게 되었으며, 이번 박도창 사건을 엄히 다스려 역적들을 섬멸해야 한다는 강한 어조의 상소를 올리고 떠났다. 이 상소를 본 영조는 "차라리 아무 말도 하고 싶지 않다"며 개탄했다. 하지만 서운한 마음을 숨길 수는 없었다. 이틀 후 영조는 조정에서 민진원을 간접적으로 비난했다.

"지난번에 방화한다는 말이 있었는데, 마침내 실화가 발생했다. 민진원이 시골로 내려간 것이 실화한 다음 날 아침이었는데도 상소에서 이에 대해 한마디 언급도 하지 않았다. 다만 조석으로 변고에 대비해야 한다는 말만 하여 거의 급서急書와 같았다. 시상

時象이 이와 같으니 나라가 어떻게 유지될 수 있겠는가."

민진원에게 궁궐의 화재는 중요한 사안이 아니었다. 노론의 안위와 자신의 자존심을 지키는 게 급선무였다. 반면 영조는 무신란의 잔당들을 제거하면서 동시에 탕평을 유지해야 하는 숙제를 안게 되었다. 숙종 대 이후로 조정에 등용되지 못한 영남 일대 남인들의 불만은 폭발 직전에 이르렀다. 영조는 방화 사건을 겪으며 이런 불만이 쌓여 언젠가는 반란으로 폭발하리라는 사실을 깨달았다. 그리하여 영조는 무신란과 무관한 남인은 기용해도 좋겠다는 분부를 내렸다.

🔲 상놈도 양반이 되다

무신당의 주범들은 처형되었지만 잔여 세력들은 건재했다. 무신당의 뿌리는 넓고 깊었다. 소론과 남인의 명문가 외에도 군인과 궁녀, 서리와 백성까지 무신당과 연계되어 있었다. 그 중심에 있던 이가 박도창과 정도륭이었다. 박도창은 재물로써 궁녀들을 무신당으로 끌어들였다. 박도창은 친한 관계였던 한 상궁에게 50냥을 주고 세정을 소개받았다. 세정은 박도창의 첩으로 살면서 순정과의 다리 역할을 했다. 박도창은 순정과도 재물로 관계를 맺었다. 박도창의 집에 의지하며 살았던 이동혁李東爀은 "박도창은 순정과 결탁하고자 했고, 순정은 박도창의 재물을 탐했다"고 진술했다. 궁궐 밖 사람들이 나인들과 상호 통교를 하는 것은 엄격히 금지된 일이었다. 이동혁은 박도창에게 그렇게 위험한 일을 하는 이유를 물었다. 그러자 박도창은 "내가 도모하는 바가 있어서다. 대궐 안에 범상犯上하는 일을 하려고 한다"고 답했다. 범상은 윗사람에게 해서는 안 될 짓이다. 박도창이 순정을 시켜 효장세자에게 독물을 먹이도록 한 것이 바로 이 범상이다.

박도창은 사재감司宰監의 나인과도 내통했다. 사재감은 궁중에서 사용되는 어물과 육류, 소금과 연료 등을 주관하는 관청이었다. 사재감의 나인에게 전해진 독물은 식재료나 음식에 섞여 왕자와 옹주의 몸을 해치는 데 쓰였을 것이다. 영조는 "궁궐 안에서 독약을 사용한 일은 실로 자취도 찾을 길이 없었다"며 혀를 내둘렀다. 이런 독약이 도대체 언제 누구에게 사용되었는지 알 수가 없다는 것이었다. 박도창과 정도륭의 무리는 더 과감한 짓도 했다. 심지어 내의원에 보관된 독약을 몰래 훔치기도 했다. 영조는 독살된 시체를 검시하고 나서 박도창을 죽인 범인으로 정도륭을 의심했다. 한편, 정도륭의 집을 수색하던 중 행담行擔(여행용 상자) 속에서 약가루가 발견되었다. 정도륭은 이를 소금이라 거짓 진술했지만 독이나 뼛가루로 의심되는 물질이었다.

무신당들이 효장세자와 옹주들을 살해한다고 해도 조선 왕조가 망하는 것은 아니었다. 왕조의 기운을 기울게 하려면 지속적인 저주와 방화가 필요했다. 박도창은 여러 통로로 순정에게 저주의 뼛가루를 전달하여 궁궐 내에 묻게 했다. 박도창은 과감하게 세정과 옥정(박도창의 여종)을 대궐로 직접 보냈다. 심부름꾼 송내성宋來成은 사람 머리뼈, 호랑이 뼈, 고양이 뼈 등을 구해 가루로 만든 뒤 봉투에 담아 세정에게 보냈다. 한양 인근의 야산에는 초분이 많았으므로 여기를 허물어 사람 뼈를 구하는 것은 어렵지 않았다. 세정과 옥정은 순정과 함께 식도食刀로 땅을 판 뒤 방위를 잘 살폈다. 그러고는 주문을 외우면서 붉은 부적과 뼛가루를 묻었다. 궁에 들어가기 전 정도륭은 "이 부적은 방위를 바꾸어 묻으면 안 된다"고 신신당부했다.(『영조실록』 6년 5월 3일) 저주 효과를 극대화하기 위해 궁궐의 방위를 살펴서 그에 맞게 저주의 뼈를 매장한 것이다. 세정 일행은 네 차례나 궁궐에 들어가 두루 저주의 뼛가루를 묻었으며, 몰래 음식물에 넣기도 했다.

박도창은 지방의 군관에 불과했지만 언변이 능하고 모략이 뛰어난 자였다. 박도창은 거침없이 주장했다. "대궐 문에 음해를 하여 조금씩 잠식하게 하고, 방화하고 매흉하는 일을 차례로 한다면 나라가 반드시 지탱되지 못할 것이다. 그런 뒤에는 도당을 거느리고 거병하여 대궐을 침범하겠다." 그는 아랫사람들에게는 이렇게 말하며 힘을 줬다. "이 일이 잘 이뤄진다면 너 또한 귀하게 될 것이다. 네 부모의 무덤도 영화롭게 될 것이다. 우리가 미워하는 자가 모두 죽고 나라가 변혁되면 상놈 또한 양반이 될 수 있다."(『영조실록』 6년 5월 3일) 박도창이 원하는 세상은 왕조가 뒤집혀 상놈이 양반 될 수 있는 그런 나라라는 말이었다. 무신당이 꾀하는 저주와 모반에 당위성을 덧붙이는 말이긴 했지만.

하지만 그들의 음모가 왕조사회의 신분적 한계를 뛰어넘어 평등한 사회를 구현하고자 한 것은 아니었다. 그들은 벼슬에 오르려는 개인적인 명예욕이 강했다. 박도창은 모반이 성공하여 정사효가 고관대작을 차지하게 되면 자신도 병마절도사나 수군절도사가 될 수 있을 거라 생각했다. 또, 동궁을 저주해야 공신功臣이

될 수 있다는 속설에 혹하여 먼저 효장세자를 죽이려 했다. 남인과 소론의 몰락으로 벼슬길이 막혔던 그는 저주를 통해 반전의 기회를 엿보았다. 정도륭 역시 아버지가 유배를 끝내고 요직으로 등용되어야 자신도 벼슬을 차지할 수 있다고 여겼다.

무신당의 잔당은 변란이 성공하면 남인과 가까운 종실의 인물을 추대하려고 했다. 제일 처음 물망에 떠오른 인물이 여흥군 이해李㙉였다. 이동혁은 박도창의 정확한 모주謀主는 여흥군이라고 진술했다. 여흥군은 숙종 시절 기사환국에서 화를 당했던 복선군의 종손이었다. 권첨, 박도창, 정도륭 등이 모여서 이에 대해 논의했으며, 종실 중에서 인망이 두터운 여흥군을 추대하기로 정했다고 했다. 동생인 여릉군 이기李圻도 추대할 만한 대상이었다. 여릉군은 정도륭의 집안과 혼인으로 연결된 사이였으며, 박도창의 집에 자주 왕래하곤 했다. 죄인들의 공초에 이해와 이기가 나오자 모두 국문장에 끌려갔다가 결국 처형을 당했다. 영조는 이들의 처형을 허락하면서도 죄가 없다는 사실을 잘 알고 있었다. 영조는 마음속 안타까움을 지우지 못하고 이렇게 말했다. "이 뒤에 몇 명의 해와 기가 있을지는 알 수 없다. 흉악한 무리들이 왕족을 빙자하여 난역亂逆을 일으키니, 왕족인들 어찌 착할 수가 있겠는가."

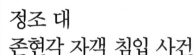

정조 대
존현각 자객 침입 사건

아홉번째이야기

"점방이 오방五方의 우물물과 홍술해의 집 우물물을 길어오고 또 도승지 홍국영의 집에
서도 우물물을 길어왔습니다. 이 물을 하나의 그릇에 담아 합쳐놓고는 홍술해의 집 우
물에 뒤섞어 부었습니다. 또 주사朱砂로 화상畵像 둘을 그려서 하나는 홍승지라 일컫고,
다른 하나는 아무개 양반某姓兩班이라 했습니다. 바로 감히 말하지 못하는 곳입니다."
(『속명의록』 정유년, 감정의 진술 중에서)

영조는 탕평책을 통해 당파를 약화시키려 했으나 외척의 힘은
오히려 강화되었다. 특히 노론의 자기 분열 속에서 사도세자
의 장인 홍봉한 일당의 권력은 막강했다. 말년에 영조가 왕세
손(정조)에게 대리 통치를 맡기려 하자 극렬 반대한 인물이 홍
인한(홍봉한의 동생)과 정후겸 등이었다. 이들의 노골적인 핍박
과 역모의 가능성으로 인해 왕세손은 불안한 나날을 보냈다.
정조가 즉위 직후 외척 세력의 일망타진에 나선 것은 당연한

268

일이다. 외척 세력을 비롯해 이에 기생했던 홍상간과 홍술해 등 권간權奸들을 척결했다. 이렇게 왕권 강화에 주력하던 어느 날, 정조가 머무르는 존현각의 지붕에 자객이 침입하는 사건이 발생했으나 범인을 놓치고 말았다. 자객은 포기하지 않았다. 이번에는 정조가 이어한 창덕궁의 담을 넘다가 수포군에게 잡혔다. 홍술해의 아들 홍상범이 보낸 자객들이었다. 범인들을 붙잡아 신문하자 정조와 홍국영을 은밀히 저주했을 뿐만 아니라 홍계능이 반역을 꾀한 사실도 드러났다. 과연 정조는 자신을 저주한 반역 세력들을 축출하고 정국을 안정시킬 수 있을 것인가.

📓 존현각에 침입한 자객

1777년(정조 1) 한여름 밤이었다. 정조는 존현각尊賢閣에 나가 밤늦도록 책을 읽고 있었다. 존현각은 정조가 왕세손 시절부터 머무르던 경희궁 내의 건물이다. 시중을 들던 내시도 잠시 자리를 비운 사이였다. 존현각에는 오직 촛불에 비춘 정조의 그림자만 길게 드리워 있었다. 그때 촛불이 어지럽게 흔들리더니 어디선가 발자국 소리가 크게 들렸다. 정조는 숨을 죽이고 몸을 낮췄다. 보장문寶章門(존현각의 곁문)의 동북쪽에서 시작된 발자국 소리는 회랑을 따라 오더니 존현각 지붕 위에서 멈췄다. 그러더니 갑자기 기와와 흙을 내던지는 시끄러운 소리가 경희궁의 정적을 깨뜨렸다.

정조는 도둑이 든 것으로 여겼다. 환관과 종들을 시켜 지붕 위를 수색해보니 기와와 모래흙이 어지럽게 흩어져 있었다. 도적이 침입한 것이 분명했다. 하지만 급히 입시한 금위대장 홍국영洪國榮은 단순한 침입 사건이 아니라 큰 변고라고 생각했다. "흉적들이 역심을 품고 변란을 도모한 것입니다." 홍국영은 군사를 일으켜 궁궐을 수비하게 하고, 대궐 안을 수색하게 해달라고 요청했다. 다급히 신전信箭(군령을 전할 때 쏘는 화살)을 쏘아 숙위宿衛(숙직하며 지킴) 군사를 모으고, 무예별감들을 보초로 세운 뒤 경희궁을 샅샅이 수색했다. 하지만 허탕이었다. 흉적들은 이미 궁궐을 빠져나간 뒤였다.

날이 밝은 뒤에 다시 지붕 위를 조사해보니 엽전 수십 닢이 흩어져 있었다. 역적들이 임금이 생활하는 전각의 지붕까지 침입한 것임이 자명했다. 정조는 머리 위까지 역적이 왔다는 사실에 크게 놀랐다.

"궁궐에서 숙위하는 것이 어찌 이처럼 허술하단 말이냐."

그렇지 않아도 정조는 외척과 권간 세력의 역모로 인해 신변의 위협을 느끼던 중이었다. 영의정 김상철은 하루빨리 창덕궁으로 거처를 옮기기를 청했다. 정조는 세손 시절부터 정들었던 경희궁을 떠나는 것도 마뜩잖거니와 삼년상이 끝나지 않아 영조의 혼전魂殿까지 옮겨야 하는 게 염려스러웠다. 하지만 궁궐의 철통같은 경계가 뚫렸으므로 신하들의 청을 따르지 않을 수 없었다. 정조는 그해 8월 3일 창덕궁으로 처소를 옮겼다. 열흘이 지났음에도 흉적을 잡지 못한 벌로 우포도대장이 파직되었다. 창덕궁 담장을 보수했고, 경계 태세도 한층 강화되었다.

하지만 흉악한 음모는 멈추지 않았다. 8월 9일, 창덕궁 서문인 경추문景秋門에서 수포군守鋪軍(궁궐문을 지키던 군사) 김춘득과 김세징 등이 경계를 서고 있었다. 밤이 깊어지자 수포군들이 잠을 청했는데, 누군가가 수포군을 부르는 소리가 들렸다. 김세징이 대답하려 하자 김춘득이 급히 만류했다. 낌새가 이상했던 것이다. 김춘득은 열일곱 살의 어린 나이였지만 영리했다. 잘 살펴보니 검은 그림자가 경추문의 북쪽 담장을 넘고 있었다. 김춘득은 나머지 수포군들을 일으켜서 범인의 뒤를 다급히 따라가 마침내 체포했다. 범인은 원동院洞에서 임장任掌(호적과 공공사무를 맡아보던 관리) 노릇을 하던 전흥문田興文이었다.

다음 날 정조가 친히 국문을 했는데, 전흥문이 충격적인 사실을 털어놓았다.

"홍술해洪述海의 아들 홍상범洪相範이 남몰래 죽기를 각오한 군사死士를 길러서 역변을 일으키려고 했습니다. 호위군관 강용휘姜龍輝는 용맹하고 날쎈 자였습니다. 홍상범은 강용휘와 깊이 관계를 맺고 그에게 좋은 벼슬을 주겠다며 꾀었습니다. 신은 힘이 있으나 가난하여 살기 어려웠습니다. 강용휘가 신에게 돈을 주었고, 여종을 아내로 삼으라고 주면서 함께 일하자고 하여 이를 허락했습니다."(『속명의록』 정유년)

홍상범은 왜 죽을 각오를 하고 역심을 품은 것일까. 아버지 홍술해가 공공 재물을 횡령한 탐장죄貪贓罪로 걸려 흑산도에 유배를 당해서 분노했던 것일까. 홍상범이 역모를 꾀한 것은 아버지가 유배를 당한 사실이 억울했기 때문은 아니었다. 정조가 즉위한 후로 자신의 집안이 풍비박산하는 꼴을 좌시할 수 없었기 때문이다.

▨ 평안 감사가 네 명

홍계희洪啓禧는 홍지해, 홍술해, 홍경해, 홍엽해, 홍찬해 등 다섯 아들을 두었다. 홍계희는 영조 시절 균역법을 시행하고 개혁안을 추진했으나 권력욕이 대단한 자였다. 자신이 뜻하는 바를 이루기 위해서라면 가차 없이 사람을 죽였다. 홍계희가 함경도 어사로 나가 교제창交濟倉을 조사할 때의 일이다. 영조는 굶주린 백성을 효율적으로 구제하기 위해 북쪽에 환곡 창고를 세웠다. 함경도에 흉년이 들면 경상도의 곡식을 가져와서 지원하는 창고였다. 그런데 암암리에 조운선에서 곡식을 물에 불려서 운반하는 수법이 자행되었다. 이른바 화수죄和水罪였다. 사형을 받을 수 있음에도 큰 이익에 대한 탐욕 때문에 이런 화수죄가 줄어들지 않았다. 그렇다고 사람을 쉬이 죽일 수도 없었으니 이 법은 사문화되다시피 했다.

홍계희는 화수죄를 지은 범인 12명을 잡아서 처형하여 일벌백계하려고 했다. 하지만 범인들은 자백하지 않고 버텼다. 죄인들을 능숙하게 다루기로 소문난 차천륜車天倫을 비장裨將으로 삼아 심문을 시켰다. 차천륜은 죄인을 죽음으로 내몰기 위해 거짓말을 했다. "어사께서 심문하는 것은 자신의 짐을 멋대로 배에 더 실었느냐는 것이지, 곡식에 물을 탔느냐는 것이 아니다. 법에 사적으로 배에다 짐을 실은 자는 교수형에 처하고, 곡식에 물을 탄 자는 귀양을 보내는 것으로 되어 있다."(『청성잡기』 권3 성언)

죄인들은 이를 믿고 곡식에 물을 탄 것이 사실이지만 짐을 멋대로 배에 싣지는 않았다고 진술했다. 홍계희는 차천류의 보고를 듣고 기뻐하며, 범인들의 자백을 확인한 뒤 모두 목을 베었다. 죽을 때까지도 죄인들은 진실을 까마득하게 모르고 있었다. 서얼 출신의 학자 성대중成大中은 『청성잡기靑城雜記』에서 홍계희 집안이 멸문지족당하고, 12명이나 처형된 이유는 그 당시의 원한이 쌓여 보복을 당한 것이라고 썼다.

홍계희의 아들들은 권력을 남용하고 약자들에게 갑질을 해대기 일쑤였다. 홍지해가 평안도 관찰사로 부임하자, 동생인 홍술해와 홍찬해도 관아에 함께 와 있었다. 그들은 모여서 담배를 피우다가 맛이 별로 없자 담배 장인을 불러 지시를 내렸다.

"담배를 꿀물에 하룻밤 재워두었다가 썰어가지고 오너라."

장인은 20년이나 담배를 만들어왔건만 이런 명령은 처음 들었다. 그는 물러난 뒤에 말했다.

"저들이 어찌 오래가겠는가."

평안도 백성은 한꺼번에 관찰사 여러 명을 모셔야 했다. 홍술해 집안사람이 모두 관찰사처럼 행세하자 한 도에 관찰사가 네 명이라는 혹평이 자자했다. 평안도 관찰사는 홍지해이건만 아버지 홍계희, 아우 술해와 찬해까지 모두 관찰사처럼 위세를 부렸던 것이다. 담배 장인이 내뱉은 말은 선견지명이 되었다. 홍지해가 평안도 관찰사로 임명받는 시점부터 홍계희 집안에 서서히 망조가 들기 시작했다.

1775년(영조 51) 10월 홍지해가 평안도 관찰사로 부임받을 때 아우 홍술해는 황해도 관찰사를 맡고 있었다. 형과 아우가 인접한 양서兩西의 수장을 함께 맡을 순 없었다. 영조는 홍술해를 물러나게 하고, 이갑을 황해도 관찰사로 임명했다. 그런데 4개월 뒤 황해도를 다녀온 어사 임희우任希雨는 홍술해가 1400냥을 횡령한 사실을 영조에게 보고했다. 목민관이 나랏돈을 훔친 탐장죄는 사형에 해당되었다. 영조는 이 사실이 믿기지 않았다. "홍술해 형제는 홍인한洪麟漢이 천거한 자인데, 어찌하여 그러한가." 영조는 며느리 혜경궁 홍씨의 작은아버지 홍인한을 믿고 홍술해 형제에게 중요한 벼슬을 내렸던 것이다.

그런데 임희우가 보고한 이 죄도 실은 거짓이었다. 홍술해 집안의 권세가 두려워 그 죄를 한참 낮춰 아뢰었던 것이다. 황해도 백성이 홍술해를 죽여 그의 고기를 씹고자 할 정도로 홍술해의 탐학은 이루 말할 수 없었다. 홍술해의 죄를 들은 영조는 홍지해마저도 평안도 관찰사에서 끌어내렸다. 하지만 홍가 집안의 몰락은 이게 끝이 아니었다.

1776년 정조가 즉위하자 홍술해의 탐장죄가 다시 도마 위에 올랐다. 홍술해의 죄를 상세히 조사해보니 빼돌린 재물이 무려 돈 4만여 냥, 조租 2500여 석, 송목松木 260그루였다. 임희우의 보고와 큰 차이가 났다. 이는 사형을 받아 마땅한 범죄였다. 하지만 정조는 앞서 여러 감사가 비슷한 불법을 저지르고도 처벌받지 않은 전례에 비춰 유배형으로 감해줬다. 이때 홍술해 집안은 정조에게 감사하기는커녕 독기를 품었다. 정조의 즉위에 반대했던 이들은 정조와는 같은 하늘에서 살 수 없는 원수 사이였다.

▨ 점방의 묘한 수

홍술해의 아내 효임孝任은 남편의 유배 처분에 분노했다. 효임의 집안은 당대의 실세였던 홍인한의 외족外族이었다. 그녀는 세도가의 딸로서 방자하기 이를 데 없었다. 정조에 대한 반감이 극에 달했던 그녀는 "군부君父를 원수로 삼으리라" "천일天日을 쏘리라"라고 하는 등 시역죄弑逆罪에 해당되는 발언을 서슴없이 쏟아냈다. 효임은 흑주술로서 남편을 귀환시키고, 정조에게 해를 끼치고자 했다.

명문가 사대부들은 겉으로는 유교를 숭배하지만 실제로는 무속에 의지하여 생활했다. 홍술해의 집안도 큰일을 당했을 때는 무당에게 물어보고 그 말에 따랐다. 효임은 평소 단골관계를 맺고 있는 무녀가 있었다. 이름은 점방占房이었다. 점방은 용한 무당으로 한양에서도 유명했다. 점방과 함께 범행을 저지른 최흥복崔興福은 "점방의 집에 오방신장을 그려 집 벽에 붙여놓았고, 경을 읽으며 비손을 했습니다"라고 말했다. 이 말로 미루어 점방은 서서 굿을 하는 무당이 아니고 앉아서 경을 읽고 점을 쳐주는 독경무讀經巫였던 듯하다.

점방은 각종 주술에 능하여 현실적 구복求福을 바라는 사대부 부녀자들에게 인기가 높았다. 효임은 홍술해가 다시 집으로 돌아올 수 있게 해달라고 점방에게 부탁했다. 귀양 갈 때 홍술해는 점방이 가르쳐준 대로 주술을 썼다. 유배지에서 빨리 풀려나기를 기원하는 부적과 조정을 저주하는 물건을 퇴침退枕(서랍이 있는 목 침)에 넣어서 귀양을 떠났다. 점방은 이런 주술을 잘 구사했다. 최홍복은 "점방이 항상 종이로 인형을 만들어 부적을 붙이고 주 문을 외운 뒤 여러 곳에 묻어두었습니다"라고 했다.

점방은 천한 신분이었지만 한글을 읽을 수 있었다. 효임이 한 글로 편지를 써서 점방에게 보내면 읽어본 즉시 불에 태웠다. 편 지의 내용은 대부분 저주의 말이었다. 효임은 자신의 종 감정甘丁 과 정이貞伊(최세복의 아내)를 점방에게 보내 저주를 꾀하도록 했 다. 점방의 남편 김흥조金興祚도 홍술해의 집을 부지런히 오갔다. 강화도 교동 사람이었던 김흥조는 점방에게 장가들면서 서울에 서 생활했다. 그는 점방의 굿을 도와주거나 잔심부름을 도맡아 했다. 김흥조는 홍술해의 집안과 워낙 친밀하다보니 스스로 "자 신은 홍술해의 종이나 다름없다"고 말했다.

홍술해가 귀양 갔을 때 효임은 점방에게 주술을 부탁했다. 감 정 편으로 먼저 55냥을 보냈다. 감정은 점방과 함께 수유리로 나 가서 홍술해를 위해 비손을 하고 저주도 했다. 효임은 점방에게 홍술해가 풀려날 수 있는지 점을 봐달라고 청했다. 점을 쳐보니 길한 결과가 나왔다. 누군가가 중간에 주선을 해준다면 묘한 수 가 나올 수 있다는 점괘였다. 그런데 이는 탐욕스런 점방이 돈을 떼기 위한 술수였는지도 모른다. 김흥조는 감정에게 항상 "만일 재물을 많이 준다면 네 상전을 풀려나게 할 수 있다"고 말했다.

영험하다고 소문난 점방은 넓은 인맥을 형성하고 있었다. 영악한 점방 부부는 마치 중개인처럼 이를 이용하여 서로 결탁케 해주고 중개료를 받아 챙겼다. 점방 부부를 철석같이 믿었던 효임은 저도 모르게 진흙탕 속으로 빠져들어갔다.

점방은 최흥복과 잘 알기 때문에 그런 말을 한 것이었다. 최흥복은 남편 김흥조와 의사촌義四寸을 맺은 사이였다. 그들은 큰일이나 작은 일이나 으레 함께 의논하곤 했다. 최흥복은 궁궐에서 사약司鑰으로 일을 하던 하급 관리였다. 최흥복은 궁궐의 김복상金福尙 별감과 사촌이었고, 사촌누이도 궁녀로 일하고 있어 궁궐에 쉬이 연줄을 댈 수 있었다. 효임은 먼저 40냥을 보내면서 액속掖屬들과 결탁해달라고 했고, 만약 일이 성공한다면 은 400냥을 더 주기로 약조했다. 김흥조와 최흥복이 각각 20냥씩 나눠 가지며 일을 도모하기로 했다. 사약과 액속은 모두 액정서掖庭署(내시부의 관아)에 속한 자들이다. 효임과 점방은 임금을 가까이에서 모시는 내시에게 접근할 길을 찾았던 것이다. 점방은 최세복을 궁궐로 들어가게 해달라며 최흥복에게 은밀히 제안했다.

"궁궐에서는 반드시 복심腹心인 사람에게 대궐 안에서 긴요한 임무를 오래하게 한 다음 일을 할 수가 있다. 최세복은 홍술해의 귀양지까지 오가면서 상전을 위해 한번 죽으려는 마음을 갖고 있었고, 그의 부인도 우리 집에 드나들고 있다. 만일 최세복을 배설방 고직으로 삼는다면 기회를 타 계획을 이루게 될 것이다."(『정조실록』 1년 8월 11일)

홍술해의 종인 최세복은 용맹하고 검술에 능한 자였다. 최세복을 배설방 고지기로 삼아 계획을 이룬다는 것은 변란을 일으키는 음모였다. 배설방은 궁궐에서 차일이나 휘장을 치는 일을 맡은 관청이다. 배설방 고지기는 궁궐 정전正殿의 앞문인 차비문을 비롯해 여러 전각을 내 집처럼 드나들 수 있었다. 이러한 배설방 고지기가 되기 위해서는 의열궁義烈宮(사도세자의 생모인 영빈 이씨의 사당)의 내시에게 청탁을 해야 했다. 그러나 내시가 능陵에 가 있던 터라 청탁은 차일피일 미뤄지고 있었다. 만약 검술에 능한 최세복이 고지기로 바로 입궁했다면 정조의 목숨은 위태로웠을 것이다.

▨ 우물과 쑥대 화살

최세복을 궁궐에 잠입시켜 이루려는 계획은 무엇이었을까. 정조를 암살하는 것이 최세복의 임무였을까. 최세복의 일차 임무는 도승지 홍국영을 살해하는 것이었다. 최흥복은 최세복을 배설방에 두려는 이유에 대해 "도승지를 해치고서 감히 말할 수 없는 곳에까지 미치도록 꾀한 것"이라고 했다. 정조가 즉위한 직후 홍국영은 막강한 권한을 행사했다. 홍봉한과 홍인한 세력이 몰락한 데에도 홍국영의 영향력이 컸다. 정조와 홍국영은 정치적으로 궁합이 잘 맞았다. 홍국영은 세손 시절부터 정조에게 얻은 무한한 신뢰를 바탕으로 외척들을 몰아내는 데 앞장섰다. 정조 역시 왕실과 혼인관계를 맺어 성장한 외척을 몰아내지 않고서는 왕권을 안정시킬 수 없었다. 그리하여 외척들이 가장 먼저 제거해야 할 정적은 홍국영이었다. 정조를 무력화시키기 위해서도 정치 참모인 홍국영을 먼저 축출해야 했다.

효임은 홍술해가 귀양 간 것이 홍국영 때문이라고 생각했다. 이에 먼저 홍국영에게 앙갚음을 하려고 했다. 점방이 흑주술을 할 때 홍국영은 저주의 첫 번째 대상이 되었다. 점방은 저주 부적을 만들어 최흥복으로 하여금 홍국영의 대문 앞길에다 묻게 했다. 그러면서 "그 사람이 반드시 죽을 것이다"라고 저주를 했다. 홍국영이 부적이 묻힌 길을 오가면서 나쁜 기운을 받도록 하는 흑주술이었다.

감정은 효임을 대신하여 점방의 집에 가서 흑주술에 동참했다. 국문장에 끌려온 감정은 그때의 사실을 낱낱이 공초했다.

"점방이 오방五方의 우물물과 홍술해의 집 우물물을 길어오고 또 도승지 홍국영의 집에서도 우물물을 길어왔습니다. 이 물을 하나의 그릇에 담아 합쳐놓고는 홍술해의 집 우물에 뒤섞어 부었습니다. 또 주사朱砂로 화상畫像 둘을 그려서 하나는 홍승지라 일컫고, 다른 하나는 아무개 양반某姓兩班이라 했습니다. 바로 감히 말하지 못하는 곳입니다."(『속명의록』 정유년)

우물은 집 안에서 가장 신성한 공간이다. 상수도 시설이 없었던 조선시대에 모든 식수는 우물을 길어서 사용했다. 부녀자들은 우물을 정성스럽게 모시다시피 했다. 오물이 들어가지 않도록 깨끗이 청소하는 것은 물론이고 우물 안에는 용신龍神이 있다고 여겨 제사를 올렸다. 정월 대보름이 다가오면 물을 다 퍼내고 정화수와 제물을 차려놓고 우물제를 지냈다. 마을의 공동 우물에서도 주민들의 안녕과 평화를 기원하는 샘굿을 치렀다. 생명수와 같은 우물은 무엇보다 귀한 것이며, 신성한 기운을 상징했다. 우물이 마르면 그야말로 그 집이 망할 징조로 보았다.

점방이 다섯 방위의 우물, 홍술해 집의 우물, 홍국영 집의 우물을 모두 길어와 합치게 한 것은 여러 곳의 기운을 하나로 모으는 것을 의미했다. 특히 젊고 야심찬 홍국영 집의 우물물은 한참 기세가 오른 에너지였다. 이를 가져오는 것은 맑고 힘센 상대의 에너지를 훔치는 것이었다. 이 물을 모두 합쳐서 홍술해의 우물에 넣도록 하는 주술은 모든 좋은 기운을 빼앗아 홍술해에게 쏠리도록 하는 조치였다.

점방은 화상과 화살을 만들어 홍국영과 정조를 저주했다. 감히 말하지 못하는 '아무개 양반'이란 정조를 가리켰다. 홍국영과 정조의 화상에다 쑥대 화살을 얽어맨 뒤에 초교草轎를 타고 홍술해의 집으로 가서 동쪽과 서쪽 땅에 나누어 묻었다. 정이는 공초에서 이 저주가 홍술해를 위해 복수하려는 것이라고 말했다. 그런데 화상을 주사朱砂로 그린 이유는 무엇일까. 주사는 수은이 들어 있는 광물이다. 살균력이 있는 주사는 경련이 있을 때 진정시키는 약물로 사용되었다. 주사는 붉은색을 띠고 있으므로 무당들이 부적을 만들 때 재료로 이용했다. 그리하여 점방도 홍국영과 정조의 얼굴을 주사로 그렸던 것이다.

그렇다면 쑥대 화살에는 어떤 의미가 내포된 것일까. 활과 화살은 그 자체로 남성을 상징한다. 특히 뽕나무 활과 쑥대 화살桑弧蓬矢은 남성의 웅대한 기상을 뜻했다. 『예기』 「사의射義」 편에서는 "아들이 태어나면 뽕나무 활과 쑥대 화살로 사방에 여섯 번을

쏘는데, 천지와 사방은 남자가 가져야 하기 때문이다"라고 했다. 상봉지지桑蓬之志라는 말은 남자가 성공하기 위해 대망을 품는 것이다. 또 쑥대 화살은 강력한 주술성을 지닌 도구였다. 민간에서 원래 쑥은 잡귀나 나쁜 기운을 물리치는 제액성除厄性을 가진 식물로 보았다. 쑥의 단단한 줄기로 만든 화살은 엄청난 주술성을 지닌 주물呪物이었다.

쑥대 화살을 화상에다 달아매면 화상의 인물은 그 힘에 가로막혀 옴짝달싹하지 못하게 된다. 초교(삿갓가마)는 초상을 치르는 상제가 타고 가는 가마다. 이를 초교에 태우고 가서 묻는 행위는 홍국영과 정조가 저승길로 가는 모습을 연출한 것이다. 홍국영과 정조를 강한 주술로 죽게 하고, 그 시신을 묻는 과정을 연출한 저주술이다. 홍국영과 정조에 대한 저주는 이뿐만이 아니었다. 점방은 활과 화살을 만들어 공중에 쏘면서 말했다. "이는 반드시 사람을 죽게 하는 방법이다." 점방의 활에서 날아간 화살은 홍국영과 정조의 목숨을 겨누고 있었음이 분명하다.

그런데 점방은 2월부터 종기가 생겨 앓아누웠다. 차도를 보이지 않고 병이 더 심해지자 점방이 말했다. "내가 병만 낫게 되면 그때는 계획을 성공시켜 홍술해의 원수를 갚겠다." 하지만 점방은 원수를 갚지 못한 채 5월에 숨졌다. 효임은 부의금으로 10냥을 보냈다. 당시 쌀 한 섬의 가격이 5냥이었으니 평소의 친분관계를 고려해 큰돈을 부조했다고 볼 수 있다.

▨ 엉성 자객의 침입

홍씨 집안은 정조를 해치기 위해 역모의 끈을 잡기 시작했다. 홍인한 사건으로 같이 끌려간 홍상간(홍지해의 아들)이 고문을 받다가 숨지는 일이 발생했다. 홍상범洪相範(홍술해의 아들)과 홍상길(홍염해의 아들)은 분통을 터뜨리며 "기필코 원수를 갚겠다"고 말했다. 이들은 모두 홍계희의 손자들로서 사촌 간이었다. 그들은 집안이 망하는 꼴을 앉아서 보고만 있을 순 없었다. 홍상범이 나서서 역모를 주도했다. 홍상범은 자신도 언제든지 체포될 위협을 느끼고 있었던 터라 전주에서 은신하면서 이따금 상경했다. 홍상범과 그 무리들은 자객을 모집하기로 모의했다. 효임의 저주술과 마찬가지로 이 자객들의 일차적인 목적은 홍국영을 살해하는 것이었다.

홍상범은 존현각까지 침투한다는 계획을 세웠다. 이를 위해 발탁한 인물이 강용휘와 전흥문이었다. 홍상범은 가까운 이웃이었던 강용휘를 먼저 포섭했다. 강용휘는 용맹하고 행동이 날쌘 인물이었다. 더욱이 호위군관이었기에 궁궐의 지리를 잘 알았다. 강용휘는 전흥문에게 접근해 가난한 그에게 돈과 여자를 주면서 꾀어냈다. 강용휘와 전흥문이 목숨을 걸고 홍상범을 따르기로 맹세했건만 역모는 둘의 힘만으로는 감당할 수 없었다. 더 많은 군사가 필요했다. 홍상범이 강용휘에게 물었다.

"자네와 뜻을 같이한 사람이 몇 명이나 되나?"

강용휘가 대답했다.

"20명은 구할 수 있습니다."

홍상범은 그들의 성명을 일일이 써서 상자 속에 간수했다.

홍상범과 강용휘, 전흥문이 존현각으로 잠입하기로 결정한 때는 1777년(정조 1) 7월 28일 밤이었다. 궁궐에 침입할 때 강용휘는 철편鐵鞭을 쥐었고, 전흥문은 예리한 칼을 들었다. 철편은 포교가 들고 다니는 휴대용 쇠몽둥이였다.

이 사건을 다룬 영화가 바로 「역린」이다. 「역린」에서는 정조를 암살하기 위해 수십 명의 자객이 존현각으로 침입한다. 심지어 암살 훈련을 전문적으로 받은 을수는 정조와 목숨을 내건 칼싸움까지 벌인다. 그리하여 「역린」을 본 관객들은 이를 역사적 사실로 받아들인다. 영화 「역린」과 실제의 존현각 침입 사건에는 어떤 다른 점이 있을까.

금강산도 식후경이라고 했다. 이들은 먼저 대궐 근처의 개 잡는 집에 가서 개장국을 사먹었다. 배가 뜨뜻해진 이들은 대궐로 잠입해 강계창姜繼昌과 강월혜姜月惠를 만났다. 액정서 별감 강계창은 강용휘의 조카였으며, 궁궐 나인 강월혜는 강용휘의 딸이었다. 그런데 이들은 사전에 완벽하게 모의하지 못한 듯하다. 왕의 암살 모의라고 하기에는 뭔가 허술했다. 전흥문이 먼저 도착했다. 그는 대궐에서 자고 싶은데 가까운 곳에 그럴 만한 곳이 없냐고 말을 돌리다가 강계창에게 물었다.

"대전의 차비문이 어디에 있는가."

강계창이 "알아서 무엇하려느냐"고 되물었다. 전흥문은 경솔하게 누설할 수 없다며 대답을 회피했다. 그런데 강계창의 눈에 전흥문이 들고 있는 칼이 거슬렸다.

"무엇하러 칼을 들고 있는가."

"존현각 위에 올라가야 하는데, 접근하는 자가 있으면 찌르려는 것이다."

화들짝 놀란 강계창은 이러다 자신마저 처형당하겠다는 생각이 들었다. 하지만 이미 엎질러진 물이라 어쩔 수 없이 강계창은 현모문顯謨門 안쪽을 가르쳐주었다. 그러자 전흥문이 광달문廣達門 곁을 두루 돌면서 주변을 자세히 살펴봤다. 조금 뒤에 강용휘가 허리에 철편을 끼고 와서 강월혜를 불렀다. 강용휘는 다급한 일이 있으면 숨겨달라고 강월혜에게 부탁했다.

해가 저물자 전흥문과 강용휘의 침입이 시작되었다. 전흥문은 그 과정을 이렇게 자백했다.

"약방 맞은편에 있는 문안하는 곳에서 강용휘가 어깨로 신을 올려주고, 신은 또 손으로 강용휘를 끌어올려주었습니다. 강용휘가 모래를 옷자락에 싸고 함께 지붕 위로 올라가 존현각의 한가운데에 이르러서 기와를 걷고 모래를 던졌습니다. 도깨비 형상을 함으로써 사람들의 이목을 현란하게 하여 장차 부도한 수작을 부리려고 했습니다."(『속명의록』 정유년)

경희궁을 그린 「서궐도안西闕圖案」을 보면 약방藥房(내의원)은 서남쪽 모서리에 위치하고 있다. 이 일대는 서쪽의 산세와 바로 연결되는 후미진 곳이라 침입하고 도주하기가 마땅하다. 그런데 이들은 평지를 걸어서 가지 않고 약방 맞은편에 있는 건물의 지붕으로 올라갔다. 존현각은 궁궐 중심부에 위치했지만 약방 근처에서 회랑 지붕을 타고 가면 그리 멀진 않았다. 지붕 위를 걸어가는 것이 수포군에게 들키지도 않고, 몰래 침입하기에 적당한 방법이었다.

그런데 정조를 암살하려 했다면 지붕에서 다시 아래로 내려와야 했다. 내시가 자리를 비운 적막한 야밤이었으므로 충분히 정조를 암살할 수 있는 순간이었다. 하지만 그들은 지붕 위에서 내려오지 않았다. 전흥문과 강용휘는 모래와 엽전까지 지닌 채 올라갔으며, 지붕 위에서 기와와 모래를 내던지며 소란을 떨었다. 이것은 조용히 사람을 해치는 암살자들의 행동이라고 하기에는 이상했다. 소지한 무기도 암살용보다는 호신용으로 보는 게 맞았다. 전흥문은 대궐로 들어가다 사람을 만나면 죽이려고 칼을 지녔다고 했다. 정조를 암살하는 게 목적이라면 강용휘도 철편이 아닌 칼을 품어야 했다. 자객이라 하기에 엉성하기 짝이 없는 모양새였다.

자객들은 지붕 위에서 해괴한 도깨비짓을 하려고 했다. 임금의 처소 위에 도깨비가 출현했다는 사실은 나라가 망하는 꼴과 다름없었다. 지붕은 건물을 상부에서 덮고 있는 구조일 뿐만 아니라 잡귀와 액을 쫓아주는 가림막이었다. 그리하여 기와에 도깨비 문양을 그려넣거나, 잡상을 지붕 위에 설치하여 부정이 아래로 침입하지 못하게 했다. 새 임금이 즉위한 후로 궁궐의 신성한 지붕 위에 도깨비가 나타나 괴이한 짓을 했다면 여론이 급격히 악화될 것은 뻔한 일이었다. 정조를 공격하고자 하는 노론 벽파 세력들에게 도깨비 출현 사건은 주술적인 연출로서 가히 매혹적이었다. 하지만 궁궐에서 도깨비짓을 하는 행위도 반역은 반역이었다. 게다가 칼과 철편을 들고 임금이 머무르는 지붕 위에 올라 갔다면 능지처참을 면치 못할 반역죄였다.

생각지 못하게 군사들이 빠르게 몰려오자 당황했던 엉성한 자객들은 처마 밑으로 뛰어내렸다. 그러고는 바로 죽기 살기로 달렸다. 형장의 이슬로 사라지기로 맹세한 암살자와 달리 그들은 목숨을 보전하고 싶었다. 강용휘는 금천교禁川橋로 도망쳐서 수문통水門桶을 통과해 빠져나왔다. 전흥문은 보루각報漏閣 뒤 수풀 속에 숨었다가 날이 새자 흥원문興元門으로 도망쳐 나왔다. 금천교나 흥원문은 모두 경희궁의 동쪽 끝으로서 수포군의 눈에 잘 띄는 곳이었다. 그들은 정신줄을 놓은 상태라 인적이 드문 서쪽이 아닌 들킬 위험이 높은 동쪽으로 달린 것이다.

20인의 자객을 끌고 밖에서 대응하겠다던 홍상범의 약속도 지켜지지 않았다. 홍상범은 김씨 성을 가진 자와 단둘이서 수문통에서 기다렸다. 엉성한 자객들이 실패했다는 소식을 듣자마자 바로 도주했다. 이튿날 홍상범 일행은 전날처럼 개장국 집에서 다시 모였다. 수문통을 빠져나오다보니 물에 빠진 생쥐 꼴이었다. 그래도 그들은 자객 본연의 임무를 포기하지 않았다. 정조가 창덕궁으로 옮겼다는 소식을 듣고 이번에는 창덕궁에 침입하기로 맹세했다. 창덕궁에서 담을 넘다가 나이 어린 수포군에게 잡히는 망신을 당하지 않았다면 혹시 영화 「역린」의 을수처럼 정조의 목에 칼을 겨누었을지도 모른다.

▨ 발버둥 치는 홍인한 일당

영조의 탕평책은 당파를 약화시켰지만 외척들을 성장시키는 결과를 가져왔다. 영조 시절 강력한 척신 세력은 사도세자의 장인 홍봉한, 그의 동생 홍인한이 주축이 된 풍산 홍씨 가문이었다. 집권 세력인 노론도 자기 분열을 하여 홍봉한 가문 앞으로 헤쳐 모였다. 홍봉한을 따르는 부홍파扶洪派와 그에 반대하는 공한파攻洪派로 나뉘어 정국 주도권을 두고 치열하게 싸웠다.

권력의 정점에 있던 홍봉한과 홍인한은 권력을 남용하기 일쑤였다. 홍인한은 기생들에게도 포악한 짓을 했다. 홍인한은 감사로 있을 때 기생들에게 음악을 연주하게 했다. 그런데 끝날 무렵이면 꼭 트집을 잡아 곤장을 쳐 피를 보곤 했다. 기생이 음악을 연주할 때면 아예 형구를 준비해두고 있었다고 한다. 아무리 연주를 잘하는 기생이라도 홍인한 앞에서는 긴장해서 실력을 제대로 발휘하지 못했음은 물론이다. 성대중은 『청성잡기』에서 홍인한의 이런 포악한 행동은 석수石邃가 미인들을 치장하여 잔치를 즐기고서는 삶아 먹는 것을 낙樂으로 삼은 것과 다를 바 없다고 비판했다. 석수는 중국의 오호십육국 시대에 후조의 5대 왕인 석준石遵의 아들이었다. 태자였던 석수는 아버지의 자리까지 넘보다가 결국 살해당했다.

사도세자가 영조의 명에 따라 뒤주에 갇혀 죽는 참변이 일어났다. 1762년(영조 38) 5월에 발생한 이른바 임오화변壬午禍變이다. 영조가 사도세자를 죽이려고 했다면 온몸을 던져 세자를 보호해야 할 사람은 장인 홍봉한이었다. 하지만 그는 정략적 이해관계에 따라 행동했다. 사도세자를 보호하기는커녕 영조의 지시에 따라 뒤주를 가져다 바쳤다. 이는 훗날 영조와 홍봉한의 되돌릴 수 없는 최대 실수였다. 그런데 임오화변으로 인해 둘은 떨어질 수 없는 관계가 되었다. 임오화변 당시 홍봉한의 행위를 공격한다면 더불어 영조까지 다치게 되었다. 임오화변 이후 정국은 온통 사도세자의 문제로 경색되었다. 청주의 유생 한유韓鍮는 불에 달군 수저로 팔뚝에다 "죽음으로써 나라에 보국하겠다以死報國"라는 글귀를 새기고, 자신을 먼저 죽이고 홍봉한을 처단하라며 도끼를 든 채 상경했다. 이런 살벌한 도끼 정국에서도 홍봉한은 사사되지 않았다. 뒤에 있는 영조까지 처벌할 수 없었기 때문이다.

사도세자를 죽게 한 홍봉한 일파에게 그 아들 정조는 눈엣가시였다. 영조는 언제 죽을지 모르는, 70대로 접어든 노인이었다. 홍봉한 일파뿐만 아니라 정조의 즉위를 반기는 외척 세력은 거의 없었다. 이를 간파한 영조는 생전에 세손에게 대리청정을 시킴으로써 순조롭게 권력을 이양하려 했다. 이때 득달같이 달려들어 세손의 대리청정을 반대했던 인물이 홍인한과 정후겸, 홍상간, 화완옹주(정조의 친고모) 등이다. 좌의정 홍인한은 영조의 대리청정 명령을 저지했으며, 세손에게는 국사를 맡길 수 없다는 불충한 말까지 내뱉었다. 심지어 왕의 교지를 반포하지 못하게 막기도 했다. 또한 이들은 세손을 직접 찾아가 대리청정을 사양하라며 압박을 가했다. 정조는 『존현각일기尊賢閣日記』에서 홍인한과 정후겸鄭厚謙을 배은망덕하고 흉악한 심보를 가진 사람으로 통렬히 비판했다. 그리하여 영조는 홍인한의 죄를 성토한 서명선徐命善을 발탁하고, 홍인한을 외직으로 보냈다. 그러자 이들은 서얼 심상운沈翔雲을 사주하여 세손을 몰아내려는 작전을 세우기도 했다. 홍인한 일당은 끝까지 발버둥쳤지만 역사는 정조의 편이었다. 대리청정이 시작된 지 3개월 만에 영조가 죽고 정조가 즉위했다.

▨ 인조반정처럼 해야 한다

정조의 즉위는 홍봉한과 홍인한 세력의 몰락을 암시하는 신호탄이었다. 홍인한과 결탁했던 남양 홍씨 가문의 홍계희 일당에게도 먹구름이 잔뜩 끼었다. 그들은 홍인한을 끼고 권력을 주무르는 권간 세력이었다. 정조는 대리청정을 두고 자신을 겁박한 홍인한을 처벌하는 대신, 어머니 혜경궁을 생각해 외조부 홍봉한의 목숨은 살려두었다. 정조는 홍인한과 정후겸 등을 제거한 뒤 병신옥사丙申獄事의 전말을 담은 『명의록明義錄』을 간행하여 그 뜻을 만천하에 알렸다. 이 『명의록』에는 홍계능洪啓能, 홍지해, 홍찬해, 홍상간 등이 모두 역적의 명단에 올랐다. 홍계희 집안과 정조는 불구대천의 원수가 된 것이다. 그리하여 홍술해의 부인 효임이 홍국영과 정조를 해하려는 저주를 꾀하고, 아들 홍상범이 자객을 존현각으로 침입시키는 극단적인 역모까지 벌이게 되었다.

한편, 홍계희와 팔촌 간인 홍계능은 또 다른 반역을 꾀했다. 홍상범이 잡혀와 국문을 받다가 뜻밖의 비밀을 털어놓았다. 정조를 모해한 뒤 사도세자의 아들 가운데 한 명을 왕으로 추대하려 했다고 자백한 것이다. 사도세자는 숙빈 임씨와의 사이에서 이진李禛과 이인李䄄을, 그리고 귀인 박씨와의 사이에서는 이찬李

礻을 낳은 바 있다. 이진은 일찍 죽었고, 이인은 병약한 인물이었으므로 추대하려는 인물이란 이찬을 가리켰다. 국청鞠廳이 홍상범에게 누구와 함께 모의했느냐고 묻자 홍계능이 연루된 사실을 실토했다.

"홍계능이 맨 먼저 이런 모의를 했습니다. 홍계능이 그의 아들 홍신해 및 조카 홍이해와 함께 신에게 '금상今上은 국정을 잘못한 것이 많다. 추대하는 거사를 하지 않을 수 없으니, 인묘조仁廟朝 반정 때의 일과 같이 해야 한다'고 했습니다."(『정조실록』 1년 8월 11일)

이는 홍계능의 정국 인식이 잘 드러난 말이다. 홍계능은 정조를 광해군처럼 여기고, 인조반정 때처럼 정조를 몰아내야 한다고 생각했다. 정조는 홍계능 일당이 자신을 광해군처럼 여긴다는 사실에 어이가 없었다. 정조는 그들의 우두머리인 홍인한이 몰락하자 반정을 운운한 사실을 잘 알았다. 정조의 일갈은 날카로웠다.

"계해년(1623) 반정 때는 광해군이 실덕을 많이 했기 때문이다. 너희는 홍인한이 복법伏法(형벌로 죽음)된 것으로 인하여 이런 짓을 하게 된 것이 아니더냐."

홍상범의 공초에선 오랜 시일에 걸쳐 반정을 준비했던 사실도 밝혀졌다. 홍계능은 "반정의 모의를 10년 동안 진행해나갈 것이다"라고 말했다. 반정을 위한 구체적인 인사 전략도 짰다. 민홍섭과 홍낙임洪樂任에게는 장임將任(대장이나 장수의 임무)을, 이택수李澤遂에게는 번임藩任(관찰사의 임무)을, 구익원具翼遠에게는 곤임閫任(병마를 다스리는 임무)을 맡긴다는 계획이었다. 반정 모의에는 이택수도 깊이 연루되어 있었다. 정조는 친척뻘인 이택수가 자신을 저버린 사실이 안타까웠다. 이택수의 어머니는 혜경궁 홍씨의 고모다. 정조의 친척들은 정파적 이해관계로 인해 반역의 무리에 숱하게 가담했다. 정조는 이택수를 죽일 때 "차마 모역에 연좌된 것으로 논하지 못하겠다"며 모반죄가 아닌 지정불고죄知情不告罪(범죄 사실을 고발하지 않은 죄)로 처형했다.

홍술해, 홍지해, 홍찬해, 홍계능 등 반역에 연루된 홍가들이 모조리 끌려와 국문장에 섰다. 홍술해와 홍지해는 죄를 인정하고 승복했다. 홍찬해는 죽는 순간까지도 자신의 사형죄를 결정한 문서인 결안結案에 신경이 쓰였다. 그는 "결안이 매우 중요한 것이니 첫머리에서 끝까지 구절마다 입으로 부르겠습니다"라고 말했다. 그런데 홍계능은 국문장에서 거만한 자세를 취했다. 국청이 그의 죄를 열거하며 신문하자 홍계능은 "문목問目이 전혀 사실과 같지 않다"고 말했다. 문목은 죄인을 신문하는 조목인데, 정조가 내린 명령과 같았다. 국청이 "네가 감히 방자하게 구는가"라고 말하자 "어찌 빨리 목을 베지 않습니까"라며 큰소리쳤다.

국청이 종반에 이르자 역적의 수괴 은전군 이찬을 죽이라는 상소가 줄을 이었다. 정조는 눈물을 흘리며 내 마음을 슬프게 하지 말라고 호소했다. 하지만 자고로 역적이 왕으로 추대하기로 했던 왕족은 살아남은 자가 없었다. 『정조실록』(1년 8월 11일)은 대신과 백관 등이 날을 지새우면서 이찬을 죽이라는 상소를 올린 횟수가 44번이었고, 삼사三司에서는 무려 62번이나 아뢰었다고 전한다. 정조가 명하지 않았는데도 신하들은 의금부로 하여금 이찬을 잡아와 뜰에 무릎을 꿇렸다. 그런 뒤에 대신들이 정조에게 이찬을 자진시키도록 청했다. 정조는 눈물을 흘리며 허락했고, 스무 살의 젊은 이찬은 목숨을 내줬다. 1777년(정조 1) 저주와 역모로 점철된 정유역옥丁酉逆獄이 일단락된 후 정조는 『속명의록續明義錄』을 간행하도록 했다. 『속명의록』에는 홍상범이 존현각에 자객을 침입시키고, 효임이 홍국영과 정조를 저주하고, 홍계능이 이찬을 추대하여 반역을 꾀하려던 사실들을 담았다.

조선 궁궐 저주 사건의 흐름과 의미

1

현대의 저주는 주술적 성격이 약화되었다. 주술로써 저주를 한다고 해도 상대에게 큰 영향을 끼칠 수 없음을 알기 때문이다. 그렇다고 저주가 없어진 것은 아니다. 요즘의 저주는 미워하는 상대에게 불행이 오기를 빌거나, 헐뜯는 행위 전반을 뜻한다. 저주를 품으면 생각과 말, 행동이 폭력적으로 변한다. 상대를 인신 공격하거나, 저주의 욕설을 퍼붓고, 폭력을 가하는 행동으로 표출되는 것이다.

주술적 믿음이 강했던 전근대 시대에 저주는 주술적 행위와 동반되었다. 예컨대 누군가를 가리키는 그림을 그려 해를 가하거나, 무당이 제작한 부적을 몰래 붙이는 흑주술을 동원했다. 저주가 상대에게 실제로 악한 영향을 끼치고, 불행을 가져다줄 수 있는 방법이라고 여겼기 때문이다. 그런데 실은 주술 자체가 나쁜 행위인 것은 아니다. 주술은 주문을 외우거나 술법을 부려서 불행을 막고 행운을 불러들이는 일이다. 다시 말해, 초자연적 힘을 이용하여 길흉화복을 해결하려는 것이 주술이다. 좋은 일에 쓰이는 백주술과 나쁜 일에 쓰이는 흑주술은 목적에 차이가 있을 뿐, 본질이 다른 것은 아니다.

영국의 인류학자 프레이저는 『황금가지』에서 주술을 동종주술과 감염주술로 구분하여 설명했다.[15] 동종주술(혹은 모방주술)은 유사가 유사를 낳는다는 원리에 기반을 둔다. 이를테면 비슷한 행위를 함으로써 같은 결과를 가져오게 하는 것이다. 상대를 상징하는 인형을 만들어 뾰족한 물체로 찌르거나 위해를 가하는 행위가 바로 그것이다. 인형을 곧 상대로 생각하기에 인형에 대한 해코지는 상대에게 피해가 간다고 믿는다. 조선 궁궐 저주 사건의 일반적 수법인 사람의 뼈나 동물 사체 등을 묻는 방식은 감염주술에 해당된다. 감염주술은 접촉의 원리를 기반으로 행해지는 주술이다. 신체의 일부분인 머리카락, 손톱, 이빨 등이 분리된 이후에도 여전히 그 사람과 관계가 지속된다는 믿음 등이 대표적인 사례다. 악한 자들이 이를 주워 저주를 행하면 병이 들 수 있으니, 확실히 태우거나 몰래 숨겨두는 관습이 전 세계에 널리 퍼져 있다.

저주와 비슷한 용어로 '무고巫蠱'와 '방자方子'가 있다. 무고에는 고대로부터 무당이 특별한 방식으로 저주를 해왔던 역사적 사실이 담겨 있다.[16] 고蠱는 그릇 속에 여러 마리의 벌레를 넣어두고, 서로 잡아먹다 최후까지 살아남은 벌레를 일컫는다.[17] 가장 처절한 환경에서 동종을 죽이고 끝까지 살아남은 벌레에는 상대를 해칠 수 있는 힘이 있다고 여겼다. 이를 갈아서 저주물로 만든 것이 '고독蠱毒'이다. 무고는 이런 고를 가지고 흑주술을 펼침으로써 상대를 저주하는 방법이었다. 곤충뿐만 아니라 도마뱀, 쥐, 고양이, 개, 돼지, 말 등 동물의 사체를 이용하여 저주하는 방식도 무고의 하나다. 『산림경제』에는 고독의 증상과 치료법이 자세히 실려 있다. 고에 중독되면 가슴과 배가 저미듯이 아프고, 얼굴빛이 푸르고 누르며, 토혈과 하혈을 하게 된다. 결국 고가 사람의 오장을 다 갉아먹어 죽게 되는데, 죽은 이후에는 그 기운이 떠돌다가 옆 사람에게 전염된다고 했다.[18]

염매厭魅도 저주에 포함되는 한 개념이다. 염매는 염승厭勝과 귀매鬼魅가 결합된 용어다. 염厭은 인형과 화상을 만들어 저주하는 흑주술이며, 매魅는 죽은 영혼을 유도하여 해를 끼치는 저주다.[19] 사람의 형상을 그리거나 인형을 만든 뒤 눈과 심장 부위를 찌르고, 손과 발을 묶는 저주가 잘 알려진 방식이다. 이렇게 하는 까닭은 상대를 상징하는 그림(인형)이 그와 일치한다고 믿고, 인형에게 해코지하는 행위가 그대로 악영향을 미친다고 생각하기 때문이다.

귀매는 귀신을 불러들여 들씌움으로써 상대를 저주하는 행위다. 이익의 『성호사설』에서는 조선에 충격적인 귀매(염매) 풍속이 있었다는 사실을 기록하고 있다.

우리나라에는 '염매'라는 괴이한 짓이 있는데, 이는 나쁜 행동을 하는 자가 처음 만들어낸 것이다. 남의 집 어린애를 도둑질하여, 고의적으로 굶기면서 겨우 죽지 않을 정도로 먹인다. 때로는 맛있는 음식만을 조금씩 먹이는바, 그 아이는 살이 쏙 빠지고 바짝 말라서 거의 죽을 지경에 이른다. 그러므로 먹을 것만 보면 빨리 끌어당겨서 먹으려고 한다. 이렇게 만든 다음 죽통竹筒에다 좋은 반찬을 넣어놓고 아이를 꾀어서 대통 속으로 들어가도록 한다. 아이는 그 좋은 반찬을 보고 배불리 먹을 생각으로 발버둥 치면서 죽통을 뚫고 들어가려 한다. 이럴 때에 날카로운 칼로 아이를 번개처럼 빨리 찔러 죽인다. 그래서 아이의 정혼精魂이 죽통 속에 뛰어든 후에 죽통 주둥이를 꼭 막아 들어간 정혼이 밖으로 나오지 못하게 만든다. 그런 다음, 그 죽통을 가지고 호부豪富한 집들을 찾아다니면서, 좋은 음식으로 아이의 귀신을 유인하여 여러 사람에게 병이 생기게 한다. 오직 이 아이의 귀신이 침범함에 따라 모두 머리도 앓고 배도 앓는다. 그 모든 병자가 낫게 해달라고 요구한 다음에 아이의 귀신을 유인하여 앓는 머리와 배를 낫도록 만들어준다. 그 대가로 받은 돈과 곡식을 드디어 자기 이득으로 만든다. 이것을 세속에서 '염매'라고 하는데 국가에서 엄격히 징계, '고독'의 죄와 동등하게 중벌을 가할뿐더러, 무릇 사령赦令도 그에겐 주어지지 않는다. 근자엔 이런 일이 있다는 것을 듣지 못했으니, 이는 아마 법이 준엄하기 때문이리라.[20]

귀매는 귀신과 혼령 등 초자연적인 힘을 전제로 하여, 이를 적극적으로 이용하는 저주다. 아이를 죽통에 가둬 굶주리게 한 뒤

맛있는 음식을 보여주면, 먹고 싶은 욕망이 최고조에 달한다. 이 극한 상황에서 아이를 죽여 배고픈 귀신으로 만들고, 부잣집 사람들에게 붙게 하여 돈을 버는 것이다. 돈과 권력이 저주와 결합되면 비인간적인 행동은 물론이고, 엽기적인 행위까지 불사한다. 조선 궁궐에서도 시체의 뼈를 매장하여 저주하는 방식이 흔했는데, 이것 역시 죽은 귀신을 유인하여 상대에게 해를 끼치도록 하는 귀매로 볼 수 있다.

이익이 지적한 것처럼, 무고나 귀매 등의 저주 행위는 극악무도한 짓으로 처벌받았다. 저주를 한 죄인은 사면을 받지 못하는 것은 물론이고 사형으로 처벌받았다. 조선시대 형률의 모범인 『대명률직해』에 따르면, "고독을 하여 타인을 살인하거나 이를 사주하는 자는 참형에 처한다"고 했다. 그 실정을 모르는 처자 및 가족들까지 멀리 유배 보냈다. 조선시대에 용서할 수 없던 10대 범죄 중 하나가 부도不道인데, 고독과 염매는 부도를 저지른 죄에 해당되었다. 저주 사건을 획책한 이들도 저주를 한 죄가 참형에 해당된다는 사실을 모르는 게 아니다. 그럼에도 저주의 유혹에 빠지는 것은 아무도 모르게 상대를 해칠 수 있는 좋은 방법이라고 생각하기 때문이다. 증오하는 타인을 증거 없이, 소리 없이 살인할 수 있는 최선의 방책으로 저주를 선택한 것이다.

이능화에 따르면 각종 저주술은 일제강점기까지 전해졌다. 저주를 잘 다스리는 무당은 남의 집에 들어가 흉물凶物이 있는 곳을 알아맞히기도 하고, 범인의 이름을 말하기도 한다고 했다. 또 이능화는 직접 저주를 푸는 법을 아는 중국 사람을 만나 그 술법을 묻기도 했다. 하지만 그는 자신은 술법을 팔아서 사는 사람이므로 남에게 전해주면 영험이 없어진다고 하면서 보여주기 싫다고 했다고 전한다.

2

궁궐은 왕이 거처하는 신성한 공간이요, 조정이 열리는 국가적 장소다. 그런데 공적 정치를 수행해야 할 궁궐에서 왜 저주 사건이 일어났던 걸까. 속되게 말하면, 정치는 권력을 차지하기 위한 다툼이다. 예나 지금이나 권력 쟁취의 이면은 언제나 혼탁하고 불순하다. 특히 왕에게 권력이 집중된 왕권사회에서는 민주적인 정치를 기대하기 어려웠다. 왕권에 기대어 권력을 좇는 궁궐사람들은 필연 꼼수 정치의 유혹에 빠지기 쉬웠다. 그 유혹 중하나가 바로 저주였다. 그리하여 은밀한 정치와 악의적 저주는한 몸으로 결합할 가능성이 높았다. 법과 제도에 따르지 않고 꼼수를 부려 권력을 차지하려는 욕망은 숱한 궁궐 저주 사건을 잉태했다.

고대의 궁궐사회에서는 '무고의 변'이라 부르는 저주 사건들이발생했다. 중국의 궁궐에서도 혜장이려惠牆伊戾와 강충江充의 무고등 숱한 저주 사건이 일어났다. 혜장이려는 춘추시대 송나라의환관이다. 그는 거짓 맹세 글과 희생물을 몰래 땅속에 묻어두고,태자가 초나라와 결탁하여 반란을 도모한다고 평공平公에게 일러바쳤다. 이로 인해 태자는 스스로 목숨을 끊었다. 강충이 일으킨무고의 변은 한나라를 뒤흔들었다. 한 무제가 병들자 강충이 무고 때문이라며 궁중 곳곳을 파헤쳤고, 태자를 범인으로 지목했다. 궁지에 몰린 태자는 군대를 동원하여 강충의 목을 베었지만 결국 자살로 삶을 마감하고 말았다. 이런 무고의 변은 정치적 격변기에서 다른 사람을 음해하고자 조작된 정치적 사건이다. 그리하여 '저주'와 '저주 사건'은 그 의미가 사뭇 다르다. 저주 사건은 정치적 무함인 경우가 많으므로 본질적으로 저주가 아닐 수 있으며, 가해자와 피해자도 가릴 수 없다. 특정인을 저주하기보다는 경쟁자에게 정치적 타격을 입히기 위한 고도의 술수인 경우도 많다.

불교와 무속을 신봉했던 고려 사람들은 주술에 의존한 것으로 보인다. 송나라 사신으로 개성에 머물렀던 서긍은 『고려도경高麗圖經』에서 "사람이 아파도 약을 먹지 아니하고 오직 귀신을 섬길 줄만 안다. 저주하여 이겨내기를 일삼는다"고 했다.[21] 고려시대 궁궐에서도 저주 사건이 빈번히 일어났다. 고려 의종 시기 무고의 변이 발생했다. 감음感陰 사람인 자화子和와 의장義章이 평소 사이가 나빴던 고을의 아전 인량仁梁이 왕을 저주했다고 무고했다. 인량을 모함하려는 사건임이 밝혀지자 두 사람을 강물에 던져 죽였다. 또 한 궁녀가 의종의 담요 속에 닭 그림을 몰래 놓아두었다가 발각되었다. 이 궁녀는 의종의 사랑을 독차지하기 위해 이런 일을 꾸몄다. 하지만 주부동정主簿同正 김의보金義輔가 내시 윤지원尹至元과 공모하여 저주한 것이라 무고하여 끝내 의보는 참형을, 지원은 유배형을 당했다.[22]

원나라의 침입으로 고려의 정세가 복잡해지면서 저주 사건도 자주 발생했다. 고종 시절의 동경총관 홍복원(洪福源)이 나무로 허수아비를 만들어 땅에 묻고 우물에 넣어 저주를 하다가 황제가 보낸 사람에게 죽임을 당했다. 또한 정치적으로 혼란스러웠던 충렬왕과 충선왕 시절에 저주 사건이 여러 번 일어났다. 경창궁주慶昌宮主가 그 아들 순안공順安公 종琮과 함께 맹인 승려盲僧 종동終同을 시켜 왕을 저주했다는 고발이 들어와 종동과 종이 국문을 당했다.[23] 원나라의 공주들이 왕비로 입궁함에 따라 고려 후궁들과의 갈등은 심화되었다. 세자(충선왕)는 어머니 제국대장공주齊國大長公主가 죽은 이유를 첩들의 질투와 무당의 저주 때문이라 여겼다. 충렬왕에게 이들을 문초해달라고 했지만 상례가 끝나기를 기다리라는 명이 떨어졌다. 그러자 세자는 자신이 나서서 저주 사건에 연루된 신하들을 가두고 왕이 총애했던 무비無比를 문초했으며, 무당과 점치는 승려들의 목을 베었다. 아버지의 후궁들을 싫어했던 충선왕도 역시 여러 후궁을 거느리기는 마찬가지였다. 충선왕은 왕비인 계국대장공주薊國大長公主보다 조인규의 딸인 조비趙妃를 사랑했다. 이를 질투한 계국대장공주는 "조비가 자신을 저주하여 왕의 사랑을 받지 못한다"는 내용의 편지를 황제에게 보냈다. 이로써 조비는 투옥되었으며, 조인규 부부는 원나라에 압송되었다.

3

조선 궁궐에서도 여성 간의 암투로 인해 종종 저주 사건이 발생했다. 성종 시절 왕비 윤씨와 후궁들의 갈등은 매우 심했다. 윤씨는 후궁을 무고하기 위해 주술서와 비상, 편지를 넣은 저주상자를 만들어 권숙의에게 보냈다. 성종은 이를 빌미로 윤씨를 민가로 내쳤을 뿐만 아니라 나중에는 사약을 내리기까지 했다. 이것은 연산군이 폭군으로 성장하는 배경이 되었다. 숙종 대 장희빈의 저주 사건은 잘 알려진 이야기다. 숙종은 인현왕후가 숨지자 그 원인을 장희빈의 저주로 돌렸다. 장희빈의 추종 세력은 신당에서 장씨를 위해서는 축원을, 인현왕후에 대해서는 저주를 하는 의식을 치렀다. 그런데 인현왕후와 장희빈의 갈등은 서인과 남인의 정치적 대립과 연관되어 있었다. 숙종은 환국을 자주 단행하여 집권 당파를 견제하려 했다. 그 와중에 인현왕후와 장씨의 대립이 격화되었고, 인현왕후에 대한 저주도 심화되었다. 인조의 후궁 조귀인과 소현세자빈 강씨의 반목도 저주 사건으로 표출되었다. 인조는 저주 사건의 용의자로 강씨를 점찍었지만 조귀인이 꾸민 무고일 가능성이 높았다. 효종이 즉위한 뒤 궁지에 몰린 조귀인은 악랄한 저주를 벌이다 탄로가 나 사약을 마셨다. 조귀인은 저주를 획책하면서 하녀에게 "수고하지 않고 성공하는 길로는 저주가 최고다"라고 말했다. 그악한 후궁들이 저주를 선호하는 이유를 잘 보여주는 말이다. 조선시대 사람들은 저주가 실제로 영향을 미친다고 믿었다.[24] 그리하여 인조는 저주물이 발견되자 장기간 번침을 맞아 이를 치료하고자 했다. 궁궐의 저주물이 인조에게 어떤 영향을 끼쳤는지, 번침이 인조를 저주로부터 보호했는지에 관해서는 과학적으로 판명할 수 없다. 다만 번침이 저주로 인해 불안했던 인조에게 심리적 안정을 취하게 한 것은 분명해 보인다.

조선의 궁궐 저주 사건에는 무당들이 개입되어 있었다. 조선은 유교사회를 표방했지만 내적으로는 무속의 힘이 강고했다. 특히 궁궐 여성들은 무속을 통하여 심리적 안정감을 찾았다. 무당들은 주술사이면서 치료사였다. 조선사회에서는 병의 원인을 귀신 탓으로 돌리는 일이 많았기에 무당들의 주술 치료가 필히 동원되었다. 공식적으로도 조선은 국가 의례를 치르는 나랏무당國巫을 성수청星宿廳에 두었으며, 전염병을 치료하기 위해 무당들을 동서활인원東西活人院에 배치시켰다. 궁궐 여성들은 자신들의 평안을 기원하고, 경쟁자들을 저주하기 위해 무당을 궁중의 깊은 곳까지 불러들였다. 주술을 주관하는 무당들 없이는 저주의식을 치를 수 없었기 때문이다. 그러하니 저주 사건이 발각되면 무당들도 함께 환란을 겪었다. 광해군 시절에는 유릉 저주 사건을 밝히기 위해 점쟁이를 붙잡아 심한 고문을 자행하자 장안의 무당들을 죄다 고발했다. 이 때문에 죄 없는 무당들까지 줄줄이 끌려와 죽거나 옥고를 치렀다. 이후에도 용하다는 무당들은 권세가와 결탁하여 저주를 벌이다가 참형을 당하는 일이 비일비재했다.

역모를 계획했던 모반자들은 왕에 대한 저주를 동시에 도모했다. 밖으로는 군사를 모아 난을 일으키고, 안으로는 은밀히 왕을 저주하는 일을 병행했다. 효종 시절 조귀인은 궁궐 안에는 도처에 더러운 저주물을 묻고, 밖으로는 기진흥과 안철 등이 병력을 동원하여 한양으로 진격하려는 계획을 세웠다. 영조 대 이인좌의 난을 일으켰다가 살아남은 잔당 세력들은 궁궐에서 저주를 하고 방화를 일으키려고 했다. 이를 성공시킨 뒤 거병하여 대궐을 침범하려는 반역을 꾀하다가 실패했다. 또 정조의 즉위로 위기를 맞은 외척 세력들은 존현각에 자객을 침입시켰다. 이들은 홍국영과 정조를 저주하는 굿을 했을 뿐만 아니라 임금의 침소로 자객을 보내고, 반정을 모의했다. 이들이 획책한 저주는 모두 반역의 일환이었다.

저주 사건은 속성상 범인을 가리기도 어렵거니와 가해자와 피해자를 분별하기도 힘들다. 일례로, 중종 대 불에 지진 쥐를 동궁 근처 나무에 걸어둔 사건이 발생했다. '원자 보호'라는 기치를 든 세력들은 경빈 박씨를 범인으로 지목하여 제거하려 했다. 하지만 이 사건은 궁녀들이 액땜을 하려는 관습으로 볼 수도 있었다. 저주 사건의 용의자로 몰린 경빈 박씨는 민가로 쫓겨났을 뿐만 아니라 목패 사건에까지 연루되어 박씨와 아들 복성군은 죽임을 당했다. 그런데 작서 사건의 대상자였던 세자는 실제로 피해를 입은 게 아무것도 없었다. 오히려 피해자라면 가해자로 몰린 경빈 박씨였다. 이렇듯 '저주 사건'은 의도했던 '저주'와는 다른 양상으로 치달았다. 왜냐하면 저주 사건이 당쟁과 결합되면서 상대를 공격하는 명분이 되었기 때문이다. 그리하여 원래 저주했던 의도와는 다르게 일단락되기도 했다.

분명한 사실史實은 조선 궁궐에서 나라를 뒤흔드는 저주 사건이 줄곧 이어졌다는 것이다. 효종 대에는 3개월에 걸쳐 저주물을 청소하기 위한 창덕궁과 창경궁의 수리 공사가 이뤄졌다. 이때 왕이 생활하는 전각을 비롯하여 길과 계단, 문 주위에서 저주물이 무더기로 발견됐다. 사람의 뼛가루가 대량 출토된 것은 물론, 턱뼈와 두개골, 동물 뼈와 사체 등 저주물의 흔적은 잔인하고 참혹하기 이를 데 없었다. 이는 어느 한 사람의 소행으로 치부할 수 없었다. 실로 조선 궁궐에서 오랫동안, 누구를 가릴 것 없이 광범위하게 저주를 행했다는 증거다. 이로 인해 궁궐과 조정 사람들이 숱하게 죽어가고 국가적으로도 엄청난 피해를 입었다. 조선 궁궐 저주 사건은 씻을 수 없는 궁궐의 상처이자 소름 끼치는 조선의 흑역사임이 자명하다.

주

1   세조의 아들이었던 덕종은 세자로 책봉되었으나 스무 살에 요절하고
    말았다. 둘째 아들인 자을산군(훗날 성종)이 임금의 자리에 오른 뒤
    아버지를 덕종으로 추존했다.

2   최종성, 「조선조 유교사회와 무속 국행의례 연구」, 서울대 박사학위 논
    문, 2001, 249~250쪽.

3   이상배, 「조선중기 익명서 사건의 특징과 정치사회상: 연산군~명종대
    를 중심으로」, 『사림』 제15호, 수선사학회, 2001, 14~17쪽.

4   김용숙, 『조선조 궁중풍속 연구』, 일지사, 1987, 72쪽.

5   이상배, 「조선중기 익명서 사건의 특징과 정치사회상: 연산군~명종대
    를 중심으로」, 『사림』 제15호, 수선사학회, 2001, 14~19쪽.

6   『인조실록』에서는 인조가 10월 23일에 옥지와 귀희를 사사하라는 명
    을 내렸다고 기록한 반면, 『승정원일기』에서는 11월 10일 역적의 괴수
    귀희 등을 모두 사사하라는 전교를 내렸다고 적고 있다. 나중에 사초
    를 정리하여 발간한 일기이므로 시차가 발생하기도 하지만 17일의 차
    이는 잘 이해되지 않는다. 그런데 『인조실록』에서는 국청이 열리기까지
    의 과정, 즉 옥지와 귀희가 심문당하는 과정들이 생략되었다. 『인조실
    록』에서는 『승정원일기』의 10월 24일에서 11월 9일까지의 중간 과정이

306

빠진 채, 옥지와 귀희를 죽이라는 결말만 싣고 있다. 혹시 의도적으로 사관을 배제시켰거나 관련 기록을 뺀 것은 아닐까. 비록 사후라 해도 인목대비와 인조 사이에서 일어난 갈등과 분열은 집권 세력에게는 부담스런 사실이다.

7   김인숙, 「인조대의 궁중저주 사건과 그 정치적 의미」, 『조선시대사학보』 31, 조선시대사학회, 2004, 82쪽.

8   임현정·차웅석, 「조선 인조의 질병관리 중 약죽藥粥의 적용과 의미에 관한 고찰」, 『한국식생활문화학회지』 28(5), 한국식생활문화학회, 2013, 440쪽.

9   김인숙, 「인조대의 궁중저주 사건과 그 정치적 의미」, 『조선시대사학보』 31, 조선시대사학회, 2004, 100~101쪽.

10   김세봉, 「효종초 김자점 옥사에 관한 일연구」, 『사학지』 제34집, 단국대학교, 2001, 121~122쪽.

11   이하 효종 대 양궁의 수리 공사에 대해서는 김호, 「효종대 조귀인 저주 사건과 동궐 개수」(『인하사학』 제10집, 인하역사학회, 2003)를 참조.

12   인현왕후의 발병과정과 진단 등에 대해서는 방성혜·차웅성, 「인현왕후의 발병에서 사망까지 『승정원일기』의 기록연구」(『한국한의학연구원논문집』 제18권 1호(통권34호), 한국한의학연구원, 2012)를 참고했다.

13   환도혈은 양쪽 골반 바깥에 오목하게 들어간 혈자리다.

14   내상고內廂庫는 내금위內禁衛 소속의 무기 창고로 궁궐 내에 있었다.

15   제임스 조지 프레이저, 『황금가지』, 이용대 옮김, 한겨레출판, 2003, 83~119쪽.

16   무고巫蠱는 흑주술로 남을 저주하는 행위를, 무고誣告는 거짓을 꾸며 상대를 고소하는 일을 일컫는다.

17   이능화, 『조선무속고: 역사로 본 한국 무속』, 서영대 역주, 창비, 2008, 239쪽.

18   홍만선, 『산림경제』 권3, 구급救急, 고독.

19   최종성, 「조선조 유교사회와 무속 국행의례 연구」, 서울대 박사학위논

문, 2001, 253쪽.

20 『성호사설』 권5, 만물문萬物門 염매고독魘魅蠱毒.

21 『선화봉사고려도경』 권16, 관부官府, 약국藥局.

22 『고려사절요』 권11, 의종毅宗 장효대왕莊孝大王, 임오 16년(1162).

23 『고려사절요』 권19, 충렬왕忠烈王 1, 병자 2년(1276).

24 『동의보감』(권7, 잡병)에서는 사람의 정신이 온전하지 않고 두려움이
많으면 마침내 나쁜 귀신이 공격하거나 붙는다고 했다. 귀신이 붙으면
남을 향해 비방과 욕설을 일삼고, 비난이나 미움도 피하지 않게 된다.
병귀病鬼는 사람을 심리적·감정적으로 불안한 상태로 만드는 원인이
된다는 것이다. 『동의보감』에서는 이런 사수邪祟 증세를 치료하기 위해
도노원, 벽사단, 살귀오사환, 자금정, 소합향원, 환혼탕 등을 써야 한
다는 구체적인 치료법도 기록하고 있다.

원전 자료

『경국대전』, 『계축일기』, 『기묘록』, 『기재잡기』, 『동각잡기』, 『동국세시기』, 『명의록』, 『속명의록』, 『승정원일기』, 『연려실기술』, 『연행기사』, 『인현왕후전』, 『조선왕조실록』, 『존현각일기』, 『청성잡기』

단행본 및 연구 논문

김돈, 「중종대 '작서의 변'과 정치적 음모의 성격」, 『한국사연구』 119, 한국사연구회, 2002

김세봉, 「효종초 김자점 옥사에 관한 일연구」, 『사학지』 제34집, 단국대학교, 2001

김용숙, 『조선조 궁중풍속 연구』, 일지사, 1987

김인숙, 「인조대의 궁중저주 사건과 그 정치적 의미」, 『조선시대사학보』 31, 조선시대사학회, 2004

김정자, 「영조말~정조 초의 정국과 정치세력의 동향」, 『조선시대사

학보』 44, 조선시대사학회, 2008

김호, 「효종대 조귀인 저주 사건과 동궐 개수」, 『인하사학』 제10집, 인하역사학회, 2003

민정희, 「광해군대 무속의 한 연구: '계축옥사'를 중심으로」, 『실천민속학연구』, 실천민속학회, 2004

박대복, 「조선조 서사문학에 수용된 저주와 천관념(I)」, 『어문연구』 108, 한국어문교육연구회, 2000

방성혜·차웅석, 「인현왕후의 발병에서 사망까지 『승정원일기』의 기록연구」, 『한국한의학연구원논문집』 제18권 1호(통권34호), 한국한의학연구원, 2012

이경혜, 「비교문학적 견지에서 본 인현왕후전과 실록」, 『인문과학연구』 제18집, 안양대 인문과학연구소, 2010

이능화, 『조선무속고: 역사로 본 한국 무속』, 서영대 역주, 창비, 2008

이상배, 「조선중기 익명서 사건의 특징과 정치사회상: 연산군~명종대를 중심으로」, 『사림』 제15호, 수선사학회, 2001

이성무, 『조선시대 당쟁사』 1·2, 아름다운날, 2007

임현정·차웅석, 「조선 인조의 질병관리 중 약죽의 적용과 의미에 관한 고찰」, 『한국식생활문화학회지』 28(5), 한국식생활문화학회, 2013

정통침뜸교육원 교재위원회, 『침뜸의학개론』, 정통침뜸연구소, 2002

최종성, 「조선조 유교사회와 무속 국행의례 연구」, 서울대 박사학위논문, 2001

조선 궁궐 저주 사건

1판 1쇄	2016년 9월 5일
1판 2쇄	2016년 10월 20일

지은이	유승훈
펴낸이	강성민
편집장	이은혜
편집	장보금 박세중 이두루 박은아 곽우정
편집보조	조은애 이수민
마케팅	정민호 이연실 정현민 김도윤 양서연
홍보	김희숙 김상만 이천희
독자모니터링	황치영

펴낸곳	(주)글항아리	출판등록 2009년 1월 19일 제406-2009-000002호
주소	10881 경기도 파주시 회동길 210
전자우편	bookpot@hanmail.net
전화번호	031-955-1936(편집부) 031-955-8891(마케팅)
팩스	031-955-2557

ISBN	978-89-6735-381-0 03900

이 책의 판권은 지은이와 글항아리에 있습니다.
이 책 내용의 전부 또는 일부를 재사용하려면 반드시 양측의 서면 동의를 받아야 합니다.

글항아리는 (주)문학동네의 계열사입니다.

이 도서의 국립중앙도서관 출판예정도서목록(CIP)은 서지정보유통지원시스템 홈페이지
(http://seoji.nl.go.kr)와 국가자료공동목록시스템(http://www.nl.go.kr/kolisnet)에
서 이용하실 수 있습니다. (CIP제어번호 : 2016020842)